# 货币、金融信用与宏观流动性

**Money, Credit and Macro - liquidity**

李宝伟　张　云　刘通午　陈瑞华　著

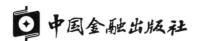中国金融出版社

责任编辑：石　坚
责任校对：李俊英
责任印制：陈晓川

**图书在版编目（CIP）数据**

货币、金融信用与宏观流动性（Huobi、Jinrong Xinyong yu Hongguan
Liudongxing）/李宝伟等著 . —北京：中国金融出版社，2015.3
ISBN 978 - 7 - 5049 - 7764 - 9

Ⅰ.①货…　Ⅱ.①李…　Ⅲ.①货币信用学—研究　Ⅳ.①F820.4

中国版本图书馆 CIP 数据核字（2014）第 305122 号

出版
发行　中国金融出版社

社址　北京市丰台区益泽路 2 号
市场开发部　（010）63266347，63805472，63439533（传真）
网上书店　http://www.chinafph.com
　　　　　　（010）63286832，63365686（传真）
读者服务部　（010）66070833，62568380
邮编　100071
经销　新华书店
印刷　三河市利兴印刷有限公司
尺寸　169 毫米 ×239 毫米
印张　17
字数　300 千
版次　2015 年 3 月第 1 版
印次　2015 年 3 月第 1 次印刷
定价　35.00 元
ISBN 978 - 7 - 5049 - 7764 - 9/F. 7324
如出现印装错误本社负责调换　联系电话（010）63263947

# 序 1

自 20 世纪 80 年代金融自由化以来，宏观金融问题在经济中变得日益重要，发达国家内部呈现了经济金融化的现象。而在发达国家经济体内部经济金融化的同时，宏观流动性风险也变成了一个突出的问题。宏观流动性风险与传统的研究单个金融机构流动性是否充足的观点不一样，宏观流动性风险侧重研究当代经济体内不断膨胀的金融资产和狭义流动性之间的结构关系，研究两者之间的动态演化机制，并剖析自 20 世纪 80 年代以来各国以及全球金融不稳定的原因。

此问题目前已经是经济理论和金融理论研究的前沿问题。我很欣慰地看到南开大学的李宝伟、张云、陈瑞华和刘通午在这个领域进行的深入研究，并将研究成果以《货币、金融信用与宏观流动性》一书呈现给大家。本书系统地运用了马克思政治经济学、后凯恩斯理论和新古典三种理论对流动性问题进行了剖析，给作者呈现了当前研究宏观流动性问题的一个全貌。由于四位学者均是研究经济学理论的，故本书侧重点在对流动性理论的梳理和分析上。例如本书详细分析了流动性冲击对宏观经济影响的数理模型和机制，从而为当前学术界重点研究的量化宽松货币政策问题给出了理论基础，实际上美联储和欧洲央行在金融危机后之所以能够大量运用量化宽松货币政策就是因为有这样的理论基础，故量化宽松货币政策在理论上和实践上都是一致的。本书这种深入的理论研究对于研究人员、政策制定者和金融从业人员都有较大的帮助。

中国的金融领域正处于高速发展时期，将来在流动性领域必然会出现很多的问题。为了应对这方面的挑战，必须有年轻的学者在此领域进行深入研究，本书开了一个好头，希望将来有更多的学者在此领域进行讨论，为中国金融体系的完善贡献一份力量。

中国人民银行金融研究所所长
金中夏
2014 年 11 月

# 序 2

2008 年美国次贷危机和欧洲债务危机是全球主要经济体过度金融化发展的结果。在对本轮金融危机进行研究的过程中，一些学者关注到了金融危机期间的流动性紧缩问题，讨论了中央银行对金融系统进行的流动性支持政策。其实，在 2007 年国际清算银行、国际货币基金组织和众多金融机构的学者，如 Claudio Borio 等对"流动性黑洞"问题进行了研究，他们对金融机构和金融市场的流动性黑洞进行了实证和经验研究，并将其提升到宏观层面，给予了高度关注。我国学者自 2004 年以来已经关注了我国银行业流动性过剩问题。

实际上，各国经历了 20 世纪 80 年代以来的长期金融自由化和深化发展后，一个负面问题已经不容忽视，即金融不稳定状况多次出现，而金融不稳定的一个具体表现就是流动性问题出现得更频繁、更广泛。流动性问题不再仅仅是一个微观金融问题，而是已经转变为一个普遍问题，具有重要的宏观影响。因此，如何梳理清楚当前宏观流动性问题的形成机制和影响，成为一个重要的课题。这方面的研究应该在坚持微观研究基础上，还应该进行更深入的宏观理论探讨。

正如作者在本书中所提到的，马克思主义资本理论、信用理论和虚拟资本理论给这方面研究提供了理论基础，凯恩斯主义的货币理论和后凯恩斯货币金融理论研究也提供了可借鉴的研究方法，只是面对这些"新经济现象"的时候，我们的视野不能只局限在微观层面，应该着力于经济金融化过程，将金融机构和市场的微观机制变化和宏观经济的新表现联系起来。这四位作者正是做了这方面工作，他们的贡献在于他们意识到了这一点，并能够将金融机构和市场微观机制变化与宏观经济结构变化，通过对金融化发展的研究联系起来，并围绕这个研究视角对各种理论对此的研究进行了全面的梳理和讨论，厘清了理论研究思路和框架，为此后深入的理论研究和实证研究，搭建了重要的理论分析平台。

通过这本书可以发现，南开年轻学者的治学精神脚踏实地，他们很清楚这本书在现阶段能够贡献什么，应该贡献什么，这就是南开经济学人的特点。

北京市金融工作局党组书记
霍学文
2014 年 11 月

# 前 言

自 2010 年以来，中国的金融机构多次出现了大规模的"钱荒"现象，突出表现为银行间同业拆借利率大规模飙升。2013 年 6 月末，中国的银行业再次暴露出流动性风险问题，银行间同业拆借市场利率飙升到 13.42%。中国内地金融系统在短时间内多次暴露出流动性不足的问题。统计数据显示，2013 年末，我国的广义货币供应量（$M_2$）余额已经高达 110.65 万亿元，在有如此充足的货币供应量（$M_2$）情况下怎么会出现钱荒现象？这促使我们对货币、金融信用和流动性问题进行思考，也促成了本书的写作。

从全球范围来看，我们发现，自 1971 年布雷顿森林体系崩溃之后，美元成为国际本位货币，其在国际范围内的循环形成了全球流动性膨胀的基本逻辑。中国也在此过程中积累了自己的流动性，突出表现为双顺差累计的流动性积累。我们认为，中国只要保持稳定增长，在短期内就不会改变经常项目顺差的局面。同时，当前全球深陷由金融危机和债务危机引起的爆炸性流动性膨胀①：如目前美国因救市和刺激经济已四次实行量化宽松政策，美联储资产负债表中的资产已从 2007 年的 8741 亿美元增加到 2013 年末的 2.9 万亿美元，已是危机前的 3.33 倍，这意味着美元增发了两倍以上；欧洲央行的资产同期也增加了大约 1 倍，由 1.1 万亿欧元增加到 2 万亿欧元，这标志着欧元在欧洲债务危机深化过程中也在大幅度膨胀。这些不断增加的货币流动性的绝大部分都集中流向中国和亚洲经济高增长的国家和地区，中国金融账户的持续顺差就是证据。实际上，全球都普遍地陷入流动性膨胀状况。早在 2007 年美国次贷危机有显著迹象即将大规模爆发时，美国的金融市场和金融机构追逐高流动性和安全性资产的行为就导致了金融市场陷入流动性"黑洞"。引人深思的是，美联储和美国财政部随后的政策是有限救助华尔街金融市场，关键政策就是推出 7000 亿美元救助计划，阻止了金融机构连续倒闭风潮，一系列最后贷款人举措实质上就是向金融

---

① 这里是指各国央行向金融系统注入的货币流动性和高信用等级、高流动性的国债等资产。

市场提供信心，具体形式就是提供充分的流动性支持。

一般来讲，宏观经济运行中大范围的流动性问题发生在金融危机爆发时期，即由于金融机构和投资者因为担心资产损失，集中出现将股票、债券等资产转换为现金、短期国债的资产，这个过程被称为"shift to gravity"，这种出售行为被称为"fire sale"。这个时期金融资产价格快速下跌，交易陷入停滞，多头似乎不愿意在此时进场交易，结果表现为狭义货币不充足，金融市场陷入流动性陷阱状态。

在2000~2007年美国次贷危机之前，美国、日本宽松的货币政策，加剧了金融信用资产的膨胀，以金融创新的衍生化和交易的杠杆化形式发展，而欧元区国家经历了过度的债务化。上述政策加剧了发达国家的金融脆弱性。在金融危机中，以去杠杆化为特征，表现为整个金融体系的流动性缺失。

我们认为需要具体考虑以下因素：（1）金融深化过程中，金融为实体经济服务的效率低；（2）长期经常项目顺差产生的输入性流动性膨胀和2008年全球金融危机期间宽松货币政策，使货币存量大幅上升；（3）中国经济进入结构性调整阶段，粗放式经济增长模式被迫转型，传统的金融体制已经不能适应新时期的需要，金融深化改革已成必要。就第一个因素来说，金融系统创造的金融信用不全是为实体经济服务的，为实体经济提供的金融信用创造的服务效率较低，相当比例的金融信用是为金融机构本身和房地产创造的，就是所谓的"资金空转"问题。中国出现的"钱荒"，明显表现为金融体制和结构性问题，即由于银行占据主导地位和垄断地位，造成流动性分布不合理，进而出现在货币充裕的情况下，金融机构和实体经济都缺少资金的"钱荒"问题。

尽管中国与美国的流动性问题存在很大差异，但是根本原因都是宏观经济发展过程中货币流动性与金融信用创造出现了问题，这个问题涉及宏观经济结构的变化、金融结构和金融制度的深化，以及资金的分布等问题。

**一、本书要研究的流动性问题**

基于上述的基本理解可知，宏观流动性问题是一个非常复杂的问题，因为它不只是一个市场问题，而且是一个宏观货币金融问题。目前，关于流动性的研究主要分为三个层面：第一，金融机构的流动性风险与管理，这是被广泛研究的领域。第二，2004年以来对金融市场的流动性黑洞问题的研究迅速发展。所谓金融市场流动性黑洞，即某一个市场在某一个时期突然陷入大量抛售，导致价格暴跌，市场流动性迅速枯竭。第三，宏观流动性风险问题，从现象上来看就在金融不稳定时期，相对其他金融资产，金融机构等更青睐货币、短期国债等高流动性和低风险的资产，各种或有资产的价格和收益暴跌，交易停滞，货币市场利率超常上升，长期融资和投资大幅下降，这种情况严重恶化时，在理论上被称为流动性陷阱。上述现象比较轻微的状况被称为流动性不足。相对流动性不足的现象，就是流动性过剩状况，笼统来说就是在金融繁荣时期，金融机构和市场更愿意扩张融资规模，高流动性、低风险、低收益的资产相对过剩，例如狭义货币显著过剩。

一些文献将流动性问题完全视为货币问题；另一些文献则着重研究金融市场和金融机构的流动性风险问题。因此，研究需要澄清现有文献中货币流动性、市场流动性和资金流动性的含义和关系，阐明宏观流动性风险的宏观经济方面的原因以及宏观流动性风险的微观机制，提出针对宏观流动性风险的货币政策和宏观审慎监管治理原则。

所以，关于宏观流动性完整的理解应该包括以下问题：（1）货币的界定，即货币的本质是什么，依据什么原则划分货币和其他金融资产，进而回答为什么货币具有高流动性。（2）主要发达国家发生的金融自由化过程，特别是表现为杠杆化的金融自由化发展，是否加剧了宏观流动性问题发生的可能。（3）中央银行应该对金融资产膨胀负责吗？中央银行宽松货币政策对过去时期的金融信用资产持续快速膨胀负责吗？中央银行能够通过宽松货币政策阻止金融危机后的信用紧缩过程吗？这是解决金融危机的根本方法吗？

**二、本书的基本认识和研究思路**

上述问题之所以引起关注，是因为几次金融危机已经显示流动性风险已经成为金融机构和市场普遍面临的一个显著问题，已经成为一个宏观问题。那么，什么影响因素可以有效解释这种重要变化呢？这需要从理论上给出宏观层面的解释，不能局限在对单个金融机构和金融市场流动性风险问题的研究，需要对整个金融市场和机构普遍面临的流动性风险问题的根本的、共同的机制和影响因素进行研究。从历史资料和理论研究资料中，我们认为目前的宏观流动性风险问题主要是由两方面问题造成的：主要经济体20世纪70年代以来的经济金融化和2000年以来美国和日本等国忽略金融信用膨胀的货币政策。

（一）研究范畴与历史脉络

本书要着力研究的是宏观流动性风险问题——经济金融化进程中金融不稳定的宏观流动性风险。它反映了社会金融信用总规模与实体经济发展融资需求的长期关系，即社会金融信用总供求关系；社会金融信用的结构与金融独立化（经济虚拟化的狭义的表现），及其对金融稳定和宏观经济稳定的影响；金融主体追逐利润与实体经济融资需求的矛盾关系，即融资供给与融资需求的矛盾；金融化中的杠杆机制的广泛使用，是金融不稳定和宏观流动性风险的基础机制。

宏观流动性风险问题是金融危机的具体表现，是事后风险。如果我们回溯历史，有一个事件应该是一个重要的历史节点，即 1957 年英国公布《拉德克利夫报告》，系统阐述了英国金融市场的发展，及传统货币政策失效的情况。20 世纪 70 年代在西欧和美国的宏观经济困扰下，首先由市场推动了金融自由化发展进程，其后经历了 20 世纪 80 年代金融管制放松，20 世纪 90 年代大规模金融衍生化，1999 年美国出台《金融服务现代化法案》，2000～2008 年与房地产金融相关的次级债等衍生产品迅速膨胀。Moritz Schularick 和 Alan M. Taylor（2009）对发达国家金融膨胀作了历史性研究，实证分析揭示了相对于实际 GDP、$M_1$ 和 $M_2$，金融资产规模在第二次世界大战后呈现持续加速膨胀状态，在 20 世纪 70 年代以后更进入了一个金融信用加速膨胀的阶段。

我们看到的现象是发达国家在 20 世纪 70 年代到 90 年代为摆脱宏观经济困境，在金融系统内在利益驱动以及经济自由化和金融自由化政策刺激下，经济走向金融化（杠杆化）发展，金融资产相对于货币规模大规模扩张，传统金融监管对金融化趋势缺少宏观总体控制。一旦实体经济发展动力不足和其他负面因素变得越发显著，金融市场和金融机构就会出现普遍的流动性不足，容易演变成宏观流动性陷阱，从而引发金融系统性危机。2008 年全球金融危机中，流动性问题已经成为一个重要的宏观问题。

（二）理论方法

在理论研究上，我们坚持用开放的视野和包容的态度，在坚持马克思货币金融政治经济学理论基础上，充分介绍了后凯恩斯货币金融理论、新凯恩斯货币经济学和新古典经济学在流动性方面的研究，并在单独篇章给予充分介绍，以使读者对该领域的研究有充分的了解，并作出自己的判断。在本书研究之前我们已经收集和阅读了大量的有关文献，其中包括早期学者们的研究，例如凯恩斯、后凯恩斯主义货币金融学者，以及罗伯特·布伦纳、伊藤·诚等马克思主义学者关于货币金融的最新研究；我们也大量阅读了使用新古典主义研究方法的学者的有关研究，例如 Kiyotaki 和 Moore 等关于金融信用周期和流动性冲击模型的研究。其他一些学者也从不同视角，运用不同方法在进行研究。这至少说明宏观层面的流动性风险问题已经到了不得不被关注的程度，这是经济金融化发展的结果。

（三）我们的研究逻辑和基本观点

本书研究的是货币与金融信用历史演进过程的宏观流动性问题，我们力图使用历史和逻辑统一的方法来进行研究,以反映货币与金融在宏观经济中的根本作用机制及其变化;梳理经济金融化(经济虚拟化)的历史过程,用马克思的货币金融理论揭示货币和金融信用在现代宏观经济中的核心作用(与新古典理论有本质区别);具体研究马克思、凯恩斯、后凯恩斯、新古典现有货币金融理论的研究条件、范式及其逻辑;用马克思货币金融理论的历史研究方法和现代数理方法,分析造成现代金融不稳定性和金融危机的货币金融方面的根源和机制;最后,在此理论分析基础之上,我们讨论了现代货币金融政策的目标、机制、工具。从当前获得的各种研究资料来看,关于流动性的研究框架和价值还不是很清楚。

宏观流动性风险问题不是局限于机构的流动性风险问题和金融市场的市场流动性风险问题,而是涉及金融领域普遍出现的流动性风险。正如明斯基所说,流动性风险问题是事后风险,是金融不稳定性和金融危机的具体表现。而金融不稳定的根源,是由资本积累的未来预期收益的不确定性和金融融资特性共同决定的。就后一个因素而言,金融信用形式的拓展,在提高融资效率的同时,也因为杠杆机制的广泛使用,以及因为金融资本为追逐利润而形成过度融资造成的。新马克思主义货币金融政治经济学的贡献在于探讨和拓展了对金融信用的理解,涵盖了各种金融创新活动,但是缺少对金融危机具体机制的研究。而以明斯基为代表的后凯恩斯货币金融理论研究,贡献在于阐述了金融不稳定的基本逻辑,但是缺少劳动价值理论的基本内核,对金融不稳定的具体机制的研究也是不够的。我们的研究正是将这两种研究综合起来,以货币金融政治经济学为理论内核,以金融不稳定为研究对象,具体探讨宏观流动性风险的形成机理、微观机制和治理问题。

从宏观层面上研究流动性问题是具有重要现实意义的,即我们必须思考和解决为什么金融规模在持续膨胀,并且是通过杠杆机制进行扩张的。在一般认识上,将这个过程称做金融化。宏观经济金融化的一个结果就是大量资金在金融市场流转,而不进入实体经济投资,金融界称这种情况为"空转",主要具体表现为金融中介表外业务创新扩展的结果(基本上可以看做是影子银行业务)。从而,产生了一个非常重要的现实问题,即社会资金没有有效地转化为实体经济的投资,我们不得不思考如何推动金融机构和市场为实体经济提供有效的信用支持。我们的观点如下:

1. 金融资本的逐利本性与普惠金融需求的矛盾。金融资本追逐利润的同时,要计算期限、税收和风险等因素对成本和收益的影响。如果一种融资的风险不符合金融资本的风险控制要求，那么金融资本就不会进入创造就业和技术创新的但风险很高、缺少抵押的实体经济领域。但是，实体经济的资本积累过程，高度依赖于社会外部融资，存在普惠融资需求。金融资本的独立性和逐利性与普惠融资需求之间就存在着根本矛盾。这也是美国金融危机期间的流动性问题与中国"钱荒"问题的根本机制。中国的"钱荒"凸显了金融结构和金融体制形成的金融资本垄断造成社会融资渠道不通畅，出现了所谓的宏观流动性风险；美国金融系统在金融危机前出现金融信用持续膨胀，在金融危机爆发初期和之后出现金融系统流动性枯竭和流动性陷阱的状况，根源在于金融资本追逐利润的本质造成金融信用过度创造，背离了实体经济资本积累的规律。

2. 宏观流动性不是指某一个具体资产，而是具体表现为各种金融资产与广义货币、狭义货币之间的替换关系。特别是市场信用支撑的金融资产与政府信用支撑的高流动性资产（主要是广义货币口径的货币和各种短期国债等，因为这些资产在交换和并购等活动过程中，可以起到交换、支付和储藏的功能）。

宏观流动性风险问题是结果性风险，是金融机构和市场在极端情况下普遍出现的问题。依据马克思主义资本理论和后凯恩斯货币金融理论，金融系统存在内在的脆弱性，金融深化和自由化后金融脆弱性会更显著，并对外部系统性因素变化的冲击的反应也更为敏感。

单个金融机构和金融市场的流动性风险不能称做宏观流动性问题，金融系统因为内在脆弱性，或外部冲击造成的普遍出现的信用膨胀和信用紧缩过程，会以普遍的流动性风险问题表现出来，即流动性过剩，而后者情况就是流动性不足、流动性陷阱等。

笼统地说，宏观流动性问题是由金融相对实体经济比例的持续扩大、金融信用结构变化、各种金融制度和金融资本追逐利润的本性所决定的。具体受以下因素影响：金融资产相对广义货币比率的持续上升，金融总规模与实体经济相对比率持续上升，以及不同信用支撑的金融资产的结构比率。在市场化条件下，金融资本追逐利润的本性导致金融深化和金融自由化，发达国家金融规模相对实体经济和广义货币存量的比例都在持续上升，广义货币存量相对于实体经济的比例持续扩大。金融深化后，杠杆化交易的广泛使用使得金融机构和市场投资者对利率变动的反应愈加敏感，越来越依赖流动性市场来进行避险和资产重新配置。因此，宏观流动性问题就变得更加显著，并且在不同金融结构的发达国家和新兴市场国家中以不同形式表现出来。

宏观流动性问题是金融脆弱性的一种具体表现，会对金融稳定和宏观经济稳定产生重要影响。从造成金融脆弱性和宏观流动性问题的根源来说，解决宏观流动性问题的措施，不能仅仅依靠中央银行流动性支持。从后凯恩斯货币金融理论和新马克思主义货币金融政治经济学的理论研究来看，央行仅仅提供流动性支持的政策不能从根本上消除宏观流动性风险，这种措施会为未来更大规模的金融危机创造条件。从根本上来说，要通过提高宏观经济的总体质量、优化经济结构来解决金融化带来的负面影响。从国际范围来看，不同国家在实施流动性支持政策的结果之所以会获得不同效果，是因为国际货币金融系统对不同国家来说是显著不对等的，换句话说，就是各国在国际货币金融系统中的地位是不同的。对美国来说，由于其历史上形成的货币金融优势地位，使其在很长一段时间内可以有效使用流动性政策，因为美元可以自由出入美国，全球都成为其对冲风险、进行投资获利的市场，进而不会对其经济稳定产生很大影响；相对来说，日本的流动性支持政策效果并不显著。对中国等新兴市场国家而言，金融市场化程度还在发展，人民币的国际货币地位还非常弱小，所以其流动性支持政策的使用要非常谨慎，并且要注意应对国际货币流动性泛滥的冲击。

　　本书是李宝伟副教授主持的 2011 年中央社科专项《国际货币流动性膨胀与新兴市场国家货币流动性——演化、测度、影响与治理》的研究成果，也是其 2011 年在英国伯明翰大学访问学习的成果之一。感谢中国人民银行天津分行对本研究给予的支持帮助，感谢有关研究部门同仁的大力支持，本书也是该项目的研究成果；感谢南开大学经济系的段文斌主任、刘骏民教授、邓向荣教授、李俊青教授等同事给予长期支持和指导。在此，要感谢为本书作序的金中夏和霍学文两位学术领军者，你们的鼓励与肯定，使我们更有信心和兴趣推进这方面的研究。最后，衷心感谢中国金融出版社的刘钊老师和石坚老师，正是他们认真细致的辛苦工作，使得本书能够以更高质量出版。

李宝伟、张云、刘通午、陈瑞华
于南开园

# 目　　录

# 1 日益重要的宏观流动性问题

## ——表现、研究逻辑与方法

## 1.1 研究的问题

本书研究的是宏观流动性问题,因此我们要回答以下问题:宏观流动性的研究背景是什么?为什么要称为宏观流动性问题?宏观流动性的研究逻辑和测度方法是什么?不同理论用哪些方法对流动性进行了研究?历史和逻辑一致的马克思主义理论的发展研究是如何阐述宏观流动性问题的?这个问题可以延伸到全球货币金融体系有关问题研究中吗?针对金融化后的宏观流动性问题,在货币政策和其他治理措施上有什么样的发展?

(1)为什么美国金融危机期间金融系统和实体经济普遍缺乏资金,经济陷入流动性陷阱状态?美联储为什么实施了7000亿美元的紧急救助,在随后的4年多时间内连续实施了四次量化宽松货币政策?这些政策有用吗?(2)中国从2000年到2010年连续出现流动性过剩问题,而2012年以来又出现流动性短缺问题。学术界和政府官员都关注到在货币存量很高的情况下,实体经济明显缺少资金,2013年又多次出现货币市场流动性紧张的情况,这是否说明金融对实体经济支持明显不够?这是一个宏观层面的经济问题。自2000年以来,国内流动性过剩与不足状况交替出现。2009年之前,明显出现流动性过剩的局面,银行信贷利率较低,资金比较充裕。2013年中国实际GDP为56.9万亿元,广义货币(M₂)为110.65万亿元,绝对规模巨大,M₂/GDP达194%,银行系统存在着大量的超额准备金。令人惊讶的是,2013年6月,中国货币市场"钱荒"再现,受准备金补缴、外汇占款下降预期、债市监管升级和资金备付等因素的影响,银行间拆借利率节节攀升,这意味着短期流动性紧张。6月8日,上海隔夜同业拆借利率大涨231.2个基点至8.294%,此后Shibor利率持续暴涨,至6月20日,高达13.44%,各期限同业拆放利率全线攀升,资金面骤紧令人担忧。

另外，除了货币市场流动性紧张外，更须引起高度关注的是银行贷款利率处于很高水平，国内实体企业明显缺乏资金，筹资成本居高不下，经济结构调整，中小企业特别是科技型中小企业发展面临融资障碍。形象地讲，我们面对的问题是：绝对广义和狭义货币绝对规模及其相对于GDP的比例都很大，但是货币市场和实体经济都缺钱，钱去哪里了？普遍的流动性风险问题需要提供历史和逻辑统一的理论解释。（3）循着这个思路，我们将研究延伸到全球范围，我们继续探讨全球金融市场中的流动性膨胀，以及主要发达国家流动性外溢的影响，国际热钱冲击，美国量化宽松货币政策和日本量化宽松货币政策的条件差异和实际效果，主权财富基金和中国高外汇储备等问题。

1. 本书中流动性的研究范畴

"流动性"通常被定义为资产变现的方便程度，现金（包括支票账户和现钞）具有完全的流动性，其他资产依变现的难易程度分类有不同的流动性，包括 $M_1$、$M_2$、短期国库券、中长期国债、地方政府债券、公司债券、抵押贷款债券、股票、资产支持债券直至金融衍生品等。现在人们用流动性膨胀来表示货币大幅度增加的现象是将流动性等同于货币。本书中将宏观流动性定义为"不是某一种具体资产，而是各种金融资产与广义货币、狭义货币之间的替换关系。更深入来说，就是由市场信用支撑的金融资产与政府信用支撑的高流动性资产间的替换关系"。

经济金融化的主要表现就是以短期金融资产为核心的流动性大规模膨胀，进而经济中依靠创造和炒作虚拟资产的经济活动成为经济运行的核心。当今世界已经发生了很大变化，股市、债市、房地产市场、外汇市场、金融衍生品市场以及收藏业市场等已经不再是相互独立运行的市场了，它们之间因经常性、大规模的资金流动已经连成一个整体，我们称之为虚拟经济。近40年来欧美发达国家GDP结构的变化证实了如此重大的变化：其实体经济在迅速退化，而虚拟经济却不断膨胀。我们以美国的制造业、建筑业和交通运输业代表美国的实体经济，以金融服务（其中包括保险业）和房地产服务业代表它的虚拟经济，则美国实体经济创造的GDP占其全部GDP的比重从1970年的37.25%一直下降到2012年的17.64%，而同期虚拟经济占全部GDP的比重却从9.63%不断上升到21.62%。以流动性资产为核心的虚拟经济不断膨胀的后果之一就是：由于虚拟经济的比例扩大和炒作投机虚拟资产活动的日益盛行，物价上升的程度已经不再像以前那样几乎是完全与货币供应量的增加同步。

2. 外汇占款引起流动性不断增加

中国的外汇储备截至2013年末已经达到38213.15亿美元。外汇储备的持续增长来源于中国国际收支经常项目和金融项目的双顺差。问题的严重性在于中国是持续的双顺差导致资金不断流入，而流入的资金没有泄出渠道。弗里德曼曾经说过："无论何时何地，通货膨胀就是一个货币问题。"当前中国发生的通货膨胀佐证了货币学派的理论。

由中国双顺差引致流入的外汇多数是要结汇的（以前是强制结汇制度，现在是由于人民币不断升值的预期），而外汇储备变动能够有效影响央行基础货币的变动，是影响国内货币供给的重要渠道。表1-1反映了自2008年开始我国基础货币的增加几乎完全是由外汇占款引致的，基础货币的被动大幅度增加，再经过货币乘数的放大，导致了我国广义货币供应量（M$_2$）的快速增加。这些因外汇增加而增加的人民币供给是没有对应产品的。因为经常项目顺差增加的外汇是因为产品出口大于进口，因此增加的本币在本国市场上没有对应产品，产品在国外；因资本项目顺差增加的货币在本国市场上就更没有对应产品了。实际上我国从2002年加入WTO之后，经常项目顺差和资本项目顺差就大幅度增加（见表1-2），长期双顺差在境内积累着流动性膨胀。

**表1-1　　　　2008~2013年我国外汇占款与基础货币、货币供应量数据** 单位：亿元

| 项目/年份 | 2008 | 2009 | 2010 | 2011 | 2012 | 2013 |
|---|---|---|---|---|---|---|
| 外汇占款 | 149624.26 | 175154.59 | 206766.71 | 232388.73 | 236669.9 | 264207.44 |
| 基础货币 | 129222.33 | 143985.00 | 185311.08 | 224641.76 | 252345.17 | 271023.09 |
| 外汇占款比重（%） | 116 | 122 | 112 | 103 | 94 | 97 |
| 货币供应量（M$_2$） | 475166.60 | 610224.52 | 725851.79 | 851590.90 | 974148.80 | 1106509.15 |

数据来源：中国人民银行。

**表1-2　　　　　　　2008~2013年我国国际收支顺差表** 单位：亿美元

| 项目/年份 | 2008 | 2009 | 2010 | 2011 | 2012 | 2013 |
|---|---|---|---|---|---|---|
| 国际收支总顺差 | 4607 | 4417 | 5247 | 4016 | 1763 | 2171 |
| 经常项目顺差额 | 4206 | 2433 | 2378 | 1361 | 1931 | 984 |
| 资本和金融项目顺差额 | 401 | 1985 | 2869 | 2655 | -168 | 1187 |

注：2013年截至6月末。

数据来源：中国海关、国家外汇管理局。

从表1-1和表1-2可以看出，目前我国流动性膨胀的根本原因是外部的，如此庞大的流动性进入中国后引起了房地产价格水平以及物价水平的上涨。首先是外汇占款导致的资金充斥引起房地产和股市暴涨，后来中央不断出台措施调控房地产和股市，但宏观调控政策的结果是将部分资金挤出股市和房地产，

并没有从根源上解决流动性过多的问题；进而被挤出股市和房地产的货币流动性开始导致物价上涨（粮食、猪肉、大蒜等所有居民消费品）、收藏业火爆（特定品种的茶叶和紫檀木价格直追黄金）、新股申购的火爆、理财产品的大规模膨胀等。

我们认为，中国只要保持稳定增长，在短期内就不会改变经常项目顺差的局面。同时，当前全球深陷由金融危机和债务危机引起的爆炸性流动性膨胀，如目前美国因救市和刺激经济已四次实行量化宽松政策，美联储资产负债表中的资产已从 2007 年的 8741 亿美元增加到 2013 年末的 29113.11 亿美元，已是危机前的 3.33 倍，这意味着美元增发了两倍以上；欧洲央行的资产同期也增加了大约 1 倍，由 1.1 万亿欧元增加到 2 万亿欧元，这标志着欧元在欧洲债务危机深化过程中也在大幅度膨胀。这些不断增加的流动性的绝大部分都集中流向中国和亚洲经济高增长的国家和地区，中国金融账户的持续顺差就是证据。因此，世界越是动荡，中国经济就越是被看做是躲避金融危机的避风港，大量流动性会设法进入。双顺差短期内不会改变，除非人为地制造中国经济衰退，否则外部大量进入流动性的状况不会改变。这就是说，只有从流动性视角以及外部关系着手才能从根本上解决当前中国的通货膨胀问题。

综上所述，我们认为中国外汇储备的积累本质上意味着外汇占款导致的无产品对应的人民币流动性增加持续不断，而我国传统的以"堵"住流动膨胀的治理思路似乎已经走到尽头，必须用"疏通"的办法来解决"流动性洪水"的问题，中国不能再以"封闭型经济"的思维来考虑当前的通货膨胀问题。

3. 中国在宏观层面流动性充足的时候发生了"钱荒"现象

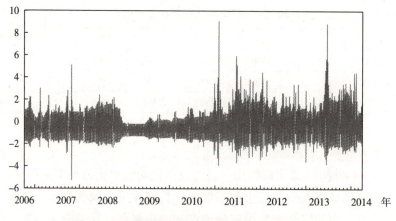

图 1-1　中国银行间市场同业拆借利率（Shibor）

从图 1 – 1 我们可以观测到，在四个区间的隔夜拆借利率波动较大：2007 年 10 月、2011 年 2 月、2011 年 7 月及 2013 年 6 月。也就是说，在 2013 年之后，中国的 Shibor 市场是非常紧张的，那么我们研究的问题就是：为什么在中国的宏观层面的流动性较充裕的情况下会出现中国的 Shibor 不断高企的情况。我们认为是流动性的分布出现了问题。

## 1.2　宏观流动性问题及其基本研究思路

从我们目前收集和总结的国内外文献来看，关于流动性问题，国内主要研究的是宏观经济中各口径货币存量与实际国内生产总值，以及可贷资金规模等指标的变化，一般可概括为流动性过剩和流动性不足问题；而国外文献主要研究金融机构和金融市场流动性风险问题。从研究方法和研究思想来看，又可以分为：（1）马克思主义货币金融政治经济学；（2）后凯恩斯主义货币与金融理论研究；（3）新凯恩斯主义和新古典理论的货币经济学研究。后两者又有很多不同分支研究。

马克思资本理论和马克思主义政治经济学的学者们在货币金融方面的新理论研究，主要体现在三个方面：第一，金融发展趋势的研究，新马克思主义学者从货币金融方面，基于马克思的价值理论和资本理论，展开对金融发展的研究，对金融信用演化、金融机构发展变化和金融工具，以及金融监管和货币政策发展进行了全面研究。第二，凯恩斯和后凯恩斯主义从资本过度积累是由过度融资推动的逻辑展开研究。据此逻辑，明斯基从金融不稳定引起实体经济不稳定角度进行研究，在这个研究框架下，他分析了货币、金融资产流动性关系，以及流动性陷阱问题。第三，另一类重要研究学派是新古典理论在这个领域的早期贡献和当前发展，当前主要有 Kiyotaki 等学者，主要包括推进的信用周期、杠杆周期等研究。

以上问题使我们需要首先回答什么是流动性问题。本书主要讨论的流动性问题是哪个层面的问题呢？为了回答这个基本问题，我们不得不回溯历史和文献研究。我们不可避免要涉及以下几个方面的问题：第一，货币在宏观经济中功能的变化，我们需要综合研究新古典、凯恩斯和后凯恩斯主义货币理论，以及马克思主义和新马克思主义的资本理论，我们要了解这个既古老又崭新的问题的范畴、历史和逻辑。第二，我们必须了解过去几十年以来宏观经济金融化的发展趋势。美联储学者已经做过坚实的实证研究，从宏观层面揭示了发达国家金融化的宏观变化过程，这是流动性问题研究的重要基础。第三，宏观流动性风险的微观基础，机构和市场的流动性风险并不必然转化为全面的宏观流动性风险。第四，哪些流动性风险需要政府干预，以及如何进行干预。

我们要研究的流动性风险，是依据马克思资本理论中将货币、信用与资本相联系的逻辑展开研究的，从生产的资本积累过程中货币转化为资本，以及货币与金融资本之间的长期变化趋势的历史演化过程中来理解，即货币是在生产过程中，通过与金融资本的相互转化，参与资本积累过程的。金融资本独立化发展和自由化发展，使货币与非货币金融资产的关联变得更加复杂，也使宏观经济不稳定机制变得更加复杂。

宏观流动性问题包含流动性过剩和流动性不足两个方面，流动性陷阱为当前宏观流动性研究提供了基础。凯恩斯在其货币需求理论中提出流动性陷阱问题——出于对债券收益不确定的考虑，人们有了对货币的投机性需求，据此解释流动性偏好和流动性陷阱问题。此后这方面的讨论一直围绕货币需求理论展开。凯恩斯提出的流动性陷阱理论一直缺少充分现实证据，直到20世纪90年代日本泡沫经济崩溃和2008年美国次贷危机爆发，提供了近似的案例。20世纪50年代，弗里德曼、詹姆斯·托宾、格利和肖等沿着不同的路径研究了货币的性质、功能和货币在宏观经济中的作用。后凯恩斯货币理论特别强调金融系统存在过度融资的冲动，在推动投资和造成宏观经济不稳定中发挥着核心作用。海曼·明斯基阐述了金融不稳定机制，以及是怎样造成经济不稳定的，明斯基提到了流动性问题——金融资产的变现能力，但分析停留在宏观层面，缺少更深入的微观机制研究。2008年美国次贷危机后，IMF、国际清算银行和欧洲央行等机构的学者对流动性问题进行了大量研究，例如 Bordo（2012）、Persaud（2007）等集中在金融市场和金融机构的流动性风险研究，主要是对流动性骤变现象进行了观测和测量研究。伦纳德·麦茨等（2010）集中研究了金融机构流动性风险的测量和管理缺乏宏观理论的支撑。总的来说，现有文献中微观研究和金融技术研究比较多，显著缺乏统一的理论基础。

对于日益重要的宏观流动性问题，马克思货币金融政治经济学和后凯恩斯金融不稳定理论能够提供历史与逻辑统一的理论支撑——能够解释为什么金融不能很好地为实体经济服务，经济为什么金融化了，以及"钱去哪里了"。新马克思主义货币金融政治经济学和明斯基金融不稳定理论都主张从生产的资本积累过程来分析货币的储藏功能，进而分析金融化和金融信用膨胀的经济规律。两者的根本区别在于，新马克思主义研究基于马克思价值理论和信用研究，展开对当代主要发达国家金融化发展的研究，拓展了对金融信用的理解，但对金融不稳定机制方面的研究是不够的。相比而言，后凯恩斯主义研究缺少价值理论的基础，但是坚持认为资本主义经济的核心是投资，投资依赖外部融资，金融资本追逐利润的本性造成有过度融资和独立化倾向，进而造成金融信用过度膨胀和过度投资，从而造成宏观经济的不稳定。以上研究为我们讨论了金融不稳定过程中的流动性风险问题，提供了重要基础。

我们以马克思资本理论中资本与信用理论为基础，吸收和借鉴后凯恩斯金融不稳定理论的分析方法，来阐述当前宏观流动性风险。我们认为宏观流动性问题是一个相对概念，即由国家信用支撑的货币等高流动性资产相对于实体经济交易需求和其他金融资产需求，而产生的复杂替代关系。在本书中，货币等高流动性资产是指国家信用支撑的 $M_1$、有存款保险保障的 $M_2$ 和其他以国家信用支撑的短期债务资产[①]，股权、企业债券和金融衍生产品等则属于以市场信用为支撑的金融信用资产，宏观流动性问题是在金融机构和市场出现大范围资产重新选择的过程中出现的普遍问题，这种情况可能是由实际经济因素引发的，也可能是由市场信心逆转造成的，但确实可能造成金融市场的波动和崩溃。在金融危机中金融机构和市场投资者急于将风险资产转化为相对安全的资产，往往由国家信用支撑的、有保障的短期金融信用资产更受追捧，这个过程被称为"Shift to Gravity"，表现为整个经济出现普遍的流动性风险问题——不是一个金融机构，或某一市场的流动性风险问题，而是整个经济和金融体系面对的问题。相对而言，流动性过剩是投资者对未来经济预期乐观，更愿意持有由市场信用支撑的各种长期金融资产，从而货币等由国家信用支撑的短期资产相对过剩，总体表现为金融资产持续膨胀。

## 1.3 基本观点、研究逻辑和主要内容

我们在马克思主义货币金融政治经济学货币、信用理论基础上，借鉴金融不稳定理论，来研究宏观流动性风险问题。（1）对关于流动性的历史文献和最新研究进行了综述研究，提炼出宏观流动性含义；（2）用历史分析方法，阐述了当前宏观流动性问题是经济金融化发展的结果，正是金融资本逐利本性和政府放松管制、宽松政策推动 20 世纪 70 年代以来的金融信用膨胀，而且当代金融

---

① 这个界定是根据现实情况进行的一个比较狭义的划分。

信用创造更广泛地使用了杠杆机制；（3）用马克思主义货币、信用和资本理论，借鉴后凯恩斯金融不稳定理论建立了宏观流动性风险机制模型，该模型将杠杆机制纳入分析，从而阐明金融不稳定的宏观流动性风险。

本书以新马克思主义货币金融政治经济学为基础，研究经济金融化中宏观流动性风险形成的宏观和微观机制。伊藤·诚等在劳动价值理论基础上，以社会化大生产过程的资本积累的融资需求为起点，坚持了货币、信用和资本积累的研究逻辑，扩展了对金融信用范围的认识，有效解释金融信用创新、规模膨胀、偏离实体经济的历史过程，以及宏观流动性风险机理。

（一）宏观流动性风险问题的根源：实体经济结构的变化与经济金融化

第一，本书以马克思货币、资本和信用理论为基础，先从信用层次对各种货币和金融资产进行划分：（1）央行发行的法币、各种国债是由国家信用支撑的，得到显性和隐性担保的一些商业银行和储贷机构的定期存款也是由国家信用支撑的，中央政府部门债以及由财政部担保债券在一定程度上也是得到政府信用支撑的；（2）股票、企业债和金融衍生产品是由市场信用支撑的，即预期未来收入流支撑的。不同信用机制是决定各种货币金融资产流动性的核心因素，交易制度和技术（到期日等）在此基础上发挥影响。

第二，经济金融化就是金融相对于实体经济持续扩大，金融信用形式复杂化和结构多元化。基于货币与金融资产的信用差异的基本认识，对各种货币和金融资产的社会金融信用性质进行区分，对社会金融总规模、社会金融信用总供求结构、经济结构长期变化进行考察，对社会金融信用结构和融资效率进行比较分析，对社会金融信用膨胀和风险扩展机制进行考察。

第三，金融交易活动的杠杆化使金融机构和市场的流动性风险问题变得更为突出，从而转化为宏观流动性风险。

第四，从资本积累过程和金融化过程看，货币资本是创造各种其他金融信用的重要基础，对实际资本积累和金融稳定具有重要影响。货币政策应该关注金融信用适度发展和合理结构，宏观审慎监管的实施原则。

（二）金融化与宏观流动性问题

在金融繁荣期，狭义货币等高流动性资产对其他金融资产相对充足，较为容易地相互转化，即流动性过剩；相反，金融危机初期首先表现为金融机构开始寻求低风险、高流动性资产，狭义货币、高流动性金融资产等相对短缺，其他金融资产不容易变现。

金融监管政策的变化过程反映了金融自由化的过程，而金融自由化在于信贷资产的增加以及更高信用的信贷资产的比例增加。这个过程是基于流动性的本质在于货币的信用职能的论断。我们认为，金融自由化的过程是市场信用膨胀的过程，而信用膨胀产生金融市场不稳定，不稳定性在于金融工具通过杠杆作用产生流动性，信用膨胀至泡沫破灭，经济体便出现危机。本书梳理了学术界对于金融化与流动性的学术研究历程。

对金融化的定义也纷繁复杂，格·R. 克里普纳认为是一种积累模式，Arrighi 赞同这种模式，认为利润通过金融渠道而非贸易和商品生产产生，这里的金融是指与为了获得未来利息、股息和资本收益的流动资金的供应（或转移）有关的活动（Arrighi，1994）。戈拉德·A. 爱泼斯坦在《金融化与世界经济》一书中认为新自由主义、全球化、金融化的兴起是过去 30 年全球经济变革的主要特征，金融化使得国民收入分配有利于金融机构和金融资产，制造和放大了金融市场的泡沫，引发经济危机。他认为"金融化"是指金融动机、金融市场、金融参与者和金融机构在国内及国际经济运行中的地位提升的过程。大卫·科茨（2011）认为，金融化是当前资本主义走入新自由主义终结而进入的阶段。

（三）杠杆化与日益重要的流动性问题

1. 金融杠杆

在研究金融化的过程中，金融化机制便是研究杠杆机制。本书对金融杠杆与流动性产生的影响进行分析。杠杆能够使得金融机构获得更多的潜在收益或者承受更多的损失，这样的收益或损失如果只通过自有资金进行投资是无法达到的。通常有三种杠杆，即资产负债表杠杆、经济杠杆和嵌入杠杆。资产负债表杠杆是以资产负债表为基础的，当经济实体资产的价值超过其股权，则认为其资产负债表被杠杆化了。经济杠杆是指银行被曝光资金头寸超过它的应偿债款。嵌入式杠杆是指被曝光的头寸大于潜在的市场因素，比如某个机构持有的杠杆化了的债权，例如一小部分由银行股权基金持有的由贷款作为资金来源的投资。

如何衡量杠杆作用的大小呢？我们采用最广泛的衡量杠杆的方法是杠杆化率，同样地，杠杆也可以用杠杆乘数即杠杆化率的倒数来衡量。杠杆化率通常是一类资本和经调整的总资产的比例，一类资本是资本和储备金的总和扣除商誉、软件支出和递延资金等无形资产。杠杆化率通常应用于衡量私有银行及其基础坚固的水平，而精确地度量和监管杠杆化率则需要由司法机关来决定。美国对于高风险的银行杠杆化率设定为 3%，而对于其他银行则设定在 4%，现实中的杠杆化率常常比最低值要高，这是因为银行受到相应的实现约束，要求它们保持最低5%的杠杆率来保证其良好的资本结构。美国大型的投资银行所持有的公司及其子公司由美国证券交易委员会进行监管，因此没有杠杆率的限制。巴塞尔银行监管委员会引入一个杠杆率，这一杠杆率可扩大资产的定义范围，缩小资本的定义，并将其作为巴塞尔协议风险框架的补充捆绑措施。

2. 金融杠杆化的影响

作为额外审慎监管工具的杠杆化率，对经济体的影响是一分为二的。首先我们对其有利影响进行讨论。其一，杠杆化率对于微观审慎政策工具和反周期工具都同样适用，在公允价值的环境下，资产价格的上涨会使得银行净值以总资产的一定百分比增加，良好的资产负债表会使得杠杆乘数较低，在萧条时期，资产价格和机构净值会降低并且杠杆乘数可能提高。其二，最低杠杆率能够充当风险资本要求的保障，从而有效抑制这种不正当激励（Hilderbrand，2008）。此外，也可以被认为是对私有银行的风险而预置的。其三，杠杆率的使用和监管也很简单，因此银行专家或监管者采用杠杆率来进行监管，而不会导致较高的支出或技术要求。

杠杆率对于政策制定者来说，需要注意其缺陷：第一，杠杆率没有按照风险来区分不同种类的银行资产，而且在缺少类似于巴塞尔协议框架下的风险资本要求的情况，可能会激励银行去建立相对更具风险的资产负债表或者扩展的表外活动。持有大量高流动性证券投资组合和高质量有价证券的银行会因为其保守而遭受损失。第二，美国通过杠杆率来规定市场，但是却引起金融危机。金融创新使金融系统的结构从根本上发生变化，像结构化信用产品这样的信用风险转换工具很好地证明了这一趋势。银行的资产负债表有结构化信用工具，面临嵌入式杠杆，加大了资产负债错配和资金流动性的风险。由于杠杆率被人为降低，而且有效的杠杆被假定是通过并不反映在资产负债表上的经济杠杆和嵌入式杠杆来进行的，因此资产负债表杠杆率不能完全反映金融创新的趋势。

# 1.4 研究方法

1. 研究路径
本课题在货币金融政治经济学理论基础上，研究路径如图1-2所示。
2. 研究方法
本书同时采用历史分析和计量分析方法，本书使用的是月度和季度数据；本报告所用数据主要来源于DATASTREAM、Bankscorpe数据库、美联储、美国

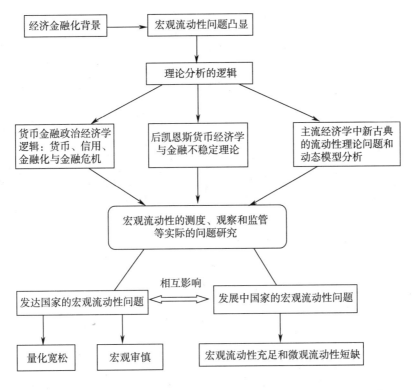

**图 1-2  研究路径**

经济分析局、国际货币基金组织等公开数据。

（1）本书首先运用历史与逻辑相结合的分析方法构建一个统一的分析货币虚拟化、经济金融化和宏观流动性风险的理论框架，此理论架构综合运用马克思和后凯恩斯的分析方法。

（2）运用基本统计和比较分析的方法对经济金融化进行测度。本书使用整体 GDP 中金融保险房地产创造 GDP 所占比例指标、金融企业利润在整体企业利润中占比指标、金融资产总体存量指标、金融深化指标、各产业部门金融负债指标等一系列指标详细测度经济金融化，进而运用多元统计中主成分分析方法找出最能够反映一国金融化程度的合成指标。值得指出的是，这里的基本指标分析既要运用历史的时间序列，又要运用国别之间的数据进行横向比较分析。

（3）运用基本统计分析方法分析宏观流动性的基本数据：如各国信用货币（$M_0$、$M_1$、$M_2$ 等）数据，各国金融资产的存量数据，从资金流量表中合成各国金融部门间净资金流量的数据，金融资产系数和扩展金融资产系数指标，各国债券市场余额、股票市场、金融衍生品等各个分金融部门之间的指标，在这些指标上运用纵向和横向对比方法详细分析各国宏观流动性的情况。

（4）在经济金融化和宏观流动性风险之间，运用门限自回归模型（TAR model），力图找出金融化指标导致宏观流动性风险爆发的阈值点。这里我们将找出发达国家间金融化导致宏观流动性风险的阈值点以及发展中国家金融化导致宏观流动性风险的阈值点，并进行详细比较分析，指出我国在发展过程中需要注意的金融化阈值点。

（5）在国际间宏观流动性风险联系方面，本书将运用向量自回归（VAR）、结构向量自回归（SVAR）、面板向量自回归（Panel VAR）模型实证研究发达国家流动性风险对发展中国家经济的影响以及发展中国家对发达国家流动性之间影响的双向机制。

## 1.5　本书结构

全书共 11 章，结构如下：

第 1 章：日益重要的宏观流动性问题——表现、研究逻辑与方法，是对全书研究背景、研究观点、研究方法和研究结构的全面介绍和阐述。

第 2 章：宏观流动性、市场流动与资金流动性：概念、关联与机制。基于马克思货币金融政治经济学和后凯恩斯货币金融理论的研究逻辑和分析方法，阐述当前宏观流动性的含义和机制。首先，对流动性和流动性陷阱等历史文献和最新研究进行全面综述，归纳和总结了各种对流动性的定义和测度方法；其次，基于马克思资本和信用理论，建立了流动性分析逻辑框架；再次，分析了形成当前宏观流动性问题的经济金融化历史路径，对主要发达国家金融化的历史作了全面总结；最后，将分析扩展到国际流动性膨胀问题的研究。

第 3 章：货币、资本、金融信用与宏观流动性问题——基于货币金融政治经济学信用理论的分析。重点阐述宏观经济历史演化中的金融化趋势以及金融不稳定的根源与机制。

第 4 章：金融深化后的宏观流动性问题——后凯恩斯主义货币金融理论对货币与流动性研究的推进。着重综述后凯恩斯主义货币理论在对货币本质、金融信用的作用、经济金融化过程和金融不稳定进行研究的基础上，是如何阐述货币的流动性、流动性偏好，以及金融危机、国际货币金融体系失衡和国际货币流动性问题的。

第 5 章：新古典经济学的流动性冲击模型和发展。重点阐述新古典理论的最新研究是如何为发达国家普遍实施的量化宽松货币政策奠定理论基础的。最新的新古典有关研究将流动性概念带入了学术研究的前沿。其主要观点认为，如果流动性约束是此次危机的主要动因，那么就有理由认为只要实施量化宽松货币政策，向市场大力注入流动性就可以解决流动性约束，从而促进经济的恢复，从这个逻辑上看，量化宽松货币政策是有坚实理论基础的。

第6章：新古典经济学中金融摩擦理论的研究。主要分析新古典经济理论中关于金融中介和信贷政策对经济周期理论的影响。这个论题是涵盖在流动性分析理论中的一个重要环节，其逻辑主要是流动性冲击对经济周期有重大影响，而流动性冲击属于金融摩擦影响经济周期理论的一个主要特例，所以我们这里重点分析目前新古典理论中怎么从广义上刻画金融中介和信贷政策如何影响经济周期的理论。

第7章：宏观流动性的测度与影响。本章将对这方面的研究进行梳理和总结。根据已有文献，关于流动性的测度目前集中在如下几个层面：第一，宏观层面上，对货币等金融资产绝对量和相对比率变化的研究，可追溯到戈德史密斯关于金融发展的研究。关于金融化程度和宏观流动性测度研究，可以通过 Moritz Schularick 和 Alan M. Taylor（2009）进行充分了解。第二，在研究机构的流动性状况和金融市场流动性状况时，资产负债表分析、压力测试等已经成为标准分析工具。第三，金融系统压力测试，基于对系统重要性金融机构的压力测试，来有效掌握整个金融系统流动性状况。并且，压力测试已经成为金融机构和金融系统性风险研究的重要测度方法。

第8章：国际货币流动性膨胀与典型国家的流动性风险问题。本章用马克思的货币金融理论以及历史研究方法系统分析国际货币金融优势的不对称性，以及这种不对称性造成的国际货币和金融信用资产流动性泛滥。

第9章和第10章：流动性的管理政策分析——量化宽松政策目标、机制与效力。主要研究流动性的宏观管理政策，从目前学术的研究情况来看，和流动性的宏观管理策略的研究非常类似的研究主要有如下两个方面：第一个是量化宽松的货币政策，主要是央行以非常规的手段释放流动性的策略，这算是流动性宏观管理策略的一次实践；第二个就是所谓的宏观审慎监管政策，这个政策着眼于如何使用不同于传统的微观监管策略来保证金融整体系统的稳定性，与宏观流动性管理有较大的联系。这两章主要分析流动性方面量化宽松货币政策。主要分为两大方面：第一个是量化宽松货币政策的定义和相关既有研究文献的综述；第二个就是关于美国量化宽松货币政策的实证研究。

第 11 章：对宏观流动性理论与现实问题研究的总结。这一章主要是基于理论研究和现实研究，对这个领域的当前研究进行全面总结。

（本章作者：李宝伟、张云）

# 2 宏观流动性问题：
# 概念、逻辑、架构

本章基于马克思货币金融政治经济学和后凯恩斯货币金融理论的研究逻辑和分析方法，阐述当前宏观流动性的含义、机制。首先，对流动性和流动性陷阱等历史文献和最新研究进行了全面综述，归纳和总结了各种对流动性的定义和测度方法。其次，基于马克思资本和信用理论，建立了流动性分析逻辑框架。再次，分析了形成当前宏观流动性问题的经济金融化历史路径，对主要发达国家金融化的历史作了全面总结。最后，将分析扩展到国际流动性膨胀问题的研究。

## 2.1 货币与流动性——基础研究的历史路径

（一）宏观流动性的基础资产：对货币的不同理解

目前，马克思主义政治经济学、后凯恩斯主义、新凯恩斯主义理论和新古典经济理论都对流动性进行了研究。凯恩斯（1936）将货币的供给和需求加以区别，被国家控制的货币供给量属于外生变量，由市场决定的货币需求量属于内生变量，投资者具有流动性偏好，因为流动性强的货币资产可以随时进行交易。托宾（1958）和卡恩（1972）针对凯恩斯流动性偏好理论存在的问题提出解决方法。卡恩提出基础货币和货币乘数，发展了凯恩斯的乘数原理。托宾提出货币和其他资产之间可替代性的存在，认为单纯的货币乘数变动或货币流通速度的变动不是影响国民经济的唯一因素，而重要的是人们资产形式选择和资产分配的均衡①。凯恩斯主义的追随者们认为货币的价格是利率，用利率来调节货币的需求量，其内在的决定性因素是资产的信用，旨在分析货币政策和通过

---

① Fernando J. Cardim de Carvalho：<Uncertainty and money：Keynes, Tobin and Kahn and the disappearance of the precautionary demand for money from liquidity preference theory >，<Cambridge Journal of Economics> 2010，34，pp. 709 – 725.

合理的信贷措施来改变有组织的"货币"。明斯基（1963）提出"金融不稳定"理论，发展了凯恩斯的"通论"，凯恩斯认为资本主义货币金融关系的本质特征集中体现在投资者的决策中，明斯基认为金融中介和信用经济本身具有内在的"金融脆弱性"，在持续繁荣和对于未来的乐观主义作用下，金融机构会更多地在更具风险性的资产上进行投资。当面临违约时，经济系统将会更加脆弱。由于货币政策传导机制存在着不确定性，使得中央银行通过政策操作框架实现价格稳定目标具有不确定性。明斯基提出"大政府"和"大银行"的方案，以应对这种资本主义经济体系内在的金融不稳定。斯坦菲尔德（1986）认为市场不能独立于货币而存在，更不可以早于货币而存在，事实上，在组织活动的同时已经存在市场的概念。货币的产生首先成为计价单位，随着贷款以标准的货币单位来计价，货币的支付手段被开发，在一个市场经济中生产的目的是积累货币表示的资产，货币成为社会财富的量度。在此基础上，产生货币信用理论，市场被看做是一个债权债务的结算中心，而非交换物品的场所。

（二）货币的性质与功能：两种截然不同的思路的当代研究

Wray（2012）采用历史研究方法，提出关于货币起源和现代金融制度发展的非主流观点。他认为传统理论关于货币和政策的观点在历史和逻辑上是有缺陷的。后凯恩斯主义的货币理论基于三个基本命题：第一，货币可以交换商品，商品也可以交换货币，但是商品不能直接交换商品，货币作为交换媒介，人们追求货币是因为它能够满足用于交换的支付手段作用。第二，货币是债务，用于记录借款人债务和贷款人资产的各种形式。明斯基认为任何人都可以通过在社会核算系统中发行票据以创造货币。第三，债务存在违约风险，由于借贷双方必须愿意"创造货币"和"持有货币"才产生借贷关系，其中产生了流动性和违约风险[①]。货币不是被注入到市场经济中的，而是随着市场一起发展起来的。这帮助我们揭示了为什么市场经济中的生产永远是货币生产，即用现在的货币生产将来更多的货币。这也意味着货币经济中的货币供应量必然是内生决定的，货币经济不会也不可能通过外生货币供应来运行。就当代货币内生问题，Wray 提出私人银行的债务可以兑换成央行的高能货币，并有存款保险公司担保。但影子银行的"安全净值"增加恰恰和政府对其他未在监管范围内的债务的控制走了相反的道路。同时，放松监管，加强"自我监管"意味着政府不再密切监视银行的活动。越来越复杂的金融工具增加了银行未披露的表外业务，并使

---

① 兰德尔·雷，郭金兴译：《货币的本质：后凯恩斯主义的观点》，载《政治经济学评论》，2012（1）。

得任何人，包括监管机构和银行高管都不知道它们是不是处于破产风险中。

　　新古典经济理论与后凯恩斯主义理论关于宏观流动性风险的研究，根本分歧在于认为是独立于货币变量和货币政策之外的因素对经济波动产生冲击。在货币起源的探讨中，主流观点诸如萨缪尔森等人认为，由于物物交换为产生前提，从而产生一些物品作为交换媒介从而提高经济效率，因此产生货币这样一种润滑市场交易机制促进交换的商品。由于生产规模的扩大推动了交换规模的扩大化，交换收据成为节省时间和精力的手段，当出现了借贷市场，纸币开始取代商品货币时，银行逐渐产生。弗里德曼（1968）和布鲁纳（1968）认为，随着存款乘数的变化，中央银行控制非公开发行的纸币从而控制银行储备。主流理论认为货币是使得交易成本最小化的交换媒介，认为货币为贸易起着润滑剂的作用。例如 Kiyotaki 与 Moore（1999）支持货币的职能是交换媒介和价值手段，他们指出贸易中客观存在着摩擦，检验货币的真实性和价值，减缓交易的速度[①]。Kiyotaki 与 Moore 提出货币不断地循环，因为其比其他资产更具有流动性，而不是因为它有特殊的职能。不同的资产之间存在着不同的流动性，资产的聚合或是价格波动从而对市场效率和流动性产生冲击，而政府的货币政策可以通过公开市场操作来改变私人部门持有的资产组合[②]。

## 2.2　流动性的定义：综述

　　目前国内外关于流动性的定义众说纷纭。最为普遍的是麦金农用金融深化指标，即 $M_2/GDP$（广义货币供应量与 GDP 的比值）来衡量流动性。IMF 于 2000 年颁布的《货币与金融统计手册》中，把流动性概括为"金融资产在多大程度上能够在短时间内以全部或接近市场的价格出售"[③]。而克兰普从三个方面定义"流动性"（《新帕尔格雷夫金融学大辞典》，2000）：一是从资产的到期日来界定"流动性"，而货币则是一种到期日为零的资产，所以货币最具有"流动性"的本性；二是便利性，即货币余额存量与产出流量的比例，"流动性"对产出的大小比例关系；三是"金融力"，从整个经济体的资产负债表出发来定义

---

①　Nobuhiro Kiyotaki and John Moore：＜Evil is the root of All Money＞，＜The American Economic Review＞，Vol. 92, No. 2, Papers and Proceedings of the One Hundred Fourteenth Annual Meeting of the American Economic. Association（May, 2002），pp. 62 – 66.

②　Nobuhiro Kiyotaki and John Moore：＜Liquidity, Business Cycles, and Monetary Policy＞，presented in the Annual Meeting of the Society for Economic Dynamics held in Stockholm（June 2001）.

③　IMF：《货币与金融统计手册》，2000。

"流动性"，即金融力是指人们持有的、以市场价值衡量的对政府债权和其他私人实体部门的债权，即"流动性"是使一种金融产品便利地转换为另一个金融产品的工具①。

最近几年的文献中对流动性概念的理解一直存在较大的争议。有的将之细分为货币流动性，即中央银行对经济体的货币供应；资金流动性，即企业通过各种融资渠道获得资金的便宜程度；市场流动性，即市场参与者能够将金融资产迅速变现而不会导致资产价格发生显著波动的情况；资产负债表流动性，即企业资产负债表中的现金及易变现资产覆盖短期债务的能力。在运用中，主流的做法是将流动性视为经济中的广义货币供应量，用 $M_2$ 或是 $M_2/GDP$ 来衡量。如果要把这些概念统一起来，存在一定的困难。

在《新帕尔格雷夫货币金融大辞典》中，对流动性②的概念的讨论和评价是通过对金融资产分类的过程中推动产生的（纽林，1962），并可以将之概括为三种概念的描述。流动性是一种高度复杂的现象，其具体形式深受金融机构及其实际活动变化的影响，这些变化在近几十年里异常之快。对流动性的分析要从微观和宏观两个角度进行，且有导致结构错误这种非同寻常的重大危险。流动性的概念化要从事前和事后两个角度进行，人们公认后一种角度有助于统计估算，而前一种则与交易者持有的财富和支出决定有较密切的关系。这些因素加到一起，是对于与政策有关的较重大问题，即流动性在什么程度上削弱了"货币"存量与支出流量之间的数量理论联系提出明确答案变得极为困难。

对流动性所作的这一陈述表明，争论的焦点主要在宏观经济方面，并主要关系到（与"实际"资产相对的）金融资产。希克斯（Hicks，1967）曾把它们分成如下几种：（1）交易者维持其活动所需要的运营资产；（2）为了对经济冲击中难以预见的变动保持灵活反应而持有的储备资产；（3）为获取收入而持有的投资资产。第一种资产包括为满足凯恩斯的流动性的交易动机所必需的"货币"余额，但是，除了这些（可能主要是）对银行的债权之外，也可以包括对非金融实体以贸易信用形式表示的已出售但尚未付款商品的债权。第二种资产包括为满足凯恩斯的流动性的预防动机所持有的货币余额，以及人所熟知的一些流动性资产，主要是对公共部门的短期债券（如建筑社团的存款）。第三种资

---

① 彼得·纽曼、默里·米尔盖特、约翰·伊特韦尔编：《新帕尔格雷夫货币金融大辞典（第二卷）》，北京，经济科学出版社，1999。

② 彼得·纽曼、默里·米尔盖特、约翰·伊特韦尔编：《新帕尔格雷夫货币金融大辞典（第二卷）》，北京，经济科学出版社，1999。

产包括凯恩斯的投机货币余额，以及债券和其他形式的长期债权。

### 2.2.1 流动性概念之到期日

用到期日概念来讨论流动性是把"货币"视为一种到期日为零的资产，并简化地假定每种资产都有具体的到期日，就可以在理论上画一条"到期日曲线"，以不同的未来日期显示累积的到期资产总额（见图2－1）。就既定的资产总额来说，这条曲线的截距愈高和斜率愈小，经济状况就愈有流动性，因为资产愈接近到期日，一般来说变现的可能性就愈大，并不会有重大资本损失的风险。因此，可得出如下结论：以这种意义衡量，一种经济的流动性愈高，它维持各种产出水平的能力就愈强，不会禁止利率波动和既定资产存量市场价值的联动变动。

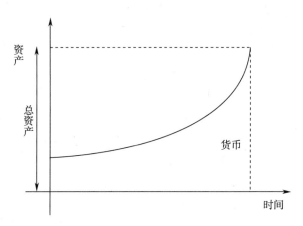

**图2－1　由未来日期显示累积的到期资产总额**

### 2.2.2 流动性概念之便宜性

在流动性的到期日概念讨论中，我们注意到非货币资产实际上通常不是直接变现，而是为支出融通资金，无须首先换成货币余额。于是产生了流动性的第二个概念，即变通性（Easiness）。变通性承认了货币所具有的这种关键性的中介作用，这一概念定义为货币余额存量（不是与财富的存量而是）与产出流量的比率，即 M/Y。其明显的含义是：如果有足够的刺激，一种高的比率将会促进产出的扩张，而一种低的比率将会抑制产出的扩张，甚至造成紧缩。这种含义自然与货币数量论的传统是一致的。

上述观点就要求我们对格利和肖（1960）权威的"流动性理论"进行总结，

回答一些疑问。

实践证明，不可能存在得到一致（即便是广泛）赞同的货币定义，也不可能使货币明显有别于所称的流动资产、准货币或货币替代物等（塞耶斯，1960）。这一点在任何时候都与（金融复杂化）经济的状况相符。当把注意力集中到金融机构的结构和实际的变化上时，困难就混杂起来，而这些变化迟早总会出现的。从历史上看，银行券和银行存款起初都被视为节约持有"真实货币"余额或金属铸币的工具。先是银行券，接着是活期储蓄相继被承认为货币范畴。但银行的定期存款情况如何呢？持有者通常能预期银行会承付他们的支票，实际上是把定期存款看做活期存款，一般不会受到实质性的惩罚。如果银行的定期存款算做货币的话，它们与诸如人们通常以类似的条件和目的持有的住房互助协会存款又有什么基本差别呢？如果货币的概念如此含糊不清，那么，至少在发达经济中，货币是否像货币数量论所说的那样重要呢？

以上考虑注重现代货币数量论推理的核心概念，即与相当少数目可确定的变量（如财富存量、资产收益）有函数关系的稳定和同一的货币需求。如果货币资产适于前面提到过的希克斯的三种类型中的一种，且在每一种内部又可分成几组存在相互替代的资产的话，那么，原则上可认为交易者在一定范围内可实行资产组合调节，以抵消货币不足对支出计划的潜在影响。

如果某些可以冠之以"货币"的特定种类资产的供给对私人部门的需求变动真的缺乏反应，或换言之由"外生"决定的话，货币数量论的观点就会受到冲击。尤其是这些资产供给的"既定性"，如果因强制性的货币政策措施而得到加强，就可得出如下结论：这种供给就会对前面提到的资产组合的改变起到一种重要的"刹车"作用，因为可能出现财富持有者无法以不受惩罚的条件换到或根本无法换到"货币"资产的情况。后凯恩斯货币金融理论认为：包括可以冠之以"货币"的所有资产的供给，基本上是由内生而不是外生决定的。

### 2.2.3　流动性：金融影响力的定义方法

这种界定方法首先区分了经济中的公共部门和私人部门；其次是明确了资产对持有者来说是金融债权，对其发行者来说是负债。

关注交易者的资产负债表，金融力是其持有的、以市场价值而不是名义价值衡量的对政府和对其他私人部门的债权和交易者甘愿持有负债抵消后的结果。由于大量的私人部门的债务是欠金融机构的，因此应将金融机构信贷意愿也加进概念中，特别是关于信贷供给弹性的条件。这样在流动性的定义中加入金融机构信贷这一变量，可以更直接地研究货币政策的传导。

Persaud 等国外学者将流动性扩展为市场流动性，认为资产在无太大损失下以一个合理价格顺利变现的能力，它是一种投资的时间和价格之间的关系，也指市场参与者广泛，同时买卖双方报价差距很小的交易便利状态。市场流动性是衡量市场状态是否良好的重要指标。市场流动性具体表现在繁荣的市场中，金融产品的活跃交易[①]。国际清算银行（BIS）在 1999 年的会议上对市场流动性进行了定义，即具有流动性的市场是其参与者能够很快地执行大额交易，而对价格影响很小的市场。Shin 认为市场总体流动性可以被理解为总资产负债表的增长率，当金融中介机构的资产负债表整体上强劲，那么它们的杠杆作用则不显著[②]。

## 2.3 2008 年全球金融危机之后流动性研究的最新发展

### 2.3.1 对金融危机中的金融机构和市场流动性的研究

Markus K. Brunnermeier 和 Lasse Heje Pedersen（2009）通过对国际主要投资银行的资产负债表的分析，阐述了资金流动性和市场流动性两者之间的反馈（正、负）关系。他们将资产的市场流动性界定为资产交易的难易程度；将资金流动性界定为金融机构获得资金的难易程度。"市场流动性定义为交易价格和基本面价值之间差额，把资金流动性定义为投机者的资本短缺。"[③] 交易者提供了市场流动性，并且他们的这种能力依赖于他们可获得资金的情况。反过来，交易者的资金，即他们的资本和保证金需求，又依赖于资产的市场流动性，即金融机构的市场流动性和资金流动性存在相互影响和促进的机制。在一定条件下，保证金（Margin）是不稳定的，市场流动性和资金流动性相互加强，导致两者螺旋式上升（或下降）。

Markus K. Brunnermeier 和 Lasse Heje Pedersen（2009）提供了一个可以将资

---

① Avinash D. Persaud 编，姜建清译：《流动性黑洞——理解、量化与管理金融流动性风险》，北京，中国金融出版社，2007。

② Tobias Adrian and Hyun Shin：< Liquidity and Financial cycles >，< BIS Working Papers > July 2008，No. 256.

③ Markus K. Brunnermeier and Lasse Heje Pedersen（2008）："Market liquidity and Funding liquidity"，p. 2.

产的市场流动性（资产可以不费力地进行交易）与交易者的资金流动性（交易者能够容易地获得资金）联系起来的模型。交易者为市场提供了流动性，而他们能够做到这一点有赖于他们资金的可获得性。反过来，交易者的资金（他们的资本和保证金要求）又取决于资产市场的流动性。结果显示，在某些条件下，保证金是不稳定的而市场流动性和资金流动性是相互加强的，从而导致流动性螺旋。模型解释了经验事实所记录的市场流动性：（1）会突然枯竭；（2）在不同证券市场上具有共通性；（3）与波动性有关；（4）倾向于发生安全投资转移现象；（5）与市场是联动的。模型提供了新的可检验的预测结果，包括认为投机者的资本是市场流动性和风险溢价的驱动者。

交易需要资本。当一个交易者（一个经销商、一家对冲基金或一家投资银行）购买一只证券时，可以把证券作为抵押物进行借款，但是其能借到的资金并非该证券的全部价格。证券的价格和担保价格之间的差额被称为保证金（Margin）或估值折扣（Haircut），这一部分资金必须由交易者的自有资本来提供。相似地，卖空（Short-selling）以保证金的形式提出资本要求，它并不能释放获得的资本。因此，交易者全部投资持有量（Positions）的保证金总额在任何情况下都不能超过其拥有的资本。

模型说明了交易者的资金和市场的流动性以一种深入的方式相互影响着。当资金流动性紧张时，交易者变得不愿意持有资产，尤其是对那些有高保证金要求的"资本密集型"证券的持有。这降低了市场流动性，导致更强的波动性。进一步，在某些条件下，未来市场的低流动性提高了为交易提供资金的风险，因此抬高了保证金。我们以资金和市场流动性的联系为基础对市场流动性的主要经验特征提供了一个统一的解释。该模型尤其说明了市场流动性具有以下特点：（1）会突然枯竭；（2）在不同证券市场上具有共通性；（3）与波动性（Volatility）有关；（4）倾向于发生安全投资转移（Flight to Quality）现象；（5）与市场是联动的。模型还提出了几个新的可以进行检验的结论，将保证金和交易者的资金与市场流动性联系在一起。我们预测：（1）投机者的（按市价计算的）资本和波动性（例如用 VIX 指数进行衡量）是影响市场流动性和风险溢价的状态变量（State Variables）；（2）资本的减少会降低市场流动性，尤其是当资本的数量已经处于低位时，资本的减少会显著降低高保证金的证券的流动性（一种非线性的效应）；（3）在证券的基本价值（Fundamental Value）难以确定时，流动性缺乏情况下的保证金会提高；（4）投机者的收益的分布偏度为负值（Negatively Skewed）（即使他们在交易证券时基本面并未发生偏斜）。

模型在想法上与 Grossman 和 Miller（1988）中的模型相似，又添加了一些特征，使得投机者面临的是上面所讨论的现实世界中的资金约束。在我们的模型中，不同的客户（Customers）产生相互抵消的需求冲击，但是他们是陆续进入市场中来的，这就使得市场产生了暂时性的指令余额（Order Balance）。投机者要平滑价格的波动，因此向市场提供流动性。投机者通过抵押贷款从融资人（Financiers）处获得资金进行交易。正是这些融资人对保证金作出规定以控制他们的在险价值（VaR）。由于融资人在每一个时期都可以重新设定保证金要求，投机者因为存在更高保证金的风险或已持有资产的损失而面临资金流动性风险。我们推导出了模型的竞争均衡等式并且探究了其关于流动性所得到的结论。我们将市场流动性定义为交易价格（Transaction Price）和基础价值之差，将资金流动性定义为投机者的资本的稀缺（Scarcity of Capital）（或影子成本，Shadow Cost）。

通过将资金和市场的流动性联系起来，这本书为解释以下程式化的事实提供了一个统一的框架。

（1）流动性的突然枯竭。我们认为流动性的脆弱性部分是由于不稳定的保证金造成的。当融资人信息不完全以及基本面波动性发生变化时，保证金提高。

（2）市场流动性和脆弱性在不同资产市场上联动是因为资金条件的改变影响了投机者对所有资产市场流动性的供给。

（3）市场流动性与波动性相关，因为所交易的易波动资产越多，所需要支付的保证金越高，以及投机者在所有的资产市场上提供市场流动性，所以单位资本使用的非流动性（单位现金保证金的非流动性）是恒定的。

（4）在该研究框架下当资金变得稀缺，投机者减少对资产市场流动性供给，尤其是对资本密集的，即当减少高保证金的资产市场流动性的提供时，会发生安全投资转移现象。

（5）市场流动性随着市场变动，因为资金条件随着市场变动。

上述研究也为中央银行提供了政策参考，央行可以通过控制资金的流动性帮助缓解市场的流动性问题。如果中央银行在区别流动性冲击和基本面冲击的方面比投机者的代表性融资人更擅长，那么中央银行可以传达这方面的信息并催促融资人放松他们的资金要求——像纽约联邦储备银行在 1987 年的股票市场暴跌中所做的一样。中央银行也可以通过在流动性危机期间对投机者的资金条件给予援助，或仅仅通过声明在危机期间提供额外资金的意图使融资人在改进最坏情况下的方案时放松保证金要求，最终提高市场的流动性。

Adrian 和 Shin（2009）的研究揭示了投资银行在市场流动性和资金流动性方面的反馈机制。如果投机者最初持有大量的头寸，……一个资金冲击引起流动性不足，导致投机者最初头寸的损失，迫使投机者卖出更多头寸，引起资产价格的进一步下跌，资金流动性和市场流动性螺旋式相互推动，引起更大的总效应。市场流动性波动与保证金机制和资金流动性相互作用，使整个金融市场表现为过度膨胀和过度下跌，而且市场流动性的这种表现是金融市场普遍存在的现象。Chordia 和 Roll（2000）、Hasbrouck 和 Seppi（2001）、Huberman 和 Halka（2001）的研究表明市场流动性与资金流动性的这种相互影响，广泛存在于股票和债券市场。Chordia、Sarkar 和 Subrahmanyam（2005）认为流动性机制至少部分驱动了这个跨股票和债券的共同特性，"货币流动性……部分解释了股票和债券市场流动性的共性"[1]，而且他们发现"在整个危机期间，货币膨胀是与流动性增长相伴随的"[2]。针对资金流动性与市场流动性波动相互影响，他们给出了短期政策建议：中央银行可以通过控制资金流动性，帮助缓解市场流动性短缺问题。如果中央银行比典型金融机构能更好地区分什么是流动性冲击和什么是基本面冲击，那么中央银行就能够向金融机构传递这些信息，并且鼓励金融机构放松它们的资金流动性需求。1987 年证券市场崩溃时期、1998 年长期资本管理公司危机时期、2007 年全球金融危机期间，各国中央银行和财政部都采取了类似措施。"中央银行也能推动市场流动性，在流动性危机期间通过改善投机者流动性条件，或者直接表达政府意图在危机期间提供额外的流动性，当金融机构最坏的情况出现时，这或许会减缓保证金需求"。[3] Marcus Miller 和 Joseph E. Stiglitz（2010）的研究也支持政府提供流动性救助。但 Taylor（2009）的研究指出，正是发达国家政府在过去几十年中，在各种危机中采取的刺激政策，导致了货币流动性的膨胀，从而推动了金融市场规模的不断扩张。

### 2.3.2 对中国流动性过剩和流动性不足的研究

巴曙松指出，宏观方面的流动性过剩，推动因素是持续的贸易顺差和外资流入带来的外汇储备迅速增长。央行在外汇市场上购买外汇需要投放基础货币，外汇储备增长迅速带动基础货币投放速度加快，宏观层面上带动流动性增加。彭兴韵（2007）认为，流动性过剩凸显长期金融工具发展不足，资产价格大幅

[1] Markus K. Brunnermeier, Lasse Heje Pedersen, "market liquidity and funding liquidity", p. 5.
[2] Markus K. Brunnermeier, Lasse Heje Pedersen, "market liquidity and funding liquidity", p. 5.
[3] Markus K. Brunnermeier, Lasse Heje Pedersen, "market liquidity and funding liquidity", p. 28.

提升，中国金融体系中大量短期金融工具对长期金融工具的需求得不到满足，导致长期金融工具价格大幅上升。大量短期金融工具追逐长期金融工具的状况，长期资产价格上涨从而表现为流动性过剩。张明（2007）在宏观货币信贷口径研究基础上，对流动性和流动性过剩问题进行了研究。

## 2.4  货币、信用与宏观流动性的本质：基本观点

本书的研究基于新马克思主义政治经济学和后凯恩斯主义的视角。后凯恩斯主义的货币理论基于三个基本命题：第一，货币可于交换商品，商品也可以交换货币，但是商品不能直接交换商品，货币作为交换媒介，人们追求货币是因为它能够满足用于交换的支付手段作用；第二，货币是债务，作为某种形式的记录借款人的债务和贷款人的资产，明斯基认为任何人都可以通过在社会核算系统中发行票据以创造货币；第三，债务存在违约风险，由于借贷双方必须愿意"创造货币"和"持有货币"才产生借贷关系，其中产生了流动性和违约风险①。因此，本书从后凯恩斯主义的视角研究货币的本质，认为流动性是货币资产与非货币资产之间的替代关系，是由整个金融体系表现出来的。

凯恩斯认为的货币职能，一是作为计算货币，充当交换媒介，货币的功能在于便利交换，对经济不发生重要和实质性的影响；二是财富积累，充当储藏手段。后凯恩斯主义者则在更普遍的意义上追求信用货币存在的基础。凯恩斯与其追随者从货币需求的分析入手，凯恩斯提出货币需求的动机包括交易动机、谨慎动机、投机动机、融资动机，而这些动机的基础是信用，后凯恩斯主义者依然认为货币即是信用，货币是非中性的，认为货币对就业、产出等实际变量会产生影响，因此货币的价值储藏职能是引发流动性的根本。

据此，我们提出对宏观流动性问题的具体理解，即由国家信用支撑的货币等高流动性资产相对于实体经济交易需求和其他金融资产需求，而产生的复杂替代关系。在金融化过程中，货币等政府信用支持的短期高流动性资产与市场信用支撑的其他金融资产间的替代关系的变化对金融稳定和宏观经济稳定产生重要影响。在本书中，货币等高流动性资产是指国家信用支撑的 $M_1$、有存款保

---

① 兰德尔·雷，郭金兴译：《货币的本质：后凯恩斯主义的观点》，载《政治经济学评论》，2012（1）。

险保障的 $M_2$ 和其他以国家信用支撑的短期债务资产①，股权、企业债券和金融衍生产品等则属于以市场信用支撑的金融信用资产，宏观流动性问题是在金融机构和市场出现大范围资产重新选择的过程中出现的普遍问题，这种情况可能是由实际经济因素引发的，也可能是由市场信心逆转造成的，确实能对正常融资和经济活动造成严重影响。

在国际货币基金组织的定义中，货币供应量依据其安全性和流动性普遍划分为 $M_0$、$M_1$、$M_2$、$M_3$ 四个层次。$M_0$ 是流通中的现金，即基础货币；$M_1$ 依赖于个人和企业信用，例如银行承兑汇票等；$M_2$ 依赖于机关团体的信用，例如企事业单位定期存款等；$M_3$ 以国家及事业单位信用为支撑，例如国库券、金融债券、保证金存款、外币存款等。货币在不同信用支撑下其储藏价值不一，使得投资者在进行投资决策的过程中，偏好将信用较低的资产转化为较高信用的信贷资产。理论上以金融资产的流动性划分货币层次，我们将不同层次的货币按安全性和流动性进行分析，如表 2 - 1 所示。

表 2 - 1　　　　货币与非货币金融资产的安全性与流动性分析

| 货币层次 | 金融资产 | 安全性 | 流动性 | 货币类别 |
|---|---|---|---|---|
| $M_0$ | 现金货币 | 最高 | 最高 | 安全性资产 |
| $M_1$ | 银行活期存款 | 较高 | 较高 | |
| $M_2$ | 活期存款以外的存款 | 高 | 高 | |
| $M_3$ | 政府债券 | 高 | 低 | 或有资产 |
| | 企业债券 | 低 | 低 | |
| | 股票 | 较低 | 较低 | |
| | 衍生金融工具 | 最低 | 最低 | |

资料来源：依据货币与非货币金融资产的层级划分整理。

1. 金融资本的逐利本性与普惠金融需求的矛盾。金融资本追逐利润的同时，要计算期限、税收和风险等因素对成本和收益的影响。如果一种融资的风险不符合金融资本的风险控制要求，金融资本就不会进入创造就业和技术创新，但风险很高、缺少抵押的实体经济领域。但是，各种实体经济的资本积累过程，高度依赖于社会外部融资，存在普惠融资需求。金融资本的独立性和逐利性与普惠融资需求之间就存在这种根本矛盾。这也是美国金融危机期间的流动性问题与中国"钱荒"问题的根本机制。中国的"钱荒"凸显了金融结构和金融体

---

① 这个界定是根据现实情况进行的一个比较狭义的划分。

制形成的金融资本垄断造成社会融资渠道不通畅，出现所谓的宏观流动性风险；美国金融系统在金融危机前出现金融信用持续膨胀，在金融危机爆发初期和之后出现金融系统流动性枯竭和陷阱的状况，根源在于金融资本追逐利润的本质造成金融信用过度创造，背离了实体经济资本积累的规律。

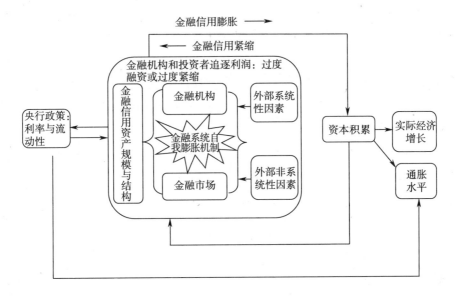

**图 2 - 2　后凯恩斯和马克思信用理论基础上的金融信用创造逻辑**

2. 宏观流动性不是指某一个具体资产，而是具体表现为各种金融资产与广义货币、狭义货币之间的替换关系，特别是市场信用支撑的金融资产与政府信用支撑的高流动性资产（主要是广义货币口径的货币和各种短期国债等，因为这些资产在交换和并购等活动过程中，可以起到交换、支付和储藏的功能）之间的替代关系。

宏观流动性风险问题是结果性风险，是金融机构和市场在极端情况下普遍出现的问题。依据马克思主义资本理论和后凯恩斯主义货币金融理论，金融系统存在内在的脆弱性，金融深化和自由化后金融脆弱性会更显著，并对外部系统性因素变化冲击的反应也更为敏感。

单个金融机构和金融市场的流动性风险不能称做宏观流动性问题，金融系统因为内在脆弱性，或外部冲击造成的普遍出现的信用膨胀和信用紧缩过程，会首先以普遍的流动性风险问题表现出来，即流动性过剩，而后者情况就是流动性不足、流动性陷阱等。

笼统地说，宏观流动性问题是金融相对于实体经济比例的持续扩大、金融信用结构变化、各种金融制度和金融资本追逐利润的本性所决定的。更具体地讲，受以下因素影响：金融资产相对广义货币比率的持续上升，金融总规模与实体经济相对比率持续上升，以及不同信用支撑的金融资产的结构比率。在市场化条件下，金融资本追逐利润的本性导致金融深化和金融自由化，在发达国家金融规模相对于实体经济和广义货币存量的比例都持续上升，广义货币存量相对于实体经济的比例持续扩大。金融深化后，杠杆化交易的广泛使用使得金融机构和市场投资者对利率变动的反应愈加敏感，越来越依赖于流动性市场来进行避险和资产重新配置。因此，宏观流动性问题就变得更加显著，并且在不同金融结构的发达国家和新兴市场国家中以不同形式表现出来。

正是由于不同信用支撑的资产之间存在替代关系，在金融市场中形成了货币循环。在资产泡沫膨胀的阶段，非货币金融资产较为容易地转化为货币资产，呈现流动性过剩——狭义货币相对充足和非货币金融资产易于变现（交易频繁）；然而，当经济出现不良信息、宏观经济政策逆转等引发市场信心逆转甚至崩溃，引发市场信用支撑的金融资产被抛售时，金融系统产生通货紧缩现象，各主体开始寻求低风险、高流动性资产，流动性风险便出现了——狭义货币、高流动性国债等相对短缺，长期金融资产不容易变现（交易大幅缩水）。如图2-3所示。

宏观流动性问题是金融信用关系变化产生的普遍问题。货币（本书特指基础货币、由商业银行体系创造的 $M_1$，以及由存款保险机制支撑的大部分 $M_2$）的本质是信用，本书的流动性是指不同层次金融资产之间的替代关系。当经济膨胀阶段，人们更愿意追求高收益，通过持有市场信用程度较高的资产，作为高收益的保障，因此替代过程较为频繁，流动性程度高。在经济衰退的阶段，金融资产之间的信用差异越显著，替代性越强，人们偏好持有以国家信用为支撑的货币资产，以保障安全性。

流动性状态变化的本质是一个货币与非货币金融资产之间的价值转换、信用交换的体系。在金融化发展过程中，当投资者对未来预期变得乐观时，居民的价值储藏形式从银行存款（广义货币）逐渐转换为由市场信用支撑的有价证券等金融资产，人们追逐可能会产生更多价值的货币资产，从而表现为货币相对充裕，各种金融资产膨胀，流动性过剩；在流动性不足时期，表现为一个相反的过程。当实体经济，或金融系统本身出现风险，货币与非货币资产替代程度增强，产生流动性风险；反过来，金融危机影响到信用体系时，投资者会在一个时期集中增持高信用等级的货币资产，这也会对实体经济产生重要影响。

因此，我们认为宏观流动性风险是金融系统不稳定的重要表现，也是金融危机的早期表现。

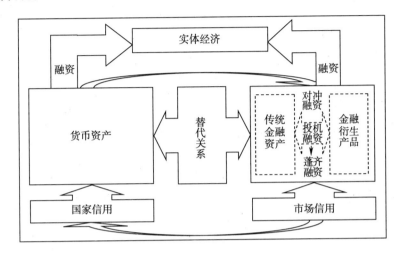

资料来源：作者整理。

**图 2 – 3　货币与金融资产的流动性关系**

## 2.5　金融化过程与宏观流动性风险的产生

### 2.5.1　货币、资本与金融信用

从马克思主义资本理论出发，我们认为正是金融信用制度的发展推动了主要发达国家的经济金融化发展，金融深化的本质是金融信用的深化。

李滨、杨蔚东（2004）根据马克思主义信用理论进行的研究指出，信用进化过程是在减少交易成本的基础上，经济主体之间的信用关系不断演进的结果。在金融深化和自由化大发展后，产生了虚拟资本，并不断继续深化。最早的信用形式是基于对物的信任产生的以物易物的交易，随后银行等金融机构缓慢形成，并逐渐成为信用创造的主体，依据货币发行量，银行等金融机构发行银行券。随着社会经济进步、社会关系的进化和发展，以及金融交易技术的发展，间接的社会融资体系不断完善。到了近现代，政府、企业等主体开始依据自己的未来创造收入流的能力，直接向公众进行债务融资，于是产生了证券、票据等虚拟资本。自 20 世纪 60 年代末期开始，产生了资产证券化。

20 世纪 70 年代以来，在布雷顿森林体系崩溃后，金融管制放松，国际金融创新蓬勃发展，出现了金融期货、期权与互换等种类繁多的金融衍生品。金融衍生产品交易的特点是运用保证金制度，形成了衍生品市场的交易多倍创造机制或称资金杠杆。由于杠杆的作用，"以小博大"的游戏规则，造成投机交易额的巨大虚拟膨胀。

另外一个重大变化就是在《布雷顿森林协议》及《关税和贸易总协定》的推动下，逐渐形成了规模巨大的国际金融市场。金融市场的国际化能在国际范围内引导资金向收益较好的产业流动，从而可以大大提高资金的利用效率，同时还形成了外汇市场。20 世纪 60 年代以来，股票、债券、外汇等金融商品的交易陆续出现期货交易方式，1973 年出现了期权交易，而且各国金融市场与国际金融市场之间的联系愈加紧密。随着 20 世纪 70 年代初期美元脱离金本位而导致浮动汇率制的形成，国际范围的金融创新不断增强。

### 2.5.2 经济金融化的含义

流动性风险的根源是以信用支撑的货币或是非货币金融资产之间替代程度的大小，而实体经济的规模、经济结构和金融结构的变化都是对流动性风险造成影响的因素。经济规模和结构的变化与经济金融化过程密不可分，本书从经济金融化过程出发，分析流动性风险的产生历程。

Epstein（2001）对金融化作出如下定义：金融化是指在国内和国际两个层面，金融市场、金融机构以及金融业精英们对经济运行和经济管理制度的重要性不断提升的过程。他认为新自由主义、全球化、金融化的兴起是过去 30 年全球经济变革的主要特征，金融化使得国民收入分配有利于金融机构和金融资产，制造和放大了金融市场的泡沫，引发经济危机。帕雷指出，金融化的影响主要体现在金融部门相对于实体部门提升了重要性，将收入从实体部门转移到金融部门，导致收入分配不平等加剧[1]。理论上，整个社会经济可以划分为实际经济（或实体经济）和货币经济[2]。随着不同信用货币之间的转换，货币储藏职能在其中发挥巨大的作用，经济体中实体经济与货币经济相互交融，经济货币化逐渐产生，指货币经济向非货币经济领域，即实物和易货贸易领域扩展。格·R.克里普纳认为金融化是一种积累模式，Arrighi 赞同这种模式，认为利润通过金融渠道而非贸易和商品生产产生，这里的金融是指与为了获得未来利息、股息

---

① Thomas I. Pally：< Financialization：What it is and Why it Matters >，< Political Economy Research Institute >，No. 153.

② 黄达主编：《金融学》，北京，中国人民大学出版社，2003。

和资本收益的流动资金的供应（或转移）有关的活动（Arrighi，1994）。戈德史密斯以金融相关比率（Financial Interrelations Ratios，FIR）衡量金融上层结构相对规模和金融深化的程度。戈德史密斯用"金融发展"来定义金融结构的变化，用"经济金融化"来描述金融发展的现状。

从国际层面来看，我们认为金融化过程从金融市场形成时候就产生了，可追溯到美国银行业在19世纪的大规模并购，而在20世纪70年代中后期金融化成为全球的趋势，20世纪80年代以美国为代表的发达国家的股票、债券、基金市场逐步完善。金融化过程在20世纪90年代发展速度加快，社会资产的金融化程度高，发达国家的金融相关比率高达3.26～3.62，发展中国家这一比率一般为0.3～1.5。自21世纪以来，金融化过程发展更是空前，不论是发达国家还是新兴经济体，在资产证券化、证券资本化方面都得到了较快的发展。下面具体解读流动性风险在金融化过程中的产生情况。

### 2.5.3 金融化过程与流动性风险的产生

我们以美国的金融化过程为例，以金融管制的历史来解读其背后流动性风险的产生。1929～1933年，由美国引发的金融危机蔓延到全球，银行数量下降了40%，道·琼斯指数下降88个百分点，银行系统的货币和存款减少1/3，流动性不足，货币当局加强市场监管；而在20世纪40年代，经济基本复苏，金融市场逐渐恢复，货币当局对证券和投资业务加强管制，从而控制流动性风险。20世纪70年代以来，为摆脱经济滞胀，美国推行金融自由化政策，主要体现在对金融机构的管制放松，允许储蓄机构和商业银行从事高杠杆、高风险金融业务，推动了金融混业；推动证券化和金融衍生化创新的发展，使风险通过证券化机制渗透到金融链条的各个层面。在这个过程中，放松了对金融市场的监管，也出现了诸多监管的漏洞。

20世纪90年代以来，金融深化程度加剧，缺乏监管在2008年金融危机中造成了严重的后果。为应对金融危机，美联储以最后贷款人的身份救市，收购公司不良资产，推出信贷工具，以直接的方式补充流动性不足。美国金融监管改革前，像CDO（担保债务凭证）和CDS（信用违约掉期）这样复杂的金融衍生产品和对冲基金并没有受到监管。而在2009年以后，美国对金融市场展开全面的整顿，2012年金融监管局向美国证券交易委员会等执法机构转交692件涉及潜在金融欺诈行为的案件，其中347件与内幕交易有关，有力补充了政府对证券行业的监管工作。

表2-2　　　　　　　　　　美国金融化过程中的政策法案

| 阶段 | 金融化过程 | 影响 | 特征 |
|---|---|---|---|
| 1929~1938年 | 建立联邦住宅贷款银行委员会（FHLBB）、地方联邦住宅贷款银行和会员机构 | 联邦住宅贷款银行体系建立 | 加强监管并促进发展 |
| | 1933年颁布《格拉斯—斯蒂格尔法》 | 禁止银行向活期存款支付利息，禁止商业银行承销公司证券 | |
| | 成立联邦存款保险公司（FDIC） | 建立存款保险制度，稳定金融体系和公众信心 | |
| | 1933年颁布《证券法》、1934年颁布《证券交易法》、成立证券交易委员会（SEC） | 规定证券上市要求，规范二级市场信息披露制度 | |
| | 1935年成立联邦公开市场委员会 | 专门协调公开市场业务 | |
| | 1938年颁布《曼罗尼法》（Maloney） | 加强场外交易市场（OTC）券商的自律，将场外市场纳入监管范围 | |
| 1940~1979年 | 1940年颁布《投资公司法》（ICA）和《投资顾问法》（IAA） | 规范投资业务 | 管制证券和投资业务 |
| | 1956年颁布《银行控股公司法》和《道格拉斯法》（修订案） | 规范银行控股公司注册登记制度，接受联储管制和定期检查 | |
| | 1960年颁布《银行合并法》 | 管制银行合并和收购，规制垄断 | |
| | 1966年颁布《银行控股公司法》（修订案） | 允许附属银行开展借贷活动 | |
| | 1966年颁布《利率限制法》 | 首次设定储蓄机构存款利率上限 | |
| | 1970年修订《银行控股公司法》，任命亨特委员会（研究金融结构和管制的委员会）和Fine委员会（金融机构和国民经济委员会） | 改善银行业及管制体制 | |
| | 成立国家信用社管理局（NCUA） | 负责管理、特许和监督联邦信用社 | |
| | 1970年通过《证券投资者保护公司法》（SIPC） | 为经纪公司的顾主提供保险 | |
| | 1975年修订《证券法》，对新国家市场系统（NMS）发展立法 | 取消股票经纪业务中固定费用 | |

续表

| 阶段 | 金融化过程 | 影响 | 特征 |
|------|-----------|------|------|
| 20世纪80年代~90年代初 | 1980年颁布《货币控制法》（DIDM-CA）和1982年颁布《加恩—圣杰曼法》（Gran – St. Germain Act） | 降低对吸收存款机构的营业限制 | 放松管制 |
| | 1982年证券交易委员会允许公司在《证券法》第415条款规定下对计划后两年发行的所有证券一次性注册 | 提高股票和债券注册程序的效率，形成货架注册制度，便利发行和投资银行家进行投标 | |
| | 1982年通过《加恩—圣杰曼吸收存款机构法》（DIA） | 给予储蓄机构与银行类似的业务范围且不受联储管制 | |
| | 1987年通过《公平竞争银行法》（CEBA） | 解决储蓄业偿债问题，应对破产 | |
| | 1989年检查管制储蓄机构系统，将储蓄机构管理局（OTS）置于财政部控制 | 加强资本和监督标准 | |
| | 1990年通过《证券业实施修正法》 | 给予SEC强制实行经济制裁 | |
| | 1991年开展全面存款保险改革和颁布《纳税人保护法》、《RTC再融资、再建和改善法》 | 规范市场化运营，加强银行管制和联邦的监督 | |
| 90年代以来 | 1999年通过《金融服务现代化法》 | 允许银行控股公司经营多种金融业务，包括存贷款、证券经纪、承销、咨询等 | 金融深化和金融监管加深 |
| | 2000年以来金融创新加深 | 涉及银行贷款、证券、投行业务及保险等各种领域 | |
| | 2007年量化宽松和零利率政策 | 增加基础货币，鼓励借贷 | |
| | 2010年通过《金融监管改革法案》（多德—弗兰克法案） | 建立金融市场全方位监管，大规模去杠杆化 | |

　　资料来源：依据［美］艾伦·加特著，陈雨露、王智洁、蔡玲译：《管制、放松与重新管制》，北京，经济科学出版社，1999，以及美国近期政策新闻整理。

　　通过对12个国家在1870~2008年的金融化过程数据分析，在第二次世界大战后，资产/GDP、资产/货币、贷款/GDP、贷款/货币、货币/GDP的平均数值都有显著地上升。第二次世界大战前的广义货币年增长率为3.4%，贷款年增长率为4.1%，资产年增长率为4.4%。相比而言，第二次世界大战后，广义货币年平均增长率为8.6%，明显小于贷款的年平均增长率11%和资产的年平均增长率 10.4%。第二次世界大战前,贷款/货币的年平均增长 0.4%;而第二次世界大战后,贷款/货币的年平均增长 2.3%,与第二次世界大战前相比上升了 20倍。类似地,资产/货币的平均年增长率从第二次世界大战前的 0.6%,上升到第二次世界大战后的 1.8%,翻了两倍。20 世纪 70 年代的贷款/货币和资产/货币的数值持续增加,直至 2000 年左右都增长了 75%,但在 2008~2009 年的金融危机中急剧下降[①]。我们从数据分析中看出,在 20 世纪中期货币和信用总量发生了显著的变化,信用和货币的变化一方面是金融化过程的体现,另一方面也是流动性过剩的体现,产生了相应的流动性风险。

从法规政策的颁布以及金融数据显示,我们看到两个金融时代的差异——第二次世界大战前和第二次世界大战后,发展到目前的货币资产是以不同层次的信用支撑的。简单地说,金融自由化的过程是一个市场信用膨胀的过程,而信用膨胀产生金融市场不稳定,信用膨胀至泡沫最终破灭,经济体便出现危机。

## 2.6  流动性测度方法:简要综述

目前关于流动性的测度方法主要是针对单一证券市场或金融机构而言的,本书针对宏观流动性风险的研究是指货币与非货币金融资产之间的替代关系所产生的流动性风险,对宏观流动性风险的测度是一个难题,下面对目前所使用的流动性测量方法进行整理。

1. 资产负债表分析法

机构流动性风险一般采用资产负债表分析法以定性和定量相结合来测度。依据流动性风险所面临的一个时间段内累计净现金流出量(NCO),分析比较资产方与负债方的项目排列结构中流动性差的资产是否由安全性高的负债支持,而流动性强的资产应该由流动性高和安全性高的负债所对应。这种方法一般应用于银行、单个金融机构的流动性管理,但只是基于会计准则进行定性和定量分析,但这种分析方法是静止的,忽略时间因素,对于研究市场流动性风险只具有参考性。

2. 买卖差价的波动性分析

某一市场的流动性风险一般采用买卖差价的定量研究。买卖差价的波动性

---

① 数据来源:Moritz Schularick, Alan M. Taylor:< Credit Booms Gone Bust: Monetary Policy, Leverage Cycles and Financial Crises, 1870 - 2008 >, NBER Working Paper Series, November 2009. Working Paper 15512, http://www.nber.org/papers/w15512. (The countries: United States, Canada, Australia, Denmark, Germany, Italy, the Netherlands, Norway, Spain, Sweden, and the United Kingdom).

分析是对国债、股票、外汇等非货币金融资产在交易过程中，每一个交易时间点价格变动所平均的买卖差价所反映现金流量的变化。这种方法反映交易对价格的影响，但是在保证金制度、市场波动性的管理下，交易员在作出交易行为的过程中存在误差；并且该方法所关注的是某一非货币金融资产所产生的流动性风险，具有局部性；在流动性状况较好时，买卖差价是一个比较好的衡量流动性的指标，但是在流动性状况较差时，买卖差价存在数据上的缺陷。

3. 情景分析和压力测试

情景分析和压力测试方法是较为通用的方法，也是我国中央银行所采用的。国际清算银行（BIS）将"情景"定义为"对未来看法的综合描述"，情景分析是对流动性风险的测度设置假设的情景，以模拟现实流动性风险。情景分析之后通过压力测试情景或者敏感性压力测试，以多变量的方式分析情景中的出错点及出错时间，从而对现实中流动性风险管理提出解决方案。

综上所述，目前对于流动性风险管理的测度方法局限在局部流动性，我们讨论的是宏观流动性风险，其测量方法的研究应从流动性的本质机理和产生原因出发，而宏观流动性风险反映的是整个金融系统的稳定性，是金融危机爆发的早期预警，具有理论和实践意义。

## 2.7  中国货币市场宏观流动性风险的实证分析

通过上文分析可知，宏观流动性是指货币与非货币金融资产之间的替代关系，衡量金融市场的稳定性和安全性。我国与其他西方资本市场发达的国家相比，宏观流动性风险更多地表现在货币市场中的银行和货币危机，金融衍生品市场、基金、股票、债券市场尚未在金融市场中占绝大部分，因此本书的实证分析以我国货币市场为对象，考察宏观流动性风险的表现结果，即隔夜拆借利率的波动情况，从结果入手，通过对货币当局和其他存款性机构的资产负债表的分析及指标的观测，探讨波动背后流动性风险产生的原因，并通过当前的资产负债表结构对未来可预见的范围进行合理预测。

银行间同业拆借利率是指各银行间进行短期借贷所使用的利率，侧面反映市场流动性的短缺与过剩程度。Shibor是由中国16家商业银行报价，作为中国银行间同业拆借市场的利率基准。本书选取自2006年10月8日起，Shibor开始运行以来到2014年3月31日的日数据，建立ARCH模型，衡量Shibor的波动情况，从而反映流动性的松紧状况。

图 2 – 4 是 2006 年 10 月 8 日至 2014 年 3 月 31 日 Shibor 隔夜拆借利率的波动情况，我们可以看到利率具有平稳性，因此以 Shibor 做时间序列图。

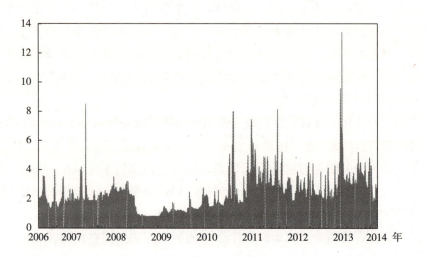

资料来源：中国人民银行。

**图 2 – 4　2006 年 10 月 8 日至 2014 年 3 月 31 日 Shibor 隔夜拆借利率波动图**

通过对隔夜拆借利率的相关图和偏相关图的分析，我们建立滞后三期的 AR 时间序列模型如下：

$$IR_t = 1.1419IR_{t-1} - 0.3416IR_{t-2} + 0.1932IR_{t-3} + \hat{u}_t$$
$$\qquad (24.7) \qquad (-4.1) \qquad (3.5)$$

$R^2 = 0.87$，$DW = 2.52$，$Q_{Y_10Y} = 10.45$

该模型存在自回归条件异方差，我们通过 ARCH 检验考察 AR（3）模型的误差项中是否存在自回归条件异方差，我们可以得到 LM 检验结果值为 253.25，大于 $\chi^2$（2），$P$（$F$（2，2724））= 0.0000，因此，我们得出残差的平方序列存在 2 阶自相关，即模型误差序列存在回归条件异方差：

$$\hat{u}_t^2 = 1.0039 + 0.0792\hat{u}_{t-1}^2 + 0.2856\hat{u}_{t-2}^2$$
$$\qquad (13.1) \qquad (4.3) \qquad (15.6)$$

$R^2 = 0.09287$，$DW = 2.07$

两种检验结果都认为模型存在自回归条件异方差，应该在 AR（3）均值方程基础上建立 GARCH（1，1）模型。

均值方程为

$$IR_t^2 = 0.469712IR_{t-3}^2 + \hat{u}_t$$

$$(38.6)$$

$R^2 = 0.54995$，$DW = 0.77995$

EGARCH（1，1）方程表达式是

$$\ln(\hat{\sigma}_t^2) = -0.27525 + 0.91352\left|\frac{u_{t-1}}{\sigma_{t-1}}\right| + 0.208555\left|\frac{u_{t-1}}{\sigma_{t-1}}\right| + 0.31287\ln(\sigma_{t-1}^2)$$

$$(-12.3)\qquad(15.6)\qquad\qquad(5.3)\qquad\qquad\qquad(11.9)$$

经过 ARCH LM Test 检验，得到结果如表 2-3 所示。

表 2-3　　　　　　　　GARCH（1，1）模型 ARCH LM 检验结果表

| F - statistic | 3.148333 | Prob. F（1，2726） | 0.0761 |
|---|---|---|---|
| Obs * R - squared | 3.147008 | Prob. Chi - Square（1） | 0.0761 |

数据来源：EViews 7.0 软件拟合结果。

这说明统计量的值都落在原假设的接受域，误差项中不存在自回归条件异方差，则对 IR 进行预测，得到 2014 年 3 月 31 日的隔夜拆借利率为（1.29 - 1.51，1.29 + 1.51）。

通过建立 EGARCH 模型，我们可以看到我国货币市场利率周期性骤升的波动情况，经过预测利率波动 $\hat{\sigma}_t^2$ 在可预见的范围内，Shibor 利率依旧波动较大。其背后的原因究竟是什么，本书采用定性与定量相结合的资产负债表分析法进行探讨。

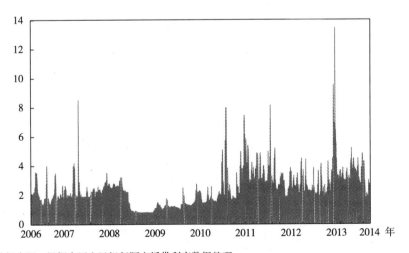

数据来源：根据中国人民银行隔夜拆借利率数据整理。

图 2-5　Shibor 隔夜拆借利率波动图

从图 2 - 5 我们可以观测到，在四个区间的隔夜拆借利率波动较大：2007 年 10 月，2011 年 2 月，2011 年 7 月及 2013 年 6 月。我们可以观测到，相对应地，2008 年金融危机是在 2007 年流动性指标波动后的一定时间内发生，本书对 2006 年 10 月至 2014 年 2 月货币当局与其他存款性机构资产负债表进行分析，分别计算每月安全性资产、或有资产、安全性负债、或有负债之间的比值。本书所指安全性是由表 2 - 1 分析所得的安全性资产或负债，或有性是低安全性的企业债券、股票及衍生金融工具。资产负债表分析方法是考察流动性差的资产是否由安全性高的负债支持，而流动性强的资产应该由流动性高和安全性高的负债所对应。

我们分析这四个阶段的货币当局及其他存款性机构的资产负债表如表 2 - 4：

表 2 - 4　　　　　货币当局与其他存款性机构资产负债表变量分析

|  |  | 样本量 | 平均数 | 标准差 | 最小值 | 最大值 |
|---|---|---|---|---|---|---|
| 货币当局 | 低流动性资产/安全性负债 | 89 | 1.27 | 0.16 | 1.04 | 1.52 |
|  | 安全资产/总负债 | 89 | 0.90 | 0.06 | 0.73 | 0.95 |
|  | 安全性资产/或有资产 | 89 | 11.35 | 4.44 | 2.76 | 18.13 |
| 其他存款性机构 | 低流动性资产/安全性负债 | 89 | 1.18 | 0.03 | 1.12 | 1.25 |
|  | 安全资产/总负债 | 89 | 0.25 | 0.03 | 0.20 | 0.29 |
|  | 安全性资产/或有资产 | 89 | 0.34 | 0.05 | 0.25 | 0.42 |

数据来源：中国人民银行月度数据报告。

表 2 - 5　货币当局与其他存款性机构资产负债表变量与 Shibor 的相关性比较

|  | 货币当局 | | | 其他存款性机构 | | |
|---|---|---|---|---|---|---|
|  | 低流动性资产/安全性负债 | 安全资产/总负债 | 安全性资产/或有负债 | 低流动性资产/安全性负债 | 安全资产/总负债 | 安全性资产/或有负债 |
| 相关系数 | -0.68 | 0.36 | 0.53 | 0.09 | -0.56 | -0.56 |

设 $x_1$ 货币当局中低流动性资产与安全性负债之比，$x_2$ 其他存款性机构中低流动性资产与安全性负债之比，$y$ = 每月最后一天的 Shibor 利率，对于 $x_1$，$x_2$ 对 $y$ 进行回归，所得回归方程为

$$y = 22.53 - 5.68x_1 - 10.86x_2$$

$$(5.25) \quad (-9.7) \quad (-3.28)$$

$$F(2, 86) = 47.84, \quad R^2 = 0.53$$

我们得到低流动性资产与安全性负债之比对货币市场流动性波动具有显著影响，其中货币当局的资产负债表影响较其他存款性机构更多，而在数据描述

中可以看到，货币当局的安全性资产比重比其他存款性机构更高，但是波动不稳定，而安全性资产的数量比负债的量少很多，结合上文的货币循环图，我们可以得出中国货币市场整体上呈现货币、高流动性等相对短缺，与长期金融资产之间的交易缩水，其他存款性机构比货币当局的安全性资产量更少，流动性呈现不足的现象。

依据资产负债表的分析，我们得出以下结论：第一，安全性资产与总负债的比值都小于1，安全性资产无法支撑负债持有量；第二，货币当局安全性资产占总资产的比重更高，而其他存款性机构的安全性资产比重较小，可以看到货币当局与其他存款性机构相比，更具有流动性；第三，我们比较隔夜拆借利率波动情况图与资产负债表分析可以看出，中国的货币当局呈现流动性充足的情况，而其他存款性机构的流动性显著不足，而市场呈现流动性周期性骤紧的现象，因此我们得出的结论是，中国的流动性分布是不合理的，同时存在流动性充足与短缺的现象。

（本章作者：李宝伟、张云、谢婼青）

# 3 宏观流动性问题：
# 本质、机制与历史演进

## ——基于货币金融政治经济学
## 资本与信用理论的研究逻辑

在上一章研究的基础上，本章重点阐述宏观经济历史演化中的金融化趋势以及金融不稳定的根源与机制，从以下四个层面展开讨论：第一，金融信用关系和形式产生于社会生产过程，从根本上讲是为资本积累进行融资过程中形成的经济关系，而资本积累具有自身的运行规律，金融机构和金融市场自身也有自我膨胀的动力，因而金融信用发展常常出现偏离实体经济的趋势，表现为过度融资或金融抑制问题。复杂的金融交易技术和信息处理技术不能根本消除经济产生问题的根源，即资本积累未来收益的不确定性问题①，金融创新形成了复杂的金融信用链条，金融市场深度和金融机构规模的扩大，使社会总体风险被很大程度分散，风险暴露的时间被拉长，但不能消除内生于资本积累未来收益不确定和金融体系自我膨胀的系统性风险。第二，在过去30年中，除了传统金融信用资产膨胀外，新金融信用形式以新虚拟资本形式涌现。（1）从根本影响机制和长期来看，虚拟资本（股票、债券和金融衍生品）的价格波动依然是依赖与之相对应的实际资本积累的未来预期收益的。（2）在短期，资金大规模持续流入或流出金融市场也对金融资产价格水平具有重要影响。过去30多年金融创新发展显示金融机构之间的竞争，各国间金融机构的竞争，都会迫使金融机构通过融资创新，持续获取资金以追逐利润，从而使金融机构的资产负债结构越来越依赖于其获得资金流动性的能力。杠杆化融资的快速发展使从事虚拟资本交易的投资者的资产负债状况对市场信息变化异常敏感。第三，金融化发展使金融市场频繁波动，当发展成金融危机时，中央银行因为担心金融信用崩溃造成不可收拾的经济危机，而不得不承担起最后贷款人职责。在信用货币时代，

---

① 20世纪90年代美国新经济时期，美国经济维持了"二战"后较长时期的低通胀和高增长，一些经济学家认为美国已经通过经济、金融自由化消除了经济周期规律，但现实证明经济周期依然存在。

中央银行和财政部门可以不受约束地释放货币流动性，但从长期来看，最后贷款人政策最可能是刺激金融机构的投机行为，而不是生产部门的投资行为，最后贷款人行为和金融信用泛滥推高未来金融过度膨胀和通胀。第四，从国际层面来讲，过去 30 年来泡沫化和债务化等不同的经济金融化形式产生了日本泡沫经济、亚洲金融危机、美国次贷危机和欧洲债务危机，可以发现这些危机都与当代国际货币金融体系的不平衡发展密切相关，与国际货币制度变化、汇率机制变化和金融全球化相关联。1971 年以来，在债务——美元主导的国际货币体系下，美国金融资产泛滥和美元泛滥对全球金融不稳定和通胀产生了显著影响。因此，研究一国宏观经济的深刻变化和金融不稳定时，必须考虑该国在国际货币金融体系中的地位，以及与货币发行国家之间的国际经济金融关系①。

## 3.1 宏观流动性风险的本质：金融脆弱性的现代表现之一

2008 年美国次贷危机显示金融不稳定对于宏观经济如此重要，与主流理论和教科书对其研究的缺失形成了鲜明的对比。国内外学者一直沿着不同路径研究金融危机的成因，在不同框架下研究金融信用在宏观经济中的作用。最新研究主要集中在杠杆化金融创新，以及从宏观层面上实证研究了金融化和杠杆化过程。在这个部分我们首先对主要基础理论研究进行综述。

### 3.1.1 金融危机的几个方面的研究

关于金融危机的基本机理研究。重要的、系统的早期理论研究都是从经济波动和经济危机问题延伸出来的。欧文·费雪（1933）就 1929 ~1933 年大危机提出了"债务紧缩"理论，指出过度负债的原因主要是公众受到远期能够获得大量分红或收入的诱惑；近期获得利润和获得资本利得的希望；金融机构利用公众的过高期望鲁莽筹资，对已变得轻信的公众的彻底欺骗。引发过度负债的原因有很多，比较重要的原因是新发明、新产业、新能源、新土地或市场的开发使经济中出现了似乎有很大利润前景的投资机会。公众为了获得超额回报，再加上低息贷款，最终导致过度负债。

凯恩斯（1936）基于有效需求不足的经济周期波动理论，强调了预期与投

---

① 在美国学者理查德·邓肯和德意志银行的报告对此作了深刻研究。

机在宏观经济波动的作用，并建立了包含流动性偏好的货币需求理论，将流动性偏好和投资未来收益不确定性纳入短期总需求分析框架，成为解释宏观经济短期波动的重要支柱。希克斯在 IS－LM 模型中加入货币的研究，阐述货币、债券的关系，再分析其在宏观经济中的作用机制，但是放弃了凯恩斯关于投资未来收益不确定的重要思想。虽然凯恩斯没有更深入地讨论金融不稳定方面的问题，但是他的研究为明斯基的金融不稳定理论研究提供了基础。明斯基（1983）建立了金融脆弱性理论，阐述金融不稳定形成机制——过度投资和过度融资的相互推动机制，指出资本积累未来收益的不确定性是金融危机的根本原因，过度融资是推动资本过度积累的原因。

伯南克（1993）阐述了金融加速器理论，分析了企业和金融机构之间资产负债表的密切关联机制，形成了金融信用膨胀、风险累积和风险放大机制，用于解释在这个机制下初始风险是如何发展成全面金融危机的。

戴蒙德和迪布维格（1983）建立了 Diamond－Dybvig 模型，用数理方法建立了银行危机分析模型。戴蒙德和迪布维格（1983）认为银行一个重要的功能是创造流动性，也就是说银行存款的流动性要比他们持有的资产的流动性要强。偏好流动性的投资者比较喜欢通过银行投资，而不是直接持有资产。投资者之所以需要流动性是因为他们不确定自己什么时候需要消费以及他们持有资产的期限偏好。因此他们关心在几个可能的日期而不是仅仅一个时期变现他们资产的价值。存款流动性比银行持有的资产流动性更强可视为一种保险的安排，这种安排让储户分担早在损失发生之前变现资产的风险。这个模型也揭示了当大量储户提款时，活期存款容易使银行发生挤兑。

在 20 世纪 80 年代和 90 年代，多次出现了国际资本流动和货币冲击下的金融危机。保罗·克鲁格曼以美元国际货币制度为既定前提建立和发展了货币危机理论，提出发展中国家面对国际短期资本流动冲击，对其固定汇率制度和国内金融市场造成巨大冲击。该理论没有深刻分析国际货币金融体系形成的历史，主要国家宏观经济结构的变化，即实体经济和虚拟经济部门的深刻变化，以及美国和其他国家国际经济关系的变化，所以克鲁格曼没能深刻揭示这种国际货币金融体系形成历史与美国经济金融化的相互促进关系，以及由此造成的当前复杂的全球金融不稳定的局面。理查德·邓肯（2012）的研究给我们提供了这方面的思想，他阐述了在信用货币制度下，美元货币体系的本质与金融信用泛滥的历史演变，以及这一变化对美国和美国之外国家实体经济和金融稳定的长期影响。

20 世纪 90 年代日本泡沫经济的崩溃刺激了泡沫经济问题的研究。奥村洋彦（2000）系统阐述了日本在 20 世纪 80 年代中期后国内制造业低增长时期消费者和企业投资行为转变为金融投机行为变化，以及在缺少日元输出渠道条件下，日元短期快速升值的汇率政策、低利率货币政策和不适当的金融政策共同促进了泡沫经济的形成。吉川元忠（1998）深刻阐述了日本泡沫经济的形成，日美货币金融关系和美元国际货币制度的变化对泡沫经济形成的影响，以及日本错误货币金融政策的影响。池田信夫（2012）认为，日本泡沫经济崩溃后之所以出现持续 20 年的经济萧条，关键在于：（1）没有从根本上解决实体经济失衡的能力；（2）日本金融制度使其没法根本清算泡沫经济后遗留的大量而混乱的金融坏账，其金融体系为实体经济有效提供信用创造的能力受金融坏账拖累和制度束缚，不能有效推动经济发展。日本政府当前的量化宽松政策是"与邻为壑"的短视政策，如果没有解决实体经济根本问题和实施彻底金融改革的行动，这种政策的效果只能是短期的，长期则危害无穷。

以上研究在涉及金融发展与实体经济增长，以及金融不稳定与实体经济关系研究时，没有把资本积累的基本经济规律和经济关系分析作为研究的基础。因而，这些研究始终缺少全面的历史和逻辑统一的研究框架，即包含实体经济和货币金融制度，以及实体经济如何决定金融信用膨胀，金融信用波动反作用于实体经济的一般规律的历史研究。

庆幸的是，新马克思主义理论和以马克思主义理论为基础的虚拟经济理论提供了最新的金融危机研究。伊藤·诚（2001）指出，马克思对经济危机研究分为两个方面的观点：第一类观点，阐述了资本主义危机的最终原因是社会总需求和供给失衡，这种失衡产生于生产部门的无序生产造成的失衡，以及劳动者的消费不足；第二类观点认为经济危机的根本原因是过度的资本积累，并用资本有机构成理论来进一步解释。伊藤·诚隐含地提出了需要拓展对金融信用的理解，将现代金融信用纳入对金融不稳定的研究。这一理论体系继承了马克思主义货币金融理论的理论内核、历史研究方法和研究逻辑。

罗伯特·布伦纳（2001）系统分析了美国 20 世纪 90 年代到 2001 年，制造业利润持续下滑，发展以网络业为代表的非制造业企业，特别是房地产和金融业开始支撑美国经济增长，布伦纳对这种所谓新技术，以及由此进行的资本积累基础上的经济繁荣提出了质疑。同时，布伦纳特别指出，20 世纪 90 年代中后期美联储实施了"股市上的凯恩斯主义"刺激了美国非制造业的发展。随后，布伦纳用历史分析方法，揭示这种非制造业的发展不可能支撑美国经济，这种宏观经济结构的变化是依托美国金融优势和美联储扩张性的货币金融政策实现的，只能维持一个较短的时期，从长期来看，通过刺激非制造业发展创造的经济"繁荣"终将在泡沫崩溃中结束。有趣的是，布伦纳在 2001 年的预言在 2008 年得到了印证。尽管目前美联储量化宽松政策使美国经济在金融"复苏"和就业率方面有了向好的转变，但是其再工业化进程始终是不明朗的。从马克思资本积累理论来看，如果没有实体经济的根本调整和转变，那么目前的经济"复苏"就是值得怀疑的。

与布伦纳的研究异曲同工，刘骏民（2006、2008、2009）的研究是以马克思主义理论为基础的，以马克思主义虚拟资本理论为基础，用历史研究方法揭示美国实体经济和虚拟经济的长期变化关系，分析了美国等主要国家的宏观经济结构的变化、产业结构变化、就业构成变化，刻画出美国经济虚拟化的长期发展趋势，指出正是过度虚拟化和美元地位使美国在过去近 30 年内，持续获得全球实体经济和资源的支持，也正是这种变化使美国经济变得更加脆弱，指出这将长期困扰美国经济，单纯依靠国际货币地位和金融优势地位等手段，而没有实体经济的全面调整，这种"复苏"是非常不稳定和不能持续的。除了以上宏观层面的研究之外，我们有必要从微观层面了解美国金融化发展的微观机制如何造成金融不稳定，以及这种金融化的微观变化的具体表现。

### 3.1.2 金融系统性流动性风险的历史背景：20 世纪 70 年代以来的金融化

20 世纪 80 年代以来，全球经济的变化可以总结为以下几点：布雷顿森林体系的崩溃，使货币失去价值基础而彻底虚拟化；工业国家为摆脱经济停滞，缓解就业和通货膨胀压力，放松了金融管制，推动了金融的自由化；美国等主要发达国家资产证券化推动了证券市场规模的扩大；发展中国家为实现经济赶超目标、推动经济的增长需要国外资金不断流入，在 20 世纪 80 年代以后迅速放开了本国金融市场。

（一）国际货币体系的变化与汇率体系的变化

1971 年布雷顿森林体系崩溃后，美元最终与黄金脱钩，世界上再也没有任何国家的货币用贵金属作为其价值基础，货币也就被纳入"虚拟资本"的范畴。黄金的非货币化导致主要工业国家汇率制度转而实施浮动汇率制度，这一变化大大推动了虚拟资本在世界范围内的扩张。当代的货币完全是虚拟化的价值符号，它虽然是一般等价物，本质上却体现着高度社会化了的生产关系。随着货币的完全虚拟化，货币不再以任何个别价值为基础。这完全符合货币本质属性的要求。因为价值本身就是社会的和抽象的，虚拟货币则更好地体现了这一性质：货币的价值不再是任何个别价值赋予的，而是社会经济关系赋予的。虚拟货币与其价值的属性一样，也完全是社会的和抽象的。这同时产生了一个新的矛盾，即虚拟货币作为价值的表现形式，其本身却没有价值。

虚拟货币同黄金作为货币的时候不同，虚拟货币的三个基本变量的确定都与金本位和金汇兑本位时不同。虚拟货币的第一个需要确定的变量是货币的国内价值或称为货币的币值，第二个变量是货币的内部价格——名义利息率，第三个变量是货币的外部价格——汇率。第一个变量是基础，决定后面两个变量，但是又受到后两个变量的影响。货币虚拟化使得货币币值的决定不再是以某种特定物品（例如黄金）的价值为基础，货币币值的决定是由货币当局对货币供给量的控制来确定的。在货币虚拟化以后，货币币值的确定主要依赖于本国的货币当局根据国民经济需要的货币发行。

从实际情况看，虚拟经济大发展及开始对实际经济产生重要影响，是 20 世纪 80 年代以后主要经济体的货币虚拟化的结果。但是，由于上述后两个因素，又使得货币当局对货币币值的控制力大大减弱。因为货币币值决定的最基本要素是货币总量与商品和劳动总量的关系。当代货币币值的衡量标准不再是它能兑换多少黄金，而是单位货币能购买多少商品和劳动，即货币在国内的购买力。由于其他金融资产的膨胀，使得媒介商品和服务交换的货币 $M_1$ 可以经常在实际商品、金融资产之间，以及在各种金融资产之间迅速转换，而其他金融资产的数量又远远超过本国商品和服务的总和，这样滞留在金融市场上的 $M_1$ 将很容易在大规模金融动荡时大量从金融市场涌入商品和服务市场，或转到其他国外金融市场。20 世纪 80 年代以前各国对金融市场的管制是非常严格的，但是经过战后近 20 多年高速发展，各发达国家的经济增长减慢。各国采取的凯恩斯主义刺激有效需求的财政与货币政策失效，造成了居高不下的通货膨胀，这加剧了利息率和汇率体系的不稳定性。1971 年布雷顿森林体系的汇率制度崩溃了，在随后的时期里，利率普遍变得波动更大，更为有利可图。投资者，无论是个人投资者还是机构投资者、国内投资者还是国外投资者，开始变得对利率的波动更为敏感，并且更加愿意根据投资机会的不同，在全球范围内移动其资金。通过"脱媒"（Disintermediation）过程，大量资金从银行储蓄机构撤出，进入市场敏感性较高的投资领域，如债券市场、股票市场等。在通货膨胀率较高、经济增长速度降低和存在大量闲置资金的多重压力下，英国和美国率先放松了金融管制。放松金融管制的核心在于地理区域、定价方式以及产品方面管制的放松。紧随英美之后,其他发达国家也纷纷放松金融管制,实行了金融自由化政策。与此同时,随着计算机、通讯、信息等科学技术的发展,大大降低了金融交易成本,并使跨国和跨洋金融交易得以在瞬间完成,另外,新的金融衍生工具(期权、期指)不断涌现,这就大大扩展了金融市场的交易范围和交易品种。

（二）全球范围的外汇体制和管制变革对各国金融市场的影响

布雷顿森林货币体系的建立,结束了第二次世界大战前国际货币体系的混乱状态,对战后资本主义世界贸易和经济的发展起了一定的促进作用。但是,由于这个体系本身存在一些难以克服的缺陷,即"双挂钩"及其引起的国际收支调节机制和储备货币供应机制的刚性和缺乏效率,也由于它是建立在不平等关系基础上的货币制度,因而不能反映资本主义国家经济发展不平衡的规律,注定了它是一种无法长期维持下去的国际货币体系。20 世纪 60 年代之后,各主要资本主义国家的经济实力发生了巨大变化,日本、西欧各国的经济迅速发展,经济实力不断增强。与此相反,美国的经济发展相对缓慢,其经济实力地位和美元霸主地位逐渐衰落。这种局势的发展,最终导致了布雷顿森林货币体系的解体。1978 年"牙买加协定"的生效,标志着战后初期布雷顿森林体系所创造的以美元为中心的资本主义世界货币体系的最后终结。

对于大多数工业化国家而言,经常项目的货币自由兑换性限制到 20 世纪 70 年代初,基本已经废除。在最近 20 多年中,对资本账户的交易限制也逐步消除,汇率变动受到国际资本流动的影响越来越大。20 世纪 70 年代初美国就取消了资本流入的限制,但是直到 20 世纪 80 年代,取消限制资本流动才达到高潮。20 世纪 70 年代末,英国和瑞士取消了限制资本流出的外汇管制。日本于 1980 年修改了外汇管制,1984 年实现日元国际化。欧洲除英国、瑞士于 1981 年取消资本流动管制外,其他国家也都采取了相应的措施。德国于 1981 年取消对资本流动的管制,允许非本国居民购买国内马克债券和货币市场交易工具;意大利和法国也逐渐放松资本流动管制。另外,许多国家不同程度地放松了利率管制和信贷管制。此外,美国于 1984 年取消了对外国投资者的利率预扣税,随后英国、法国和德国也取消了该税种,与此同时,美国、法国、意大利和日本也放松了一些其他管制。

在"牙买加协定"实行十多年中,国际金融形势一直呈现不稳定状态:汇率波动剧烈而频繁,国际储备分配不均,世界债务危机慢性深化,国际金融机构的资金不足等。这些情况的存在反映了现行货币体系机制运转的失灵。世界各国普遍认为国际货币体系有待进一步改革，国际社会也正加紧合作，力图建立一个健全的、公平合理的世界货币体系。但是，通过考察金本位制到布雷顿森林货币体系的演变，我们不难看到，一方面，资本主义国家经济发展不平衡的规律支配国际货币制度的变革，另一方面，不同的货币制度对各个国家的利害关系不同，所以，在今后的国际货币体系改革中必然存在着巨大的利益冲突，这就决定了它必定是一个长期的复杂和曲折的过程。

进入浮动汇率制时代以后，资本流动规模远远超过了经常账户的规模，国际汇率越来越受到资本流动的影响，汇率在短时期内发生频繁波动，偏离传统汇率理论所认定的均衡水平，对汇率的短期变动进行分析和预测变得越来越困难。汇率的短期波动与基本经济因素的变化非常不一致，波动幅度远高于各国一般消费物价指数。因此，在牙买加体系下，各国政府为保持本国经济竞争力，并通过外汇市场吸引外部资金，以此维护本币汇率的有利地位，在外汇市场上必须限制本币汇率的过度波动，以免对本国宏观经济产生不利冲击。1992 年的英镑危机、1998 年的港元危机以及东南亚金融危机中外汇市场上的激烈争夺再次对现存外汇体系产生了强烈冲击，也再次提醒我们在现有的国际外汇体制下，各国为了本国经济利益会不断地对外汇市场进行干预。在现有汇率体制下，西方发达国家具有强势地位，它们会不断地利用这种经济技术等优势，通过不断地调整汇率，将本国通货膨胀或紧缩输出到其他国家，并分享其他国家经济增长的成果。

货币的虚拟化使汇率体系变得更加不稳定，在开放的金融市场中，汇率体系的变动必然会对证券市场产生直接影响，使各国政府传统的监管性干预的效力下降，特别是实行金融开放政策的小经济体国家更是难以保证本国证券市场的稳定。在金融市场开放的国家，实现股票市场稳定正常的发展，不能不考虑汇率变动因素，汇率的变动直接影响金融资产的价值，是影响股市稳定的系统性因素。

（三）资产证券化和金融衍生工具的发展

随着西方发达国家在 20 世纪七八十年代的金融创新和金融深化，一些新的金融工具和融资技术（期权、期指等）被广泛采用，使利用各种证券筹资比传统的银行贷款更容易，成本更低，更具有灵活性。这吸引了大量的借款人从银行贷款转向各类证券市场，加速了证券市场的扩张。这个过程在西方被称为"证券化"。一些良性的未到期债券被捆绑在一起组合成新的债券发行给公众，公众投资于此类债券既可以将所承担的风险降低到更加接近系统风险的程度，也可以通过这种组合证券分享高增长行业和高增长地区的经济利益。

美国是资产证券化最早的国家，早在20世纪70年代，美国房屋抵押贷款实现了证券化，这是资产证券化的主要发展之一。当时，美国证券的国民抵押协会（GNMA）支持储蓄金融机构将联邦住房管理局（FHA）和退伍军人管理局（VA）担保的不同收益和期限的房屋抵押贷款的债权组合成一组资产，并以这一组合资产的债券盈利作为抵押，向投资者发行新的证券，美国证券的国民抵押协会为这种新证券的发行提供进一步的担保，这种证券被称为"抵押担保证券"（MBS），这在当时被看做一种金融创新，它实现了房屋抵押贷款的流动化。但是由于房屋抵押贷款都是固定利率，而且借款人可以提前还贷，因此，一旦利率下降，购买了MBS的投资者就担心这种提前还贷，会迫使他们在低利率下进行再投资，为了消除MBS带来的不利影响，1983年出现了一种新的金融工具"间接化的抵押贷款"（CMO）。这种证券是分批、连续地还款。这使得提前偿还带来损失的风险大大降低了。除去可改变期限外，在MBS市场上出现了另一个创新——"信用提高"的广泛使用。最初，CMO往往利用政府机构和其他官方的实体提供的担保来提高其信用等级。后来这种信用提高技术扩展到保险公司和其他专业化的金融公司。

20世纪80年代初，由于Q条例的取消，利率不再封顶，使得货币市场基金对投资者支付更高的利息，从而将资金从储蓄与贷款协会（S&Ls）吸引过去，由于储蓄与贷款协会的储蓄减少，造成其偿还能力或流动性的降低。这在其收支平衡表上反映为其风险资产（贷出的款项）大于其具有流动性的灵活资产。这就迫使储蓄与贷款协会出售其风险资产。随着Q条例的取消，利率扶摇直上，储蓄与贷款协会的绝大多数固定利率的证券资产价值下跌。在这种情况下，储蓄与贷款协会不是继续持有这种债券，而是设法卖掉它们，然后再投资于那些有较高偿还能力和流动性的抵押担保证券（MBS）。在储蓄与贷款协会迫于资金减少和利率上升压力而积极从事出售其风险资产和寻求更高收益资产的同时，商业银行也同样受到了货币基金市场强有力的竞争，也出现了资产流动性危机和资本/资产比率下降的压力。

20世纪80年代以后，房屋抵押贷款的证券化扩展到汽车贷款，1987年扩展到信用卡贷款，随后是商业资产的证券化和公司贸易应收款的证券化。进入20世纪90年代，证券化不仅扩展到各式各样的实际和金融资产，而且还扩展到了各种有保障的收入流和现金流。为了与抵押贷款证券相区别，除那些抵押贷款之外，由其他资产担保的证券，如商业银行以工商业贷款担保的证券和其他应收款担保的证券被称为资产担保证券，即ABS（Assets - Backed Securities）。在

ABS 发展过程中，出现了另一项引人瞩目的金融创新是"重新打包"业务。经营者将买来的各种证券重新组合，加入一些高信用等级的证券，使重新组合的证券具有较高的信用等级，然后以此为担保来发行一种新的证券。

在长期资产证券化的同时，短期资产市场证券化也迅速发展起来。最初，一些大公司将短期的贸易应收款有选择地加以组合，然后在商业票据市场发行商业票据来筹资。这种商业银行票据被称为"资产担保的商业票据"。不久，人们发现商业票据的发行简便、迅速，是短期借款的一个好方法。于是商业票据市场就成了弥补流动资金不足或为投机等目的而筹集资金的重要场所。

美国资产证券化的发展迅速蔓延到其他国家，并对世界金融体制的变化产生了重大影响。在欧洲，国际银行业务是相当发达的，证券化也就起着更加深远的影响，它使欧洲的货币市场和资本市场都发生了重大变化。证券化不但使货币市场和资本市场更加活跃、有效，也使绝大多数的证券市场日益国际化。20 世纪 80 年代，许多国家相继放松了本国投资者投资于国际证券的限制，促进了虚拟资本的国际化发展。随着国际证券业的发展，外汇市场也发生了重大的变化。在 20 世纪 80 年代初，只有少数国家有外汇期货市场。当时，它还被看做是现货市场的补充。但是 20 世纪 80 年代中期以后，随着外汇期货业务已成为欧美各国普遍流行的金融业务，由它派生出来的一些金融工具，如被统称为衍生物（Derivative）的期货（Futures）、期权（Options）、互换交易（Swaps）等已经超过了外汇市场上的现货交易。此后，这些交易很快渗入债券市场和股票市场，并出现了债券指数期货和股票指数期货。它们在为投资者和风险回避者带来巨大利益的同时，也为投机活动的泛滥造成了更有利的环境。进入 21 世纪，衍生物交易已经成为各主要金融市上的重要交易品种。

金融衍生产品具有多样性和灵活性，其基本功能是被用来规避市场风险。在实践操作中，金融衍生工具既可以用来套期保值，也经常被风险偏好的大投资者用来进行金融投机。金融衍生工具最突出的新功能有两个：一是它可以更有效地帮助某些公司去吞并其他公司；二是它可以更有效地帮助投资者将自己的债务与股权衍生物联系起来制定复杂的但却更有利的投资战略。正是因为衍生物能为投资者带来现货交易所不具备的种种好处，它才得以迅速发展。20 世纪 80 年代初，只有美国和少数发达国家有较传统的期货和期权交易。到了 20 世纪 80 年代末 90 年代初，绝大多数国家的金融当局几乎都认识到，期货和期权市场是金融市场现代化的先决条件。20 世纪 90 年代，绝大多数市场经济国家都建立了最低限度的衍生物交易市场。之后，衍生物市场上的创新活动虽未停止，但新衍生物的出现已大大减少了，代之而起的是更注重对现有衍生物的综合利用和各种"组合"性创新。投资机构在组合其现货的证券组合的同时，也建立衍生物的组合。这就使得投资战略的制定、实施和调整变得更复杂。

各种资产的证券化发展，使证券市场的内容变得更加丰富，也使股票市场所代表的资产中实物资产的比重越来越低，这为股票市场脱离实体经济提供了基本条件。影响股票价值的基本面的作用在减弱，而资产未来收入流的变动对股票价格的影响正变得越来越重要。期权的金融衍生工具一般被认为是投资者避险的工具，但这些金融衍生工具实际上是"双刃剑"，也会被具有冒险精神的投机者用来进行投机，因此，对金融衍生工具的作用也需要重新认识。

### 3.1.3 经济金融化的最新研究

2008 年金融危机激发学者们再次尝试在宏观模型中加入货币金融因素，构建能够解释金融不稳定的分析框架。其中具有代表性的研究有两类，第一类注重杠杆机制、信用周期（Credit Cycle）、杠杆周期等研究，多采用一般均衡分析。Marcus Miller 和 Joseph E. Stiglitz（2009）构建的动态一般均衡模型基于信息不对称理论，分析了杠杆机制在资产泡沫形成和破灭中的机制。他们主张在美国金融杠杆化高度发展的背景下，金融市场出现崩溃时，美联储用注资等方式进行救助，阻止大规模的金融市场"末日清算"。但是，他们没有继续分析美联储救助和量化宽松政策对美国经济和金融长期稳定带来什么影响。另一类研究主要对发达国家长期"金融化"（Financialization）或证券化发展现象进行研究。Moritz Schularick 和 Alan M. Taylor（2009）揭示了发达国家在 20 世纪 70 年代以来的金融化发展，阐明了美国金融不稳定的宏观经济变化背景。Moritz Schularick 和 Alan M. Taylor 将美欧发达国家第二次世界大战后金融化的趋势和阶段性变化作了清楚的描述，揭示了这些国家宏观经济长期金融化的趋势。以上两项研究都清晰显示出了美欧经济长期虚拟化（或金融化）的变化趋势。理查德·邓肯（2012）研究了信用货币制度和债务—美元国际货币体系的形成过程以及货币泛滥、国际货币泛滥与发达国家经济金融化的相互促进。上述研究都清晰地揭示出宏观经济金融化的变化导致了经济和金融体系脆弱性的增强以及金融危机频繁爆发的原因。

## 3.2 金融信用、虚拟资本与金融不稳定：实体经济的锚定

马克思关于资本积累的理论，以及伊藤·诚等的货币金融政治经济学研究

给我们提供了更深刻可信的、历史与逻辑统一的金融危机研究框架基础。结合金融脆弱性理论，以及最新的杠杆和流动性机制研究，我们认为新的研究拓展了对金融信用的理解，并重点分析了影响宏观经济与金融不稳定的四大层面的问题：资本积累未来收益的不确定性问题；金融杠杆化问题；信用货币制度下，中央银行最后贷款人职能刺激货币泛滥的问题；国际货币金融体系失衡的问题。

### 3.2.1 金融不稳定的根本机制：资本积累规律依然是决定性力量

伊藤·诚在马克思的经济危机理论框架下，从资本过度积累方面，分析了经济在繁荣、繁荣最后阶段、危机和萧条以及复苏的过程中，企业受利润和竞争驱动，不断扩大资本积累，导致金融过度融资，最后在企业利润下滑的同时，金融领域也表现出市场资金匮乏，融资利率上升，反过来加剧企业压力，经济危机和金融危机就可能爆发。货币金融政治经济学对货币与金融不稳定的系统研究可以被总结为三个方面：（1）资本主义货币与金融不稳定性不仅存在于市场运行方面，其根本原因在于与资本过度积累的联系中。（2）从历史发展和演化过程看，货币与金融不稳定性是复杂和不断变化的。在资本主义经济发展和演化过程中，货币与金融不稳定的特性和形式也发生着复杂变化。（3）通过对不同历史阶段的货币与金融不稳定的研究，深刻阐述了货币和金融信用的长期变化。

明斯基的金融脆弱性理论与货币金融政治经济学在解释金融不稳定的思想基础上是非常相近的。明斯基继承和坚持了凯恩斯理论中关于投资预期不确定性的认识，并着重发展了金融不稳定研究，指出为资本积累投资的融资，因投资的未来预期收益不确定而产生不稳定，而金融领域存在过度融资冲动，加剧了金融不稳定。金融脆弱性理论划分了三类融资方式，并阐述了融资的三种收入流的特征，阐述了金融不稳定的根源，着重强调了金融不稳定对实体经济的反向影响机制。明斯基指出，投资未来预期收益的不确定性，在经济处在所谓"均衡"时期时，由于企业可以获得稳定利润，企业会继续推动投资，宏观上会产生过度投资和过度融资，这是金融危机和经济危机的根本原因。金融脆弱性理论认为投资者不能作出完全理性的预期，并且批评"均衡"研究方法，指出实际上在社会总供求达到充分就业后，追逐利润的金融资本[①]因为获得了持续稳定的利润，而存在继续增加融资的冲动，从而创造了内生的金融危机。

---

① 希法亭在《金融资本》中，详细阐述了金融资本脱离生产资本的历史过程及其影响。本书中的金融资本扩大到包括银行资本、证券和各种金融衍生产品范围。

　　不论是货币金融政治经济学，还是明斯基的金融脆弱性理论首先都坚持了金融危机的实体经济基础，即资本过度积累中资本投资未来预期不确定是金融不稳定和金融危机的根本原因。在生产和流通过程中游离出来一部分货币资本，这部分货币资本转化为信用资本并再次进入生产循环，与银行信贷和其他金融创新发展结合，推动了金融信用的多样化发展和膨胀；但随着杠杆机制的不断扩大，生产投资环节对收益的过度预期传递到金融领域。随着社会化大生产发展，金融资本更加独立于实体经济运行，并且金融资本的规模更加庞大，受金融体系内部激烈竞争以及国际间金融竞争的影响，金融机构更愿意主动创造更多的信用形式，与实际生产相关的信用创造本身就存在过度的风险。金融机构还会创造出与实际生产无关，或者关联很远的金融信用，例如在传统金融产品之上创造的金融创新产品（CDO、CDS 等）；与土地、房屋有关的各种金融信用更容易扩张；与消费相联系的金融信用也在 20 世纪 70 年代后大幅增长。20 世纪 70 年代以来金融信用规模相对于货币规模显著扩大，并且金融规模扩大的速度超过了货币的扩大速度，具体体现为金融资产规模相对于 $M_1$ 显著扩大。

　　货币金融政治经济学和明斯基金融脆弱性理论除了揭示资本积累基础上的融资危机外，也讨论了金融系统内在机制的变化及其在金融不稳定中的基础作用，即杠杆化融资和金融信用形式的拓展。这两者是同一问题的两个方面的表现。但是，这两种理论对这两个方面的研究没有完全深入展开。

　　罗伯特·布伦纳（2001）虽然没有直接分析美国和日本等国长期资本积累的问题，但是，他指出美国从 20 世纪 90 年代就出现了制造业利润率下降和去工业化发展。当前为制造业和非制造业的融资，受成本的影响和技术进步不确定性的影响，不能覆盖过度融资产生的成本，只能靠后期继续发债来弥补，属于典型的国际蓬齐融资。

### 3.2.2　金融信用的拓展、杠杆化融资机制与虚拟资本

　　过去 30 多年中，金融自由化和全球化使金融市场的广度和深度大为拓展，一项金融创新产品可以在全球金融市场融资和交易，从而使个别风险被巨大的市场资金的流动性所掩盖，这种风险也可以通过在金融市场上与其他金融资产进行交易而分散和传导。融资活动不仅为资本积累进行融资，还可以通过以对冲风险和投机为目的的金融创新，为初级证券进行再融资，进一步掩盖了金融与资本积累的紧密关系，通过拉长信用链条，将风险传递到更高级的金融信用关系中去，社会总体金融风险被不断地累积和放大。这些金融信用都是以金融

创新的面目出现的，融资的基本机制是杠杆，即用别人的钱去为这些金融创新产品融资，金融系统性风险被累积和放大，金融融资机制是不稳定的。这些基本机制不是某些发达国家特有的，而是所有金融市场都会存在的，只是具体形式不同。

1. 对金融信用理解的拓展

从商业信用到银行信用，再到金融市场信用，以及金融危机中凸显的国家信用，显示了金融信用关系经历了复杂的演化和发展。各种金融工具反映的是不同的金融信用关系。银行信贷、债券和股票，以及各种金融衍生工具，共同的本质是都是联系未来收益的剩余索取权资产，所处的金融体系的层级是不同的。它们之间的区别在于期限、风险形式、风险承担的方式是不同的。债券和信贷是需要还本付息的，股票及金融衍生品则由投资人（股东）分享红利，并分担风险。但是金融危机爆发时，金融资产价格迅速贬值，股票、债券以及金融衍生品市场的风险会迅速传递到商业银行体系，表现为大多数金融机构的资产负债表可能会出现同时恶化的情况。风险分担方式和机制的不同会形成不同的风险保障机制，但是不能消除这些金融信用形式的共同性质，即不同形式的金融信用都是连接未来预期收益的融资，最终都需要资本积累的未来预期收益来支撑，一旦这种预期收益不能实现，各种金融信用形式就会产生风险损失，不管金融信用形式是什么具体形式，基本风险最终都来自于与资本累积相联系的投资的预期收益的不确定性。

2. 金融信用体现的是市场活动中的经济关系

融资实质上是信用创造的过程，金融创新与信用创造是社会化生产、分配和消费顺利实现的关键环节，反映的是经济关系。但是为投资进行融资对宏观经济发展的作用不能被忽视，一个关键就是金融机构不能仅仅被看做是金融中介，金融信用体系的存在正是为了解决资本积累、生产的未来不确定问题而产生和发展的。经济活动的结果和经济活动的过程是不能分开来分析的，各种金融机构、金融工具和金融市场本质上是社会经济活动的一个重要环节，是为生产和资本积累提供信用支持。金融存在独立于生产过程的特殊性，但是根本上各金融融资活动获得收益最终要依靠实际生产和劳务活动来实现，即金融离不开实体经济活动。在马克思货币金融政治经济学、明斯基金融脆弱性理论，以及关于杠杆和流动性风险方面的实际研究基础上，我们认为金融是与资本积累和生产密切联系的经济过程，各种金融信用形式、信用深化都是围绕资本积累和生产而发展的。

根据信用创造的主体和方式的不同,我们可以区分为银行信用、金融市场信用和国家信用。银行信用是最重要的金融信用形式。而市场信用,以及这个层面信用的演化与发展,形成了包括债务债权型信用、股权型信用、衍生品类型的信用。国家信用主要体现为中央银行和财政部的信用,创造出基础货币和国家债务。在货币金融政治经济学中,信用被严格定义为以到期还本付息为条件的债务关系。但是现代信用形式的发展,已经远超出这个范畴。我们如果不考虑偿付形式,而是考虑各种金融信用都是与未来预期收入流紧密相关,即不论是间接融资,还是直接融资,都会在一定时期膨胀,在另一些时期收缩,即不同金融信用都会存在周期性的波动,都会对宏观经济稳定产生影响。简单来说,不论是债务性信用,还是股权信用,其差别在于是否依据合约到期支付本息,其共同之处在于都是根据对未来收益的判断进行的融资,只是风险担负的方式不同,但都会对宏观经济稳定产生重要影响。

金融信用关系的基础依然是资本积累,金融不稳定风险来源的基础没有消失。生产、投资与融资共同构成基础经济活动,生产、投资与融资构成连续、动态的经济关系,生产与投资取决于对未来预期的收益和利润,由此形成对各种形式信用的需求。货币也在这个过程中,通过信用体系与其他金融资产相互转化,起到资本的作用。随着生产和经济活动的发展,信用从简单形式发展成复杂的金融信用体系。金融信用形式从早期的银行信贷、商业票据和政府债券等,发展到股票、企业债、金融衍生品等形式。

3. 虚拟资本是美国现代金融信用膨胀的重要载体:资产证券化后的金融不稳定

货币金融政治经济学提出关于金融信用的理解应该扩展到股票、证券与衍生工具,并阐明银行信用与这些金融信用发展的共同性质和差异性,只有这样才能深刻理解当前金融危机的种种表现。我们用虚拟资本的概念来概括股票、债券和金融衍生品的共同特性。虚拟资本是各种金融信用形式的具体表现,其反映的是各种金融信用关系,虚拟资本价格表现为易于波动。除了市场层面的理解,金融信用形式在不同历史阶段表现出大规模膨胀和危机,需要从金融信用发展的历史中来寻找根源;不同国家表现为不同形式,即泡沫化、债务化和金融化,这种不同根源在于各国间在国际货币金融体系中的地位差异,货币发行国可以主导国际货币流动方向,对国际汇率制度和体系具有重要影响,它是通过债务—美元体系,通过利率和汇率,通过政府债务发行和调控,以及私人国际资本流动,主要是引导其他贸易盈余国家的资金再次回到货币发行国的办法实现的。经常项目赤字国家是不能实现资本输出的，但是美国是国际货币发行国，可以吸引其他国家将其经常项目盈余回流到美国支撑其国债和国内经济，同时通过私人金融机构将所控制的国际资金再投资到其他国家。

虚拟资本作为基于未来预期收益的金融资产，其价格基础和投资基础，都取决于相关资产积累的未来预期收益能否实现。资本积累不是影响虚拟资本的唯一因素，但却是根本因素。其他因素，例如市场货币资金的流入、市场的广度和宽度，都使投资者可以在一段时间内产生过度融资。虚拟资本是金融信用发展的结果，是金融信用发展的具体表现形式。虚拟资本形式的演化：基础股票和债券；以规避风险和投资为目的的金融衍生产品。在经济条件不同的情况下，各国虚拟资本的发展程度和具体的主导形式是不同的，其金融危机的表现形式也有很大的不同。但是，其国际货币金融与经济的背景是相同的，具体杠杆融资的本质机制也是相同的。

4. 发达国家杠杆化融资方式的膨胀

早期对信用的界定是以还本付息为基础的债务债权关系。但是随着经济的发展，特别是从 20 世纪 70 年代以来，金融市场信用形式取代了传统的银行信用，直接融资市场取代了银行间接融资，成为主要融资方式。明斯基基于三种融资方式转化，阐述了过度融资是如何形成，并造成金融不稳定的，也简要分析了银行的杠杆、资产收入和债务成本机制，但是没有继续深入分析当代金融信用关系中杠杆融资如何产生金融不稳定。

Richard Koo（1999）提出近 30 年以来的金融危机和经济下滑属于资产负债表式衰退，从微观层面具体地阐述了金融杠杆作用机制。世界银行报告（2009）将经济中的杠杆划分为三种类型：资产负债表杠杆、经济杠杆和嵌入式杠杆。没有一种单一测量方法能同时测度三个不同维度的杠杆，第一个定义是基于资产负债表；第二个定义是基于市场依赖未来现金流；第三个概念依据市场风险。我们集中讨论的是金融杠杆，是基于资产负债表的概念。Viral V. Acharya 和 S. viswanathan（2010）用模型分析了杠杆、道德风险和资金流动性关系问题。John Geanakoplos（2009）提出杠杆周期理论，认为杠杆是"抵押价值与保证金的比率"。[1]"杠杆是保证金/抵押价值的比率的倒数，即资产价值与必需花费的现金的比率。"[2] 他通过模型论证了微观层面基本的单一金融杠杆率的决定机制，以及现实中投资者为风险规避的资产选择行为，如何通过杠杆机制将最初的风

---

[1]　John Geanakoplos, "The leverage Cycle", 2009, p. 1.

[2]　John Geanakoplos, "The leverage Cycle", 2009, p. 1.

险在所有杠杆化资产中进行扩散的机制。Tobias Adrian 和 Hyun Song Shin（2007）对美国主要投资银行的杠杆机制进行了实证研究，发现现实中这些金融机构的杠杆确实具有很强的顺周期性，即为保持资产负债表的大致稳定，金融杠杆与资产价格之间存在反馈效应——金融市场高涨时期的正反馈效应，以及资产价格暴跌时期的负反馈效应。在 Tobias Adrian 和 Hyun Song Shin 的文章中，"杠杆被定义为总资产对所有权资产的比率"①。他们指出，"在金融系统中，资产负债表持续进行市场调整，资产价格变化很快通过净资产变化显示出来，引起金融中介的反应，金融中介对其资产负债表规模进行调整。我们用资料证明，根据市场调控的杠杆是具有很强顺周期性的。这种表现行为具有总影响。"② 他们同时分析了资金流动性与杠杆机制的相互影响。"资金流动性可以理解为总资产负债表增长率。当金融中介资产负债表表现稳健的时候，杠杆率一般很低。此时，金融中介持有多余的资本，他们将试图寻找能够使用他们多余资本的渠道……我们可以把金融系统看做有'剩余能力'。为了将剩余能力使用起来，金融中介一定会扩大它们的资产负债表。在负债一边，它们承担更多的短期债务。在资产一边，它们寻求能够把钱借出去的潜在借款人。""资金流动性就与金融中介寻找借款人的困难程度密切相关。"③ "在所有案例中，当总资产很大时杠杆也是很高的，杠杆是顺周期的。"④

一些学者研究了杠杆机制长期发展趋势、宏观影响，以及杠杆机制和流动性机制共同作用机制的宏观影响。Marcus Miller 和 Joseph E. Stiglitz（2010）在信息不对称基础上，建立了一个具有高杠杆和过高估值的抵押资产的模型，用来分析当资产泡沫崩溃时杠杆机制与资产价格泡沫形成之间的关系，阐述了货币当局试图阻止资产价格崩溃的政策是如何引起更大范围经济恶化的。Moritz Schularick 和 Alan M. Taylor（2009）用计量方法分析了从 1870 年到 2008 年，14 个发达国家的信用总量、狭义和广义货币，以及国内生产总值等主要指标关系的长期趋势，将信用规模与广义和狭义货币规模进行比较，并发现在历史上主要金融危机期间，这些指标关系发生的明显变化。他们指出，"整个银行系统的资产负债表中，资产一边的杠杆和资产的构成形式是有宏观应用价值的"⑤。他

---

① Tobias Adrian, Hyun Song Shin, "Liquidity and Leverage", 2008, p. 1.
② Tobias Adrian, Hyun Song Shin, "Liquidity and Leverage", 2008, p. 1.
③ Tobias Adrian, Hyun Song Shin, "Liquidity and Leverage", 2008, p. 4.
④ Tobias Adrian, Hyun Song Shin, "Liquidity and Leverage", 2008, p. 15.
⑤ Moritz Schularick, Alan M. Taylor 2009 Working Paper 15512, Credit booms gone bust: Monetary policy, leverage cycles and financial crisis, 1870 – 2008, http: //www. nber. org/papers/w15512. p. 1.

们将微观商业银行等金融机构的资产负债表的贷款加总得出总贷款规模，从实证上阐明了杠杆机制具有明显的宏观影响效应，"二战"后金融杠杆的宏观影响呈现逐渐增强的趋势。"在第二次世界大战前贷款与货币的比率的增长率平均每年只有0.11%，但是在战后这个增长率达到平均每年2.19%，这个关键杠杆的测量值的增长率提高了20倍"[1]。"我们提供了新证据，即在20世纪下半叶金融机构的杠杆已经具有越来越大的影响，凸显为货币与信用总规模的关系越来越紧密，而且我们也发现银行资产负债表中的安全资产呈现下降趋势。"[2] 不论是对金融杠杆微观机制的研究，还是金融杠杆机制的宏观影响，最终都强调其在金融危机中具有正（负）反馈效应。

Alan M. Taylor（2012）在5个历史事实基础上阐述了长期杠杆化发展的历史演化，他认为历史事实反映了过去很长时期中发达国家经历的金融化过程，杠杆化是金融化的具体机制。

### 3.2.3 货币、信用制度、最后贷款人：金融信用膨胀的货币金融制度因素

自进入信用货币时代之后，中央银行失去了货币发行的约束。金融危机会威胁到信用体系和投资，迫使中央银行担负起最后贷款人职能（一方面说明货币与非货币金融资产之间存在紧密的替代关系，另一方面说明中央银行最后贷款人会引发未来金融资产膨胀和通胀）。货币失去了稳定的锚，中央银行和财政部失去了发行货币的约束，信用货币制度使货币流动性泛滥成为可能。在现代货币制度、中央银行和存款保险制度（隐性和显性存在）下，货币主要是用$M_0$、$M_1$和$M_2$衡量的，这些制度保证这些货币不会消失，至少不会大规模消失，信用货币实际上是由国家信用和国家强制制度保证的。而其他非货币金融资产，各种证券、金融衍生工具是由市场信用支撑的，即实际上最终由实体经济投资的未来预期收入流支撑的。

金融规模伴随社会化大生产和资本积累规模扩大，而不断扩大和演化，金融危机后信用体系崩溃和紧缩对宏观经济稳定的影响也在扩大，特别是1929年席卷全球的大危机，迫使主要资本主义国家加深了对宏观经济的干预，此后政

---

① Moritz Schularick, Alan M. Taylor 2009 Working Paper 15512, Credit booms gone bust: Monetary policy, leverage cycles and financial crisis, 1870 – 2008, http://www.nber.org/papers/w15512. p. 7.

② Moritz Schularick, Alan M. Taylor 2009 Working Paper 15512, Credit booms gone bust: Monetary policy, leverage cycles and financial crisis, 1870 – 2008, http://www.nber.org/papers/w15512. p. 1.

府对金融市场的干预不断加深，其最后贷款人职能成为其重要的职能之一。英格兰银行的 Paul Tucker（2011）在第二十届海曼·明斯基年会上系统介绍了美联储最后贷款人职能的形成与发展，并阐述了当前宏观审慎政策发展的必然趋势。在过去三十年中，发达国家金融化发展，使得政府和中央银行必须通过提供货币流动性来支撑金融稳定，即用向市场和金融机构注资的办法，支撑金融机构不倒闭，金融总体规模就可以维持住。金融信用规模和货币流动性之间形成了长期相互推动的机制，金融资产交易形成的货币需求的作用在上升，货币的资产功能显著提高。央行调控宏观经济的货币政策和危机中的货币政策，都不可避免地使货币流入金融领域，从而使传统货币政策工具难以实现传统货币政策目标，出现了所谓的"货币之谜"。

关于货币泛滥对金融膨胀的影响，还需要关注国际货币泛滥对全球金融膨胀的巨大影响①——国际货币体系是如何由贸易盈余支撑的国际货币，转变为债务支撑的国际货币，如何由维多利亚式循环，转变成帝国循环。伊藤·诚在研究当代金融危机时，系统描述了 20 世纪 60 年代以来，国际货币体系和发达国家金融失控的情况。吉川元忠（1998）系统分析了从 20 世纪 80 年代日本通过将对美国贸易盈余，以资本投资形式投资到美国，形成所谓的债务—美元国际货币和金融资本循环，美国又将资本项目盈余中多余的部分投资到其他国家。这个国际贸易盈余累积和以追求债务为特征的国际资本回流机制，推动了国际收支盈余支撑的黄金—美元货币体系向债务支撑的美元国际货币体系的形成。而理查德·邓肯（2012）深刻分析了债务—美元体系的形成，信用货币制度下金融信用膨胀是必然的，而国际货币制度失去约束后，在债务—美元体系下，推动了美国经济的金融化——证券化和国债规模持续扩大。

1971～1982 年是从黄金美元，到石油美元，再到债务美元的过渡时期。到 1982 年以后日本与美国之间形成贸易盈余和债务回流的特殊关系，从此债务美元的新帝国循环就真正建立起来了，此后东南亚国家和中国相继加入这个循环。债务美元的根本矛盾在于国际货币发行国只会考虑本国经济状况来制定政策，而国内经济状况和国际经济状况是不能协调的。美国获得比其他国家更多的、更直接的世界经济和金融控制权，建立债务美元主导的货币金融，就意味着美国具有了很大的控制国际金融信用创造的能力，可以制定金融资产价值标准和交易规则，从而影响金融资产和大宗商品的价格，以及国际资本流动的方向。

---

① 这种影响常常在研究上被忽视，只有少数经济学家进行了系统研究。

## 3.3  对中国金融发展和经济发展的启示：一般历史规律和经验

在经历了 1997 年亚洲金融危机、2008 年美国次贷危机以及 2009 年的欧债危机后，中国学术界和实务界更深入地了解了金融危机的各种形式。可以肯定的是，在当前国际经济格局和国际货币金融体系下，国际金融危机使中国经济深受影响，面对的问题也变得更加复杂；但同时也要看到，在危机出现的时候也必然有难得一遇的历史机遇。在中国当前经济结构调整时期，推动金融体制改革，推动投融资体制和方式的改革，提高金融为实体经济服务的效率，是这一阶段中国宏观经济中不可回避的工作，而这也很可能是历史留给我们的机遇。

结合本书的研究，我们认为需要就货币金融领域两个最基本的问题进行思考：

第一，如何推动国内金融业发展，如何使国内金融发展有效推动国内实体经济发展，保证中国经济在未来一段较长时间内实现持续稳定发展。2008 年全球金融危机使得中国经济结构、增长方式和社会投融资体制中一些深层次问题得以暴露，主要是依靠政府投资、出口拉动的经济增长模式存在较大的不稳定性。因此，继续推动金融体制改革，完善金融体系和制度，提升金融为实体经济服务的效率，必须要被提到战略高度，给予足够的重视。政府和中央银行需要建立市场化调控能力，减少对社会投融资的直接干预，科学引导和鼓励社会资金流向有利于产业结构升级以及科技进步的长期资本积累领域，鼓励发展向中小企业提供融资的金融机构和市场的发展。总之，实现和保持国内实体经济的资本积累和金融的协调和平衡发展，应该是中国金融发展的大方向和基本原则。

第二，在当前的国内货币金融体系下，如何较好地避免其他国家利用国际货币金融优势地位实施"与邻为壑"政策的影响，如何建立与中国经济现有地位和未来发展相适应的国际货币金融地位。当前国际经济和货币金融体系失衡的状况，是根源于美国国内经济结构失衡——20 世纪 80 年代制造业利润下降，成本劣势和价格劣势使其国内出现低端制造业企业向海外转移，已经出现去工业化和经济金融化过程。由于美国在 1945 年后确立了美元国际货币地位，美国在国际金融交易制度、定价、结算等方面具有很大控制力，通过控制世界银行、国际货币基金组织和国际清算银行等国际金融机构来实施对外货币金融战略和政策。美国利用这些货币金融优势，用发行美元获取全球其他国家的产品和服务，然后用对外发行债务再让这些美元回流到美国，形成一个循环，并且维持了很长时间。从根本上说，这是美国实体经济相对衰落的结果，其国内的资本积累不足以支撑当前巨大的对外债务，金融信用膨胀超过了其实体经济的融资需求，是以过度消费和杠杆式金融化来支撑的，是全球性的蓬齐金融。目前中国经济总量已经跃居全球第二，而人民币在国际货币体系中基本没有地位，这种"不对称"始终是中国在金融领域需要解决的又一重大问题，我们的基本理念是人民币需要在国际货币体系中有与中国经济实力相对应的货币地位，这也是国际货币金融体系稳定的需要。

## 3.4 总结

本章基于马克思资本积累理论和货币金融政治经济学，结合当前关于流动性和金融杠杆的研究，主要探讨宏观经济历史演化中的金融化趋势以及金融不稳定的根源与机制：第一，金融信用关系和形式产生于社会生产过程，从根本上讲是为资本积累进行融资过程中形成的经济关系，而资本积累具有自身的运行规律，金融机构和金融市场自身也有自我膨胀的动力，因而金融信用发展常常出现偏离实体经济的趋势，表现为过度融资或金融抑制问题。第二，在过去30年中，除了传统金融信用资产膨胀外，新金融信用形式以新虚拟资本形式涌现。虚拟资本（股票、债券和金融衍生品）的价格波动依然是依赖与之相对应的实际资本积累的未来预期收益的。杠杆化融资的快速发展使从事虚拟资本交易的投资者的资产负债状况对市场信息变化异常敏感，因而金融市场常常表现为流动性风险问题。第三，金融化发展使金融市场频繁波动，当发展成金融危机时，中央银行因为担心金融信用崩溃造成不可收拾的经济危机，而不得不承担起最后贷款人职责。但从长期来看，最后贷款人政策最可能是刺激金融投机行为，推高未来金融过度膨胀和通胀。第四，从国际层面来讲，过去30年来泡沫化和债务化等不同的经济金融化形式产生了日本泡沫经济、亚洲金融危机、美国次贷危机和欧洲债务危机，可以发现这些危机都与当代国际货币金融体系的不平衡发展密切相关，与国际货币制度变化、汇率机制变化和金融全球化相关联。

（本章作者：李宝伟、张云、陈瑞华）

# 4 金融深化后的宏观流动性问题

## ——后凯恩斯主义货币金融理论对货币、 流动性研究的推进

本章着重综述后凯恩斯主义货币金融理论对货币本质、金融信用的作用、经济金融化过程和金融不稳定的研究。在此基础上，总结和综述其对货币的流动性、流动性偏好，以及金融危机、国际货币金融体系失衡和国际货币流动性问题的研究思想。

后凯恩斯主义货币理论与新古典主义货币理论、新凯恩斯主义货币理论的关键分歧之一就是对货币和金融在宏观经济中的作用的认识上存在根本差异，后凯恩斯主义货币理论建立了非中性的货币理论和金融脆弱性理论。新古典经济理论认为货币是中性的，货币在市场中起的作用是名义上的，只影响名义价格，名义工资不会对于经济增长、投资发展、就业水平等有实际影响。后凯恩斯主义经济学主要是借鉴和发展了凯恩斯主义经济理论并吸收了部分马克思主义经济理论，以经济的不确定性认识为基础，建立了货币内生性供给、金融脆弱性等理论。在以上研究基础上，后凯恩斯主义货币金融理论阐述了流动性问题，即从货币内生、资本主义经济投融资机制、经济结构的金融化、金融脆弱性等方面阐述了金融危机的根源问题，进而分析了流动性问题，为当前的宏观流动性问题的研究提供了可信的理论解释。其中，当代后凯恩斯学者 Wray (2011) 认为，把全球金融危机归咎于美联储确定的利率水平过低的观点是错误的，他指出那种把全球金融危机仅仅归因于流动性危机这样的观点也是一种误解。事实上，全球金融危机的主要问题是许多主要金融机构的普遍和连续的破产问题。从全球金融危机中应该吸取的教训是，不能认为单纯地依靠市场来保证提供的经济担保都是可靠的。全球金融危机再一次冲击了"有效市场假说"，因为市场未发现贷款证券化的合理价格。Wray 认为只有充分认识到整个证券化抵押贷款的金融食物链中深层次的、普遍的欺诈行为，我们才能真正理解全球金融危机。所以，后凯恩斯货币金融理论解决金融危机，以及解决普遍流动性

问题的原则和具体措施是不同于新古典理论的。我们需要简要归纳后凯恩斯货币金融理论关于货币本质、货币功能、货币需求与供给、金融投资、金融化和金融脆弱理论，以及国际货币金融失衡、国际流动性泛滥和国际货币体系等方面的研究，才能更好地理解后凯恩斯主义理论关于货币流动性、宏观经济结构的金融化和金融脆弱性的演进历史与研究逻辑。

后凯恩斯主义货币理论关于货币、流动性和金融脆弱性的基本观点：货币本质上是债务。主要发达国家经济经历了金融化发展，金融服务在国民经济中的比重显著提高。证券化发展和杠杆化大规模使用，使金融脆弱性更为突出，更经常表现为突发的金融机构和市场的流动性风险，在系统因素冲击下易于出现宏观流动性风险，但是，金融危机不只是流动性危机，更深层的原因在于资本主义资本积累过程和融资方式，所以，不能单纯通过提供流动性支持来解决宏观流动性风险问题，而是要进行深层经济改革。

## 4.1 后凯恩斯主义货币理论的基本思想

### 4.1.1 货币的本质

后凯恩斯主义对货币本质的研究中较有影响力的理论是新货币国定说，即认为货币是国家法律制度创造的，金银之所以能以货币的资格流通，完全是国家法律所赋予它的权力，只要是国家法律所定的流通支付工具，其币材为金或为纸者皆为货币。货币价值的大小也由国家法律规定，与金属本体的价值无关，因而货币价值的问题不属于经济领域的问题，而是法律的问题。货币是票券的支付手段，其作用仅仅是在于满足流通需要。因而一切货币，无论是金属货币还是纸币，都是不同种类的支付手段，就是支付手段从简单形态向发达形态逐渐进化。后凯恩斯主义学者认为信用即是货币，它在本质上不同于商品货币或者国家发行的法定货币，人们对信用的需求决定了银行发行多少货币，银行发行的货币其实是一种债权债务关系。

Wray 指出主流经济学认为先是有物物交换，然后形成了正式的市场之后才出现货币起源，但这个假设没有历史的准确性，也不具有史实的连贯性。Wray 阐述了四个观点：（1）原始交换和物物交换没有形成市场发展；（2）原始交换并没有产生货币；（3）法定货币和信用货币出现在商品货币之前；（4）信用货币的数量没有受到中央银行的约束。

（一）货币与市场的关系

货币存在作为记账单位，个人的可转让财产的发展允许私人贷款都被写在一个标准的计价货币单位里，这是货币支付功能发展。这逐渐允许市场产生处理债务的手段，它所产生的货币具有交换媒介的功能。债务被以记账货币表示，记录在负债账户，创建为一个债务合同。一部分钱作为支付手段的货币或介质将采取物理形式，因为在市场系统中的生产一直是货币生产，其目的是实现货币价值的生产。因此，在"市场"经济积累货币单位就是社会财富积累的形式，也是衡量生产的目的的方式。积累货币资产成为公认的致富之路；记账货币成为价值的社会单位。

（二）货币是一种债务

之前说货币是一种记账单位，然而一种核算单位并不能通过买卖而获得。通过销售商品我们可以获得货币，但是如果我们仅仅把货币作为记账单位看待，比如美元、欧元，我们在销售商品之后所获得的货币当然不仅仅是一种"记账单位"。在商品销售之后，我们得到了一些货币，就好像在我们的记分板上记上了一些积分，而在现实生活中金融机构（比如商业银行）就代替记分板在记录我们的货币多少。上面已经讨论过，生产是从货币开始的，货币可以被看做一种积分，这种积分代表了金融机构的借据。这种借据最为普遍的例子就是银行的活期存款债务，其在银行的资产负债表中同贷款相对应。贷款代表了借款人的债务，银行以这一借款人的名义发行借据。换句话说，在从事实际生产当中要先购买商品才能进行加工并且出售，如果借款人此时去银行贷款，就是他给银行写一个借条，银行根据借条把相应数量的货币贷给他，同时在资产负债表中这就成为了银行的资产；如果这个人又把通过商品交换获利得来的钱存进银行，就相当于银行找他借钱，银行给他开具借条（比如说存单），而这一项业务在资产负债表中成为了银行的负债。通过存款的转账，他可以用来购买生产所需的各种原材料，假如销售生产资料的人也在银行有一个账户，那么这个人此时的存款就会变多。银行在办理业务时只需减少生产资料购买者的存款，增加生产资料销售者的存款就可以帮助交易达成。当借款人完成生产过程并且卖掉商品时，他的存款将会增加，而购买东西的人的存款将会减少。这时如果借款人可以用他的存款偿还贷款，银行将会同时减少活期存款和贷款的数量。所有这一切都可以采用电子记账的方式来完成，就像在记分板上的积分一样。

这个时候我们就又回到了起点，存款全部被用于支付贷款，两者都被清零。

那么生产者就好像在做无用功，这一切目的仿佛是没有结果的，用借来的货币购买生产资料，生产商品，销售商品，再用回收的货币支付亏欠银行的钱。在最初阶段创造出来的货币，最终又全部消失。在银行的电子记录中仅仅作为数字出现。但是在货币生产经济中，一切努力的目的都是最终获得比开始阶段更多的货币。如果不是为了这个目的，银行所作的一切也就显得毫无价值，接受借据，创造存款，最后仅仅是为了把存款和贷款都清零。现在我们可以得出结论，当生产者销售生产的商品，实现的是货币的价值，他的债务将会消失；如果他放弃通过销售商品积累的存款时，贷款也相应消失。银行将会消除作为债务的活期存款，同时消除生产者的借据或贷款。

生产者借贷的第二重意义来自于熊彼特的理论。在对社会提供真实的生产实物之前，也就是在生产过程的最初阶段，生产者需要购买一些生产资料以便开启自己的生产。银行持有的生产者的借据，是社会承诺的一种体现，只要生产者在生产结束后能够为社会提供比之前多的商品，他就可以暂时提前运用某些生产资料。我们把这种生产规则看做是一种理想型的规则，就是所有的生产都是按照之前的计划在进行的，可以说是社会化大生产。通过社会化大生产得到的生产资料通过一些方式重新组合起来，投入到生产当中，最后生产出不同于原材料的一组新的商品。当这些新生产的商品投放到市场中并顺利地销售出去得到货币之后，企业家对社会的债务就没有了。熊彼特认为当企业家从流通领域获得生产资料时，会产生暂时的通货膨胀，然而如果生产过程最后产生的商品价值总和要高于投入生产的商品价值总和，暂时的通胀就会得到足够的补偿，所以熊彼特认为在一个长期的实践中最后可能会导致通货紧缩。

货币是一种负债。可以说它仅仅是一种记录的形式而已，而不必有任何物质存在形式，实际上现在大部分已经成为计算机中的数字账户。货币总是包括两个项目，即借款人的负债多少和贷款人的资产情况大小。将借据交还给借款人会使货币减少，贷款被抵消的时候，贷款人的资产的数量也同样地缩减。在实际生活中货币的创造通常需要四个步骤，未来的生产者向银行发行借条，生产者得到存款可以用于生产活动；银行持有生产者的借条作为它的资产，增加活期存款又成为银行的负债。

如果货币是一种债务，那么按照明斯基的说法，任何人都可以在社会核算体系中发行票据来创造货币。问题在于拟发行的票据是否能被其他人接受，也就是说票据的兑现能力有多少。如果你的票据能被大多数人接受，那么就会有更多的人愿意持有你发行的货币，你的货币流通性也会更好，兑现率更高，更容易被大多数人接受。若想成为借款人，你就必须有一个需要贷款的人，并且这个贷款者相信你的货币在市场上可以流通，换取生产资料，那么这个贷款人才会愿意成为持有你负债的人。但是这一问题涉及双方，双方都必须同意"创造货币"（发行票据），也必须同意"持有货币"（持有对方的票据）。

（三）货币的政府理论

Goodhart 和 Wray 都强调权威在货币的起源和进化形成中的重要性，政府把一种负债强加到社会当中充当规范化的记账单位，即货币，用来衡量契约的大小，这并不意味着市场的形成就在货币出现之前，事实上是货币的起源在先，一旦政府开始征收这种契约，就可以给组成契约的那些东西赋予价值，即给它们定价。这里主要强调货币起源和市场形成的社会性，而不是来自于理性人追求自身利益最大化的自然结果。政府承认财政部发行的货币，中央银行印发的钞票和银行存款统称为高能货币，在这里货币是由什么材料组成的并不重要，政府要做的就是宣布货币的名义价值，并在其他人向政府支付货币时承认这种价值。Innes 强调，当政府在消费时，政府就是债务人，并且付出一些政府货币，所以说政府货币也不是信用货币，而是付出了一些信用，未来会用税收来偿还。所以对于政府来说，每付出一美元，是付出了一美元的支付承诺、偿还承诺、满足需求的承诺。而政府借条的本质就是债权人拥有的一种拿着借条可以向债务人要求清偿的权利。政府部门印发钞票的特殊机制在于它可以由税收机制赎回兑换。政府发行的货币可以是没有实际价值的，但是人们依然愿意接受，因为它代表着一种政府负债，并且是一种在征税时政府愿意收回的负债。

政府已经创造出了一种计量单位并且把它命名为可以用来偿还政府负债的计量单位，这样就为市场的形成创造了前提条件。来自 Babylonia 的证据表明，政府会给那些其最需要的物品定价，这样就形成了市场，所以这就把传统经济学的顺序颠倒过来，先是货币起源，价格出现，然后是市场形成，名义价格和货币兑换率计价标准，接着是政府印发钞票，并在人们支付税收的时候又回收钞票。

## 4.1.2　货币的储藏功能与流动性

后凯恩斯主义货币理论中一个十分重要的基本假设是，我们生活在一个不确定的世界上①。这种不确定性来自于资本主义制度本身，而且它决定了货币的特殊属性。资本主义制度的生产关系基础，即生产资料私有制造就了不确定性，因为各个阶层都想不断扩大自己的生产以寻求利润最大化，所以它们的生产是私下进行的，是不相互匹配的，无法协调统一的。马克思曾提到资本主义生产是"无政府状态的"，所以在一个不确定性很高的市场上，货币就必须作为财富的储藏手段出现，人们必须持有一定货币作为资金周转的需要。如果市场上完全不存在不确定性，所有的生产都是按计划进行的，未来的产量是可以准确预见的，那么就无须在交换之外再持有任何数量的货币，所有的货币都会被投放到生产中以便长期盈利。货币作为财富储藏的一种方式源自于未来利率的不确定性波动。

货币是具有流动性的，而货币本身代表一定的购买能力，所以闲置资金存在的同时，它本身代表的购买能力也暂时停止在市场中流动。货币的另一个特性是它本身不具有生产能力，而是以一种特殊的形式进入到经济体系之中。金融资产可以为持有者获取利息，并且具有很高的流动性，可以以正常的成本在市场上迅速变现。正是由于货币和能够迅速变现的金融资产的特性，使得货币供应的收入流通速度在现代货币经济的运行中成为关键因素。

货币的第三个特性是使债务货币成为可能。明斯基认为，为投资而进行融资是经济中不稳定性的重要来源。明斯基的金融不稳定性中，将融资分为三种类型：（1）对冲性融资，即债务人期待从融资合同中所获得现金流大到能够覆盖利息和本金，这种是很安全和理想的融资类型；（2）投机性融资，即债务人预期从融资合同中获得的现金流只能覆盖利息；（3）庞氏融资，即债务人的现金流什么都覆盖不了，债务人如果想要偿付自己的债务就必须出售其他资产或者再次借款。通俗地讲就是，第一类借款人，稳健保守，负担少量债务，偿还本金和利息毫无问题；第二类借款人的不确定性开始增强，能够偿还利息，而本金要滚动下去；第三类借款人只能靠手头的资产不断升值，出售后可以带来财富的增加来维持自己对银行的承诺，或者继续借款维持下去，呈现很高的财务风险，一旦资金链断裂，借款所形成的资产价格就会出现暴跌，引发金融动荡和危机。货币是在不确定的情况下为融资的达成而提供的一种特殊的债券。

---

① 史蒂芬·罗西斯在《后凯恩斯货币主义经济学》一书第二章中提到，"我们永远受制于现在，一个由历史的偶然构成的世界"。我们唯一有把握的事就是未来事情的发展是不可预测的，正因为如此，我们要不断调整自己的战略，根据多变的事态作出相应的改变，而且调整的过程会不断进行下去。

### 4.1.3 货币需求理论：货币对实体经济和金融信用的影响

根据凯恩斯理论，货币需求是指人们放弃流动性很差的金融资产而持有货币这种不生息金融资产的需要。货币需求来自于三个动机：交易性货币需求、预防性货币需求和投机性货币需求。货币需求可以分为在当前价格水平下的名义货币需求和不受价格影响的实际货币需求。货币的"投机需求"并非是为了投机的资产，而是为了降低损失风险而以货币形式保值的资产。货币的"投机需求"有机会成本。凯恩斯认为投机动机的货币需求是随利率的变动而相应变化的需求，它与利率呈负相关关系，利率上升，需求减少；反之，则投机动机货币需求增加。但是在一个不确定性的世界中，未来利率的变化是无法预测的。对于货币的需求总和可以分为产业部门的货币需求和金融部门的货币需求。产业部门的货币需求是为了使用货币的支付手段；而金融部门的货币需求是为了投机需要。在货币供给总量给定的情况下，这两部分货币需求可能会产生冲突，比如金融部门发生投机过热的情况，工业部门就可能出现资金不足状况，此时如果货币当局限制金融部门就会使得利率升高，工业部门通货紧缩，产量下降，失业增加。如果货币当局增发货币满足金融部门的需要，会导致利率降低，更加刺激了投机市场。凯恩斯认为应该针对不同的金融部门或工业部门的借贷者提供不同的借款利率，这样才能合理地限制金融投机过热，并且保持工业部门稳健发展。

### 4.1.4 货币的流动性与货币的流通速度

凯恩斯在《货币论》中表示："（认为）总现金存款（收入存款加上工商业存款）与国民货币收入有任何稳定的或正常的关系的想法都会使人误入歧途。"另外他还指出，货币数量的变化程度、货币的流通速度以及产出量同基本物价水平的变化程度不存在任何确定的和可预测的比例。货币数量理论仅适用于充分就业的均衡状态，但在实际生活中货币和价格之间的关系要复杂得多。货币的流通速度和货币总量的关系可以描述为 $V = \dfrac{M_1 V_1 + M_2 V_2}{\overline{M}}$，$M_1$ 代表的是交易货币量，$V_1$ 代表的是它的流通速度；$M_2$ 是闲置货币量，$V_2$ 是它的流通速度。货币总供给 $\overline{M} = M_1 + M_2$ 不变，交易货币需求（$L_1$）主要受名义经济活动水平 $Y$ 的影响，$L_1 = L_1（Y）$，当 $L_1$ 和 $Y$ 的关系成一条过坐标原点的直线时，夹角 $= Y/L_1 = Y/M_1 = V_1$，所以交易货币流通速度 $V_1$ 是一个不变的常数，$V_2 = 0$，所以

我们得到 $V = \dfrac{M_1}{M}V_1$。$M_1$ 增加使得货币流通速度 $V$ 增加。但是 $\overline{M} = M_1 + M_2$，$M_1$ 增加就意味着 $M_2$ 减少，利息率增加。随着 $M_2$ 减少到 0，$\overline{M} = M_1$，$V = V_1$，此时交易货币流通速度也和利率变化相关，并且利率达到一个很高的水平，工商业企业家发现自己持有交易货币的成本非常大，所以就开始减少交易货币量，$M_2$ 增加，利率逐渐减少，$M_1$ 减少，$V$ 变小。在没有金融创新的情况下，能使流通速度改变的力量将最终使自己耗尽，流通速度也将达到最大值。

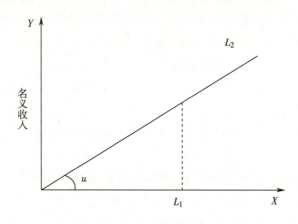

**图 4 – 1　货币流通速度**

### 4.1.5　货币内生性

货币内生性理论是后凯恩斯主义理论的另一个重要贡献，指的是在一个经济体系内部货币供应总量由多种因素和主体共同决定，中央银行只是决定货币供给的一部分原因，并不能单独决定货币供应量。

后凯恩斯主义经济学的代表人物西德尼·温特劳布和卡尔多提出了内生性货币理论，即中央银行不得不增加货币的数量来应对市场的需要。温特劳布认为商品价格是劳动成本加成后得到的。假定劳动生产率逐渐提高并且保持稳定，如果名义工资率的相对增长率超过了平均劳动生产率的提高，导致的结果就是物价上升，社会名义收入也就增加，同时增加了货币需求。如果中央银行保持不变的货币供给而没有增加数量，就会导致利率上升、投资减少、真实收入下降和失业率上升，以使货币需求下降最终于低水平的收入达到均衡。这当然是中央银行，特别是政府所要避免看到的。因此，如果货币工资被外生决定，中央银行最多只能保证货币的充分供给，为充分就业和金融发展扫清障碍。中央银行作为金融系统的最后贷款人，必须通过贴现窗口来使金融部门偿付债务的能力得到保障。中央银行有时为了防止信贷紧缩，而弄巧成拙生出极为严重的债务紧缩问题，货币当局必须满足"交易需求"，这样才能保证整个金融系统的流动性充足，避免流动性不足。该观点表明，如果中央银行制定一个既定的利率水平并保持稳定，那么货币供给曲线的弹性就会无限大，即货币需求创造自己的货币供给，供给就能满足市场对货币的需求，货币供给曲线呈水平状态。

经济学家莫尔将上述理论纳入了自己的分析框架，并拓展了货币内生性分析。

（1）信用货币内生性供给。莫尔认为，可以把货币分成三类：信用货币、商品货币和政府货币。信用货币比如说商业银行发行的各种存款凭证，由商业银行的贷款发放形成，而这又取决于公众对贷款的需求和贷款的期限，具有内生性。

（2）基础货币内生。商业银行在发放每一笔贷款之前就已经定下了贷款的偿还日期，但是企业的生产是有周期的，有时候一个环节的减慢可能导致资金链来不及愈合，所以在还贷款的时候出现滞后现象，因此商业银行很难提前收回贷款。这时有的商业银行会选择出售手中的有价证券，或者将证券打包重组再次投放到市场上，只有政府证券的价格降低到一定程度从而使其收益率大于或等于商业银行现有的有价证券时，商业银行有利可图才会去购买，但这时利息一般会很高。所以，中央银行不能顺利地通过公开市场操作决定基础货币量。

（3）管理使基础货币自给。金融创新的出现，使商业银行可以直接在金融市场上筹集资金，不用像之前那样等待中央银行的高能货币注入。由于金融市场上的金融工具都由发行它的商业银行或者其他金融机构控制，而且几乎都不受中央银行直接监管，这就使商业银行对中央银行的依赖进一步减小了。

（4）银行角色转换传导的内生性。根据莫尔的理论，金融市场可以分成批发市场和零售市场，商业银行在批发市场筹集资金，然后在零售市场发放贷款。在批发市场上，商业银行负责接受贷款条件，决定贷款数量，而在零售市场上，商业银行则刚好相反。因此，公众在零售市场上对于资金的需求将通过商业银行予以满足，货币供给因而由货币需求决定。

罗西斯在《后凯恩斯货币主义经济学》一书中提出的货币内生理论可以如图 4-2 所示，直线 $S$ 是一条垂直的外生货币供给线，$S'$ 是水平的内生货币供给线，$D$ 是货币需求曲线，三条线的交点 $A$ 代表货币供给与需求的初始均衡点。当货币工资升高时，工资增长带动物价 $P$ 增长，经济繁荣，产量增加，实际收

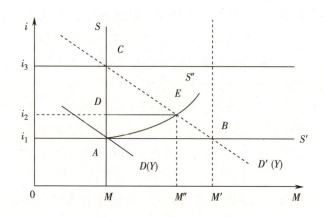

**图 4 – 2　罗西斯货币内生理论**

入水平增加，货币需求 $D$ 增加，$D$ 曲线外移到 $D'$，在外生货币理论中，如果想达到货币供给需求的平衡就必须提高利率到 $i_3$ 以满足货币缺口 $AB$，如果政府想维持现有的就业水平和产出水平就必须在 $i_1$ 上满足货币需求，也就是补足 $AB$ 的货币缺口，$S'$ 是一条水平的货币供给线，货币供给内生论产生。而罗西斯认为货币的供给曲线既不垂直，也不水平，它是一条具有正的利率弹性的向右上方倾斜的曲线。如果中央银行拒绝满足增加的货币需求，那么利率将上升为 $i_3$，这时货币流通速度就会加快，但是不太可能会大得足以弥补需求缺口 $AB$。这时在 $D'(Y)$ 上，高利率会导致投资减少，实际产出下降，名义收入 $Y$ 也会下降（$Y = P \times Q$），货币需求也会减少，如图 4 – 2 中的 $E$ 点。货币需求 $D'(Y)$ 与货币供给 $S''$ 在 $E$ 点再次相等，对应的利率为 $i_2$。可见，货币流通速度的加快使货币供给满足了货币需求，货币流通速度变动本身也说明了货币供给具有内生性。

　　总结：基于货币内生性理论研究，货币被分为信用货币、商品货币和政府货币，货币供给形成机制不同，它们在经济中的流动性特征就存在差异。这种流动性差异在金融信用膨胀和金融危机中，就表现为宏观的流动性变化。

## 4.2　后凯恩斯主义货币理论中的流动性研究

### 4.2.1　流动性偏好理论

　　凯恩斯认为任何时期的利率都是对放弃流动性的回报，利率是对持有货币的人放弃支配货币意愿强弱的一种度量指标。如果我们仅仅考虑两种资产——货币和债券，债券和货币相比流动性偏低，那么债券的利息就是对于它低流动性的补偿。罗宾逊则把流动性偏好理论更多地用于资产定价，不同形式的资产在不同的人看来会得到不同的结果，一般形式的财富的利率取决于两点，一是资产的供给，二是资产在不同流动性偏好者之间如何分配。不同形式的资产之间互相成为替代关系。卡尔恩在之后提出如果资产持有者认为债券和货币没有差别，那么就意味着它们的利率没有差别，并且长期的利率保持稳定。明斯基在之后的研究中表明，资产持有者在购买资产的同时也可以是发行债券的人，也就是说可以用信贷来弥补购买资产的能力。但这时必须注意两个问题，一是代理人的资产价值总量和债务价值总量；二是在债务到期时，代理人偿付的能力大小。

银行的流动性偏好是指银行在决定资产结构的时候必须要考虑资产的变现能力（流动性）和盈利能力。银行根据买入资产的多少，发行债务的多少来决定货币供给。当银行形成一笔贷款时相当于从公众手中买入资产并且创造了货币。银行的负债就是银行发行货币的多少，流动性很高，相比而言银行的资产流动性就很低。由于流动性上的牺牲，银行资产的收益率高于银行支付自己负债的利率，所以银行得以获利，这也可称做"流动性溢价"。银行可以将其金融资源投入到金融循环、产业循环等地方，在创造货币的同时，货币的可得性也会发生改变，所以银行对于这些决策必须小心谨慎。银行最为谨慎的资金安排往往和盈利最大的资金安排背道而驰，所以在不确定性很大的时候，银行偏好更多的超级储备的流动性，或者政府债券。

### 4.2.2 琼·罗宾逊的观点

1. 流动性偏好与资产定价

罗宾逊是从资产定价的角度理解货币流动性。非货币资产面临很多风险，比如房地产缺乏及时转手的兑现能力，也就是缺乏灵活性，资本本身的不确定性，收入的不稳定性，贷款方可能出现的违约风险等。这些风险都将影响资产定价，也就会影响利率。利率还取决于资产的供给和人们的流动性偏好。

2. 中央银行与货币供给

在货币供给的观点上，琼·罗宾逊一方面赞同中央银行能够控制货币供应，但是又认为这样做的效果不佳。中央银行对于货币供给调整的能力是有限的。因为在货币需求十分旺盛的时候，银行体系会试图逃脱中央银行的控制从而增发贷款，扩大货币供应，而且在中央银行直接监管的金融机构之外还存在着很多非银行金融机构，它们对于货币流通的贡献是不好计量的。琼·罗宾逊认为中央银行对货币供应的控制能力，在货币供应的增加和减少方面分布是不均匀的。中央银行增加货币供应的能力远远大于其减少货币供应的能力，也就是说，如果中央银行要增加货币供应量，它一般有能力达到目标；但要减少货币供应量，它未必有能力实现目标。这种控制力的差异不完全是中央银行本身的问题，客观的现实经济中增加货币供应的阻力较小，而减少货币供应障碍较大，且这些障碍不是中央银行能完全克服的，故中央银行在减少货币供应量方面的困难较多。

### 4.2.3 保罗·戴维森的观点

1. 对货币流动性的特殊解读

保罗·戴维森认为货币之所以能作为一种资产，是由于货币具有支付合约规定的到期债务的能力，这是货币流动性的根源所在。将货币的这种特征放在未来条件下考虑就形成了远期货币合约，远期合约越完备，资产货币就越安全。组织货币经济中的生产要以远期合约体系为基础，远期合约体系的广泛存在使得以未来的货币价值确定预期成为可能，并证实了资本主义生产的预期优势特征。后凯恩斯主义研究通货膨胀特别是持续性高通胀正是以通货膨胀对远期合约体系的影响、对记账货币定义的影响，以及对公众流动性偏好的影响所具有的含义为基础的。

2. 货币需求之融资动机

戴维森十分强调融资动机的重要，并认为融资动机是交易动机的重要组成部分，融资动机的提升会导致货币需求的加大，而且融资动机还会改变货币的流通速度。融资动机是指企业家决定进行投资并实际完成投资这一时间间隔内产生的货币需求。这种货币需求产生在实际投资之前，与其直接相关的是投资的计划多少，因为在进行投资之前，必须可以保证资金供给的可持续性和充足性，为了使投资抉择有效进行而事先准备好一笔资金。这种货币需求维持的时间不会长，但是这种为建设项目提供资金的"暂时性"的货币需求将会特别巨大，尤其在经济高涨期更是如此。预先投资的大幅增加造成了对投资货币需求数量的大幅增加，这个时候银行利率肯定会升高。希望这种资金需求在利率不升高的情况下得到满足几乎是不可能的。这正如凯恩斯所指出的那样："在企业家筹措资金的时候和实际进行投资的时刻之间，存在着一个空位期，在这个空位期，存在着对流动性的额外需求，但是却不存在着它的额外供应。"利息率上升，产业部门的实际产出下降，创造的工作岗位减少，失业率增加，市场经济不再高涨。在灵活偏好理论中加入融资性需求，意味着在存量货币中加入流量货币，这样就必然导致存量和流量的矛盾，利息率也会出现相应的波动和不可预见性。保罗·戴维森指出，在"融资动机"存在的情况下，IS – LM 模型是会变化的。因为由于"融资动机"的存在，投资增加会增加货币需求，这也就把商品市场和货币市场联系到了一起，IS 曲线和 LM 曲线也是相互影响的，当融资动机导致 IS 曲线移动时，LM 曲线也随之移动。

## 4.3 明斯基金融脆弱性理论

明斯基是后凯恩斯主义货币理论的重要代表，影响了 Randall. L. Wray 等很多后凯恩斯主义经济学家。

### 4.3.1 货币、金融与投资——明斯基的核心思想

凯恩斯通论中简述了投资在决定有效需求水平中的重要性。投资通过乘数效应来增加总收入，乘数的大小是边际储蓄倾向的倒数。投资的增加会导致收入和消费的增加直到新的储蓄总额和投资总额相等。当资本的边际收益率大于市场利率时，投资增加，通过乘数效应带来收入增加、产出增加和就业增加，直到资本的边际收益率和市场利率相等。① 凯恩斯的流动性偏好理论与乘数理论及有效需求理论是分不开的，只有那些使用劳动力生产的资本的边际收益率超过了货币的边际收益率，投资才有可能发生，通过乘数效应造成有效需求增加。

明斯基认为这种投资理论是不完整的，因为没有指出在一项资本的边际收益率超过货币的边际收益率时，投资究竟是怎样被资助的。明斯基认为投资主导经济但是金融影响投资，企业的投资多少直接影响到企业最后的利润高低，而资本主义经济中金融系统的特点就是资本的不断组合和扩张，进而尽享了投资的变化。投资是资本主义经济运转过程中至关重要的因素，而且投资与资本资产价格、金融市场结构与企业利润之间的关系决定了资本主义经济的周期性特点。对于未来利润如果有较高的预期，就会增加现期融资的总量并且提高融资的市场价格，如果这个"举起的较高的利润"得以顺利实现，那么在融资时签订的债务合同就可以如期兑现，金融业就呈现稳定并且欣欣向荣的态势，这也说明利润、投资和金融业稳定三者在本质上是紧紧相连的这一资本主义特征。

---

① 要真正读懂凯恩斯理论，必须要看看通论的第 17 章。

明斯基认为资本主义经济的特征之一是具有两套价格体系，一套是当前产出价格体系，另一套是资本资产价格体系。（1）资本资产价格体系是成本加上价格提高部分来决定商品价格，应用于投资、消费、政府支出和出口；（2）资本资产价格取决于预期资本利润以及金融资产未来价格的贴现后的价值，这个价值同时取决于市场经济状态和资产流动性。流动性可以保证金融资产变成现金的转化能力。

投资的水平大小也就是资本资产的多少，取决于资本资产的供给与需求的平衡。在现实的不稳定的经济环境之中，很多因素可能影响企业融资：企业本身的资产负债结构、获得外部投资的难易以及多少、获取投资的成本等。

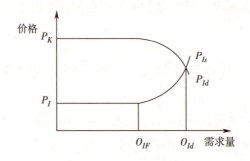

**图 4 – 3　投资金融理论**

如图 4 – 3 所示，$P_I$ 代表投资也就是资本资产的供给价格，$P_K$ 代表融资也就是资本资产的需求价格。生产资本的供给价格就是当前产出的物价水平，由劳动力、工资率、利率和技术等因素决定，当生产资本的供给全部来自于企业内部资金的时候，生产资本供给曲线是一条与横轴相平衡的直线，供给价格为 $P_I$，投资商品的数量是 $O_{IF}$；随着投资规模的不断扩大，企业内部资金不足以支付全部的投资花费，企业就会寻求外部资金，但是寻求外部资金会带来更多的成本，比如利率、融资管理费用等，贷款的风险也增大，所以随着投资的规模从 $O_{IF}$ 扩大到 $O_{Id}$，生产资本供给曲线向上弯曲。资本资产的需求价格主要取决于投资的未来获利的贴现值，一开始在内部融资的情况下，资本资产需求曲线也是一条和横轴平行的曲线。在加入外部融资的情况下，融资的规模越大，借款人面临的风险也越大，所以资本资产的需求价格就要加入一些借款人风险的补偿，需求曲线向下倾斜。此时人们已经将融资看做是一种债务融资。投资水平最终由资产资本的需求曲线和供给曲线的交点确定，其中也包含了借款人和融资者的风险。

明斯基（1960）指出政府的负债平衡表会影响私人部门的负债平衡表，一个政府扩大支出会使得私人部门扩张且不会使私人部门的负债平衡表更加脆弱，政府赤字会给私人的证券投资组合加上一层政府金库的保障，甚至是增加收益，而且就业和投资会成倍增加。一个健康的扩张会由于收入所得税的增加而使收益增加得更快，所以政府的预算会被改善（向着盈余的方向），私人部门的平衡会变差。

明斯基认为，今天投资的增加只是因为对于明天预期的增长，所以对于未来的投资决定了未来的收益。因为今天投资产生的收益是对于昨天投资的一种证实，对于未来的预期会影响我们能否兑现"昨天的"承诺。也就是说企业必须要想法在今天获得收益去兑现昨天对于今天收益的预期。通过把上述的两种价格联系在一起，任何降低资产预期收入的东西都会使得今天的资产需求价格低于供给价格，也会降低投资，降低今天的收益水平，以至于不能兑现昨天的预期。那些已经算在借款人和贷款人风险中的安全盈余事实上是不够的，需要修改。由于失望而产生的盈余增长，需求价格低于供给价格，投资减少，由于乘数作用，带来产出和收入减少。

## 4.3.2　金融脆弱性

明斯基在1957年先后发表在 American Economic Review 和 Quarterly Journal of Economics 的文章中论述了其关于金融不稳定性的观点："货币市场上的资金量出现通货膨胀的现象时，引发的后果就是家庭企业甚至银行的货币流动性降低了。"这也就是说最具有流动性的资产由银行业流了出来，进入到其他金融机构，所以银行系统流动性减弱了。另外，由于市场上流通着超过真实需要量的货币，资产的净值下降了，债务对资本的比率就上升了。由此就引发出货币市场资产的脆弱性下降，带给企业和家庭很大的冲击，有可能引发破产和流动性不足。明斯基还强调，由于资产净值下降，企业可能面临债务负担过重，这样企业的现金比率下降，可能减少了其借款的倾向，同时，银行也减小了发放贷款的倾向，那么市场上投资减少，不利于产业规模扩大和市场发展，经济怎能走向繁荣。因此，如果政府采用增多货币发行的方式来刺激经济，那么可能会得到适得其反的效果，因为企业资产负债表中的负债增加，银行很可能不愿意继续对企业放款，因为此时银行面临更大的风险。明斯基在 Quarterly Journal of Economics 上发表的文章中说，"金融内在的不稳定性使得一个产业的萎靡就会触发巨大的金融危机"，金融业的脆弱性也为危机爆发埋下了隐患。

### 4.3.3　阶段分析法和金融系统发展

明斯基采用了阶段分析法来介绍金融系统的发展，把它叫做货币管理者资本主义，"极大地寻求利益的组织者"，像是市场中的对冲基金。一系列的结构改变使得金融系统变得十分脆弱，最终结果就是不断产生的金融泡沫。对于实体经济的影响就是产出减少、失业率增加，使得经济金融系统陷入崩溃阶段。明斯基认为，战争后的经济繁荣并不是因为个体经营者活跃起来，而是由于制度约束，管理章程的效率极高，是大政府大银行起了作用。而且战争把低迷时期的债务都一扫而光，平衡了市场，随着时间推移，政府债务与 GDP 的比减小，但是个人债务比却增加了。新的制度改革者保证经济中金融比重较低，只是对生产部分起到支撑作用。所以战争后经济恢复迅猛发展，而且没有经济危机，但是稳定的同时不稳定因素也在滋长，这时期的经济健康发展为金融危机来临创造了可能。金融创新者总是违背规定，使得新的制度削弱，而系统逐渐走向衰弱。随着时间的增长我们看到金融部门逐渐增强，整个经济都走向金融化，现在金融业开始制定新的规则。图 4-4 表示出虽然金融行业占比在整体经济中比较稳定，但是金融行业收益的增长却非常迅速，在近些年中仅占 GDP 20% 的金融业却在年收益中的贡献超过了 40%。图 4-5 显示金融行业债务在 GDP 中的比重连年增加，增加了经济的不稳定性。

资料来源：美国经济分析局。

**图 4-4　金融行业占比**

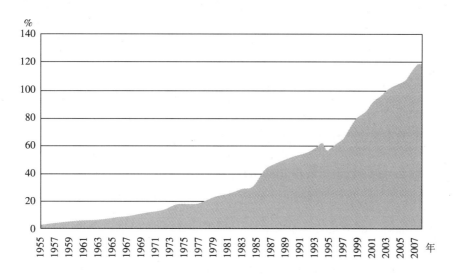

**图 4 - 5　金融行业债务**

### 4.3.4　明斯基货币金融理论的发展

明斯基的研究可以为当前金融危机的研究提供基本分析。所有从新古典主义经济学发展而来的经济思想都认为货币至少从长期看是中性的，然而在短期中，有各种各样的机制使得货币对于产出和相对价格产生作用。但是明斯基认为货币从来就不是中性的，在短期和长期都不是，阻止市场出清的主要因素就是政府干预。债务的出现形成了一系列需要被偿付的责任义务，但这个承诺作出的时候，债务双方没有一个人能确定这项负债最后一定会被清偿。如果一方不能履行合同中的支付条约，就会对另一个渴望得到支付的人产生压力，所以一项债务无法清偿就会像滚雪球一样越来越大，债权人手中持有各种坏账，且不能对自己的债务产生任何帮助。这种债务不兑付一旦蔓延，资产价值就会下降，因为每一项金融资产的价值就是他所被期望的现金流的大小。Irving Fisher把这种有债务不能支付产生的资产价格下降叫做"债务性通货紧缩"，明斯基和Fisher相信这也就是1930年大危机如此萧条的原因，他们认为大萧条产生的原因都是政策错误导致的，所以主流经济学的观点是不相关的，而且如果应用到现实经济中会产生更大伤害。

## 4.4 最新发展——Wray. L. Randall 货币理论中的流动性问题

Randall. Wray 教授[①]是美国当代后凯恩斯主义经济学的代表人物，对于货币理论、金融不稳定理论和金融危机研究有很重要的贡献。

### 4.4.1 流动性与货币借据的违约风险

现代货币都被称为是"法币"，就是法律规定发行的一种价值符号，本身并没有任何价值，也不是货币商品，而且国家也不承诺把货币兑换为贵金属。美元曾一度和黄金挂钩。政府发行法定货币只能给居民们一种有限的支付承诺，如果你给政府一美元，财政部只能给你提供"你持有一美元"这样一种承诺，但并不能把一美元兑换为黄金给你。每个国家都有一定的黄金储备，但是人们似乎都没想过要去政府拿着货币兑换成黄金。但是尽管这样，人们还是愿意接受这样一种有限的支付承诺，因为政府发行的法定货币，尤其是其中的高能货币部分是人们支付税收的主要形式，或者说是唯一形式。政府的法定货币并不是毫无意义的，你持有法定货币就可以支付税收，完成公民的税负义务，政府根据收上来的法定货币来进行基础设施建设、兴办教育等各种服务于公民的事情，在此过程中，这些货币又流回到民间，人们又再次获得了"支付承诺"。这样一种良性循环至少可以让国家在一个良好的轨道上进行。政府确实不能逼迫你用它发行的法定货币去偿还债务，但是却可以规定法定货币是支付税收的唯一途径。所以我们可以认为是税收让货币流通起来。一国政府先是创造出本国的货币单位，然后将其作为税负义务的唯一缴纳途径，人们就会想要持有这种货币单位，与此同时，一个国家的计价货币也就产生了。货币借据能否更好地被大众接受取决于它是否能够被兑换成国家的高能货币，尤其是随时可以按照一定的比率进行兑换，如果不能满足这个条件，那么这种货币借据的面额就不能被实现，不能随时随地满足这种转换就可能出现违约风险。如果一种货币借据被大众接受流转的程度越高，那么这种违约风险出现的可能性也就越小。流动性就是指一种资产可否顺利地、迅速地兑现，并且在价值上不受损失。一个

---

[①] 美国密苏里大学堪萨斯城校区经济学教授，充分就业与稳定价格研究中心主任，纽约列维经济研究所高级研究员，曾任美国制度主义思想协会主席和演化经济学协会董事，美国著名经济学家 Hyman P. Minsky 的学生，研究领域为货币理论与政策、宏观经济学、金融不稳定理论和就业问题。

国家发行的高能货币就是最具有流动性的资产，因为其他种类的资产都是为了能够更好地兑换成高能货币。公民持有高能货币是为了满足一般支付的需要，银行持有高能货币是为了满足持有银行借据的人随时想要兑换货币。银行的承诺还是相对值得信赖的，因为中央银行是金融系统的最终贷款人，此外还有存款保险的帮助。但是除了银行之外的借据并不一定都可以如期地兑现，也就是说这种借据的违约风险并不相同。一个金融机构发行的票据不能用来偿还自己的债务。银行借据的违约风险都很小，因为背后有政府作担保，还有中央银行的监管和帮助，所以人们都愿意接受银行的借据。银行不仅仅发行高能货币，而且也发行高风险的借据，这些借据里有的是借款人的票据或者是银行自己的票据，流动性往往很低，所以一般具有高利率。

这也可以理解为是对于流动性的放弃而获得的补偿。政府发行的高能货币是最具有流动性的资产，所以就没有利息，银行活期存款也具有很高的流动性，用于支付也很方便，所以利息也很低。但是在不确定性存在的情况下，资产的利息会不断调整，也就是资产的价格一直会变动，直到有人愿意持有为止，在这个点上应该是刚好满足了这个人的流动性偏好和预期收益。借据本身除了持有者可以用它们兑现货币之外，还可以在借据之间进行交换，但是这种交易不是总能实现的，而且一些家庭债务也不能在第三方之间流转，其实高能货币就是这些借据在市场上交易的媒介，是一种具有很高接受程度的货币借据。

### 4.4.2 Wray. L. Randall：全球金融失衡、金融脆弱性与流动性泛滥

传统经济学家坚信，只要我们排除掉政府的干扰，市场就会像一只看不见的手一样使市场中的供给与需求达到均衡；非主流经济学家则对这个问题不那么有信心。市场可能会不起作用，非均衡可能会持续，市场的力量可能没有那么有力，而在政府的看得见的手的指引下可能会将市场带向均衡。Wray 主要依照 Wynne Godley 的局部均衡分析，将其与 Innes，Knapp，Keynes，Lerner，Minsky 的现代货币理论相结合。Wray 认为存在的问题并不是金融不均衡而是一种全球的力量不均衡，金融业、资本经营者、美国和欧洲中心拥有太多权力。私有化的大规模发展，很少使用政府手段来达到公共目标。

学界普遍认为 2007 年美国次贷危机引起的全球金融危机是继大萧条以来最为严重的一次金融危机。普遍的看法认为此次金融危机的原因是非理性思想、非正当动机、贪婪的银行家和错误引导的政策。但是追随明斯基的几位经济学

家明显感到此次金融危机的原因是资本主义的基本缺陷。不值得惊讶的是自1970年开始的自由放任监管政策使得金融系统变得更易受到影响，而金融危机的影响力和持续时间都在加大。Wray的基本态度是，自20世纪30年代以来，金融业的不稳定性使得危机随时可能爆发，我们必须在恢复实体经济发展的同时加固整个金融系统。

（一）金融化以来金融系统脆弱的原因

1. 金融行业集中及向影子银行转变

从1970年开始制度框架的逐渐废除帮助了金融行业的集中，而且金融业的巨大发展一部分是因为小银行的退出和大银行的兴起。到2007年，在美国排名前4位的银行占所有银行资产总量的40%。另一项巨大转变就是金融系统的重心从银行转移到了市场，就是明斯基所说的管理货币。商业银行和储蓄机构变成金融部分中很小的组成部分，因为它们的相对比重都缩水了。2007年在美国机构投资者持有24万亿美元，占全部金融资产总和的38%，而银行的12万亿美元，仅占19%。

那些游离于金融管制之外的"影子银行"，包括投资银行、保险公司、对冲基金等，是通过银行贷款证券化促使信用无限扩张的一种形式，把传统的信贷关系证券化。20世纪六七十年代，银行业存款流失，信用下降的不景气现状使得政府放松了对金融体系的管制，鼓励金融创新，从而金融衍生品层出不穷，市场又繁荣起来。银行业自身又放松管制，也是为了和影子银行部门竞争，因为影子银行部门不受最低资本和存款准备金的约束。这些资产负债表外的东西在危机中至关重要，这些金融投资项目本身承受了巨大的风险，但是没有准备金作为保障，也没有得到合理化的金融监管，当危机来临时风险又回到银行业。影子银行是引发金融系统不稳定性的重要因素。

2. 银行贷款质量下降

银行是资本主义社会运行的核心，银行的负债和资产情况决定了社会金融结构的大框架。金融结构的脆弱主要由于银行贷款的质量造成的。如果银行总是风险经营，那么金融结构就很脆弱。资产证券化让资产的风险和责任分离，更加降低了银行贷款的质量，使得金融结构进一步恶化。很多银行变化的太多以至于不知道还能否把它们叫做银行，因为它们几乎没有保险，并且总是尝试把风险进行转嫁——把资产打包再卖出去。在过去20年里，美国有7000家商业银行，但是现在减少了一半。解除管制的规定更加加剧了银行集中的现象。银行兼并使得很少的几家银行领导者领导大多数的其他银行，使得金融业变得更加脆弱。

如果一个银行过多地关注抵押物而不是预期的现金流，一个脆弱的金融系统就产生了，因为贷款的质量主要就依赖资产的预期市场价值，银行发行的房屋贷款依靠抵押物的价格，更重要是依靠市场泡沫使得价格提升。商业和工业贷款从20%下降到10%，表明商业银行并不是很想把钱借给商业方面的需要者。商业贷款主要依靠未来现金流，而居民贷款正好和抵押物的价值相悖，依靠居民房屋贷款使得银行处于一个十分脆弱的境地。

3. 资产证券化和信用违约保险

有两项创新在系统变得脆弱的过程中十分重要——资产证券化和信用违约保险。银行把每一笔信贷重新打包资产证券化，并且用信贷违约保险保障这些新型资产的安全。这样就更加坚定了抵押物并不重要的思想。不同种类的保险，包括信贷违约保险，使得打包证券化的房屋信贷表面上看很安全以至于它们的价格上涨，在经济泡沫最高涨的时候房屋信贷打包的资产证券占大银行全部证券资产的70%，占小银行的50%。信贷违约保险在市场中成为一种保险产品，可以对抗风险，可以把它们分配给那些愿意承担风险的人，而风险厌恶者可以避开它们。但是Lewis于2009年就指出，信贷违约保险凭空增加了金融风险，最主要的是让那些持有者对于资产能否兑付并不关心，而持一种赌一把的态度。信贷违约保险是为了让公司的投资有所保障，但是增加了公司每一项资产的证券化程度，让它们看上去是受到了保险保障的，并且华尔街上的银行利用这种信贷违约保险来掩饰风险。由此产生的衍生品的数据是非常可观的。在2007年金融泡沫最严重的时候，摩根银行的金融衍生品占其所持资产的6072%，其他两大巨头美国银行和花旗银行则分别占2022%和2486%。这是非常重要的，因为在衍生品上的小额损失会使得一个银行垮台，衍生品并没有算在金融比率中，这就让银行有了回避风险的机会。但是银行事实上也面临着巨大的风险，因为这相当于它们把赌注放在了衍生品上。以AIG为例，在其倒闭的时候，其使用援助基金去偿还华尔街上银行的坏账。到目前为止，AIG有将近100亿美元的坏账拒绝兑付。

4. 实际工资停滞增长，不公平加剧

自20世纪70年代开始，实际工资就基本上不再增长，生产力收益一般流向收入分配的顶端行业。物价上涨但实际工资并没有增长使得居民开始举债消费。这在短期内刺激了家庭中的妇女走上工作岗位来弥补家用。贷款政策放松及房价上涨，使得很多人通过买房刺激了消费。银行将很多抵押权不足或者现金不足的资产重新打包重组推向市场——次级贷款出现了。经济中的大量人才涌入金融行业，实体经济缺乏人才，发展萎缩。人民生活中负债性消费不断增加，房地产泡沫加剧，脆弱的金融环境使得危机一触即发。

（二）从危机中吸取的教训

1. 大型银行、影子银行倒闭的背后

大量大型银行、影子银行倒闭是因为它们没有使用优质资产作为贷款的抵押，只是房地产的泡沫而已。违约率上升，银行业发现金融机构持有相同的无法兑付的劣质资产，银行决定拒绝延缓短期负债的付款并且停止贷款给其他人，金融业分层之后无法实现层与层之间的支持，大部分银行面临破产，但是财政部和美联储给予了一些主要大银行经济扶持。

2. 有效市场假说被推翻

有效市场假说定义了一个有效市场，在该市场内股票或者其他有价证券的价格已经反映了市场内的各种供求信息。显然现实中的市场并不是有效的，那些资产证券化重组形成的金融产品的价格被大大地高估了。在现实经济中，当一种资产的价格不断上升时，人们会很看好这种资产的未来发展，拥有资产的人就会大量地借出资产，并且期待未来资产的升值，此时这些贷款都被看做是良性的。如果此时银行不太确定资产未来是否会继续升值，那么它会用资产进行再融资或者将之直接出售，越来越多的人抛售资产，人们开始变得恐慌，感觉到高涨的资产价格可能仅仅是经济泡沫的重演，于是资产价格下降，银行破产，金融崩溃。

（三）政策

当经济泡沫破裂、经济危机开始蔓延时，似乎有共识要有一场有意义的变革，针对缺乏规章制度、缺乏监管及自律经营已经失败，必须要有一些彻底的改变来防止系统自身毁灭。在大多数人看来，经济已经度过了最危险的时候，并且朝着复原的轨道发展，但是大多数经济学家争辩道，现在是政府出来管理，并且减少其在金融领域中份额的时候，那些惧怕通货膨胀的人，政府会尽快提升利率，那些华尔街上非常渴望政府援助的人认为，政府过多的干扰是不能被接受的，事实上，除了大笔的经济援助外，政府并没有在这些企业经济恢复的时候起太多作用。在奥巴马总统上任之后的一年内，政府并没有对华尔街的复原作出任何举动。

Wray 认为这次危机还没有结束，但是这些大银行的收益增长，说明政策影响是起作用的，并且这些政策推动了兼并和集中。未来，我们可能会继续让银行参与到高风险的金融运作当中，我们不能准确地说这些银行在未来会产生收益，更重要的是它们持有数十亿美元的负债坏账并停止发放贷款，这些已经被报道出的收益主要是来自交易购买活动，事实上交易购买那些非实体的透明的资产是更容易获得收益的，就像是你有一笔负债我也有一笔负债，我们在一个高度膨胀的价格下互相购买彼此的债务就能彼此清偿，并获得巨大的收益，这也就是美国政府在 1980 年所做的。奥巴马政府希望华尔街能有自行复原的能力，但是通过这次危机我们清醒地意识到，让金融机构自行管理是高度具有风险性并且不合理的，一个渐进性的用来治理那些太大而不能倒的金融机构的政策可能会让每一个大型金融机构变成很多小的金融功能机构，太大而不能倒闭的金融机构不能在金融系统中存在，它们的管理太复杂，不能安全经营，不能在必要的时候自行偿还债务，并且让它们存在就相当于给了它们过多的权利——市场性的和政策性的权利。联邦存款保险公司应该通过现在这些银行在市场中的价值来决定哪些银行是没有清偿能力的。为帮助那些无法偿还债务的银行有以下两个办法：一是联邦存款保险公司在尽量少的花费下为这些大银行组织瘦身工作，最终减少它们对其他银行系统的影响。二是对资产证券化产品进行严格监管，并且建立起集中的衍生品清偿体系。那些资产证券的最初来源者必须要持有一部分资产，这样更能看清楚由房屋次级贷款打包形成的资产证券在金融系统中的地位和作用是怎样的，即使在今天，很多资产证券化的捍卫者仍然觉得它是一个非常好的分散风险的工具，因为它把风险分散给那些愿意承受的人身上，但是我们今天认识到那些愿意承受风险的人不一定是有能力承受风险的人。而且分散风险并没有把风险从系统中排除出去，事实上增加了金融风险。资产证券化应该被禁止，因为它把风险和责任分开了，导致了经济泡沫并最终是泡沫破裂。

Wray 认为一个比较简单的方法就是禁止银行使用信用违约保险，让银行承担风险，这样它们就更加有动力来为它们收买的产品提供保障。信用违约保险使得借出钱的人在任何情况下都会被支付，即使是在借款人无力偿还的时候，因此，银行对于借款人有没有信用不再关心。

2010 年奥巴马政府颁布了新的法规来阻止银行运作对冲基金，私人对等基金或参与到所有人交易当中，限制金融机构的活动范围就可以使它们防止缩水。这是朝着一个正确的方向进行，但是却并没有起到作用。所有银行和联邦储蓄系统，联邦存款保险公司之间的交易活动都应该被禁止。银行应该做的就是回归到它们最本质的位置——发放贷款上去，持有资产证券直到它们成熟，它们应该放出去 5 美元，去拿政府保障的 95 美元做博弈，它们唯一的公共目的就是为企业提供财力支持并承担责任。银行应该使业务范围专一化和运营规模特性化。业务功能应该同商业性房地产抵押贷款拉开距离，其他的金融机构（没有获得政府资金支持的）可以来经营这些业务。

对于那些将参与交易的机构，包括投资银行，为了促进更可靠的担保机制，我们要改变它们的激励结构。债务被证券化，并且监管松懈，股票平均持有不到一年，整个股票市场资本、资产、资金是流出的（因为企业被卷入赌场，它们购买自己的股权，来分享投机泡沫的收益），在这种情况下，很难使投资银行适应一个长期来看适当的担保标准。然而，这样做是很有必要的。投资银行的经理和交易员的补偿应该是基于长期的经营成果。例如，补偿与五年的收入流量有关，万一亏损，补偿需要扣回以填补亏损。最终，投资银行将会调整自己以更好地适应中介的角色，持有长期债务，把自己的债务发行给储蓄者。那些试图提高资本比率的努力，例如巴塞尔协议中的托管行为，并不能提供必要的纪律——负责分配的投资银行无论怎样都不会把有关资产计入账册。

## 4.5　基于明斯基的金融不稳定假说和杠杆周期的模型：金融脆弱性和流动性为什么愈加重要

Goodhart（2011）基于明斯基金融不稳定理论建立一个模型。Goodhart 认为 2007 年的金融危机使一个关注信用周期的理论变得清晰明朗，这个理论认为纯信用扩张将导致经济扩张，而信用紧缩将导致衰退，如果这样的状况持续下去，将会导致萧条。这一理论的先驱是欧文·费雪（Irving Fisher），他在 1933 年的文章中，对大萧条的原因提出了债务—萧条理论；他的分析是基于过度负债和紧缩两条基本的原则之上的。他认为过度负债在将来可能会导致紧缩并进一步引起受担保债务的偿还，债务在名义上是恒定的，但是用来担保债务的担保物的价值则随着相关市场供求的变化而变化。

后来，有大量的论文运用上述理论来分析担保物约束对于借贷，生产甚至金融稳定性的影响。Bernanke 和 Gertler（1989）假定信息严重不对称，故企业只能得到全额担保的贷款的假定下，做了一个抵押品驱动信用约束的模型；在这样的条件下，公司资产的价值至少是大于等于贷款的价值的。由于有资产和资本缺乏这样的重要假设，因此当企业资产价值面临减值压力时，给企业的贷款也会减少。这就需要一个金融溢价，它需要在相关资产价格降低时增加；反过来，资本成本的增加将导致投资和资本使用量的降低，并导致 GDP 的降低。Mendoza（2006，2010）和 Smith（2006）提出了经济急剧下降的债务——通货紧缩理论。Geanakoplos（2003，2008），Fostel 向公众展示了关于经济前景的不良消息是怎样导致抵押品价格的降低，又是怎样导致了流动性的枯竭和紧急销售的经济效应的。Gromb、Vayanos（2002）、Brunnermeier 和 Pedersen（2009）展示了代理商借款量，即资金流动性和资产价格，即市场流动性之间是怎样相互影响的，也展示了一个突然的流动性冲击怎样导致急售现象的出现和整个市场的破坏。另外的一些文章，包括 Shleifer 和 Vishny，Kiyotaki、Moore 和 Xiong（2001），Morris 和 Shin（2004），模拟由于不利的产量和资金冲击导致的减价出售，以此来验证债务——紧缩对于资产价格的影响是如何导致损失和金融不稳定的；Adrian 和 Shin（2009）则经验性地验证了这一渠道对于金融机构的重要性。

Goodhart 探讨的主要问题是高杠杆率是否意味着更高的风险承担。Goodhart 的主题类似于明斯基的金融不稳定假设（1992）。假设的第二定理①认为在持续的繁荣和对于未来的乐观主义作用下，金融机构会更多地在更具风险性的资产上进行投资，这使得当面临违约时，经济系统会更加脆弱；Goodhart 的发现和明斯基的观点相一致。在周期中的预期是过度杠杆和投资高风险项目的主要驱动力，当代理商观察到良好的现实状况时，他们会提高他们的预期。不仅金融机构，他们的债权人也都是贝叶斯定理的学习者并且知道随着时间变化投资组合面临的真正风险；信息是不完全对称的，对于好的或坏的结果的实际概率，他们都只具备不完全的信息；因此，在一段时间的优良回报之后，更具风险性的项目会更能吸引金融机构的注意，这促使他们增加借债来扩展他们的资产负债表。由于债权人的观点同样使得经济预期提高，故而他们也希望在低利率时放款，这也使得一旦出现坏的经济状况，违约和经济的不稳定性都会变得更加严重。总的来说，Goodhart 通过把学习和风险承担行为联系起来的方式来研究具有路径依赖性质的杠杆对于金融稳定性的影响。

Goodhart 也研究银行业竞争对于风险承担行为的影响。受 Bhaattacharya et al.（2007）的影响，Goodhart 假设金融机构为了从投资者那里取得资金而竞争，

① 我们并未谈到他的第一条定理，这条定理说："经济系统有自身的融资体制，在这一体制下，经济系统是稳定的，而融资体制自身却是不稳定的……此外，如果一个经济体中有大量投机性金融需求，那么这一经济体处于通货膨胀的状态，当局试图用货币约束的方式来去除通胀……这可能导致资产价值大跌。"这条理论和 Fisher 债务——通缩理论紧密相连。Lin et al.（2010）检验了货币政策的债务——通缩效应对抵押物价值，违约和总产出的影响。

投资者则关注他们的相对表现。Goodhart 得出的结论是，在短时间内，预期收益的提高会使得金融机构重新考虑他们的投资组合并更多地投向更具风险性的组合，伴随这种做法的是更高的预期利润。预期渠道在 Goodhart 的分析中更加显著。Goodhart 的研究也在一定程度上解释了在 2007 年的金融危机之前，金融机构为何会如此迅速地扩张他们的资产负债表，原因可能在于经营激励，或者是源于对于名誉的考虑和通向资本市场的途径。

Cogley 和 Sargent 用类似的模型，通过模拟因大萧条而导致的长期的悲观情绪，来对股票溢价之谜作出解释；同时他们也考虑到了，代理商对在不同经济状况下的交易的可能性的信息是不完全的。Boz 和 Mendoza（2010）也作出一个模型，在这个模型中，代理商会不断地调整他们对于杠杆约束的预期，而且这样的预期在将来极有可能成真；他们也验证了借贷约束和错误的风险订价之间的相互影响关系。低借贷约束的持续导致人们对于这种状况的乐观的预期，也导致了对风险的过低订价、过高的杠杆和抵押品价值的过度膨胀，一旦紧约束到来，市场状况则急速下降。

在 Goodhart 的模型当中，借贷体制是内生性的，它取决于金融机构投资项目的意愿和债权人为扩大信贷而索要的利率的高低；而利率又内生于对于未来信贷风险的预期，项目的收益却并不经常变化，变化的只是对于未来良好状况可能性的主观信念罢了。这使得 Goodhart 能够方便地检测银行投资组合从较安全的资产向高风险资产的转变，也有利于对识别杠杆周期的方法的评估。通过 Goodhart 的方法得出的启示，和那些讨论一旦出现不良冲击时将出现降价销售文章的结论是相同的，违约会大量出现，金融系统会变得脆弱。从某种意义上讲，Goodhart 强烈认为是主观的预期导致了过度的杠杆，并且在情况变得糟糕时，加剧金融的不稳定性。并不是坏消息损害了系统的弹性，而是长期的繁荣使得坏消息的负面影响变得如此之强大[①]，这对政策响应具有重要的指示性意义。正如 Goodhart 指出的那样，严格控制杠杆和保证金并不足以使整个系统稳定，金融机构会通过将资金从安全的项目向高风险项目转移来达到这些控制要求，债权人对它们的惩罚也达不到预期的力度，因为在这一过程中，债权人自己的预期也膨胀了起来。这也正是通常使用的，如 VIX 和 TED 之类的措施不能在危机到来之前成功进行预测的深层次的原因，这些措施对流行预期过于敏感。鉴于当人

---

① Acharya 和 Viswanathan（2010）也强烈认为在经济状况良好时期杠杆的增加使得不良冲击——因为减价销售而具有极大的破坏性。在这篇文章中，我们讨论杠杆的上升只是问题的一个方面。由于普遍流行的乐观情绪造成高风险资产的增持和更高的杠杆才是灾难性事件背后的主要原因。

们的预期上升时，项目的相对风险的大小基本上是确定的，而一个能较好地侦测投资组合转向高风险项目的措施，在侦测信用周期时也会更加有效。

Goodhart 建立了一系列的指标来刻画商业周期，主要关心的是这些指标能不能在每一个时点都具有良好的预测能力。实业界和学术界的评论家的共识表明，商业和金融周期并不一定是同步的。在衰退之前通常会有借贷标准的紧缩 [Lown 和 Morgan（2006）]。Asea 和 Blomberg（1998）发现了借贷顺周期的经验主义的证据，并且认为贷款标准的周期对于解释总体经济运动具有非常重要的意义。一个衡量信贷周期的方法是联邦储备系统的高级贷款专员意见调查制作的银行贷款业务指数，美联储的格兰杰贷款标准指数的变化导致产量、贷款和联邦基金利率的变化，但是宏观经济变量却不能成功地解释银行贷款业务指数的变化 [Lown 和 Morgan（2006）]；因此找到能够预测银行贷款业务指数变化的变量就显得非常重要了（或找到其他刻画信用周期的指标）。

Goodhart 论证在长时期的繁荣和对未来前景的乐观情绪之后，金融机构会更多投资高风险的资产，当违约出现时，这种行为可能导致经济系统变得脆弱。明斯基的分析可以用来识别杠杆周期中的这一关键点。特别地，Goodhart 构建了一个理论模型来突出可以用来建立这样一个指数的变量，在 Goodhart 的框架中，由于良好状况的出现，预期变得更加乐观，银行开始投资高风险的项目并扩大它们的杠杆。尽管在一个更具风险的投资组合下，违约损失率提高了，但是由于期望效应占据主导，预期违约和信用利差却降低了；这表明不仅信贷增长，投资组合向高风险项目的转变也应当与事前较低的风险补贴相结合，以用来识别杠杆周期中的关键点。

在这个识别策略中一个重要的因素是预期的形成；对于经验性的工作，捕捉随时变化的好坏状况转变概率的效率是模型选择的一个要点。一个可被检验的推测是，随着人们变得更为乐观，金融系统的风险性也会增大；另外一个是对于相对表现效应的经验性检验，这是说，当银行为了更高的预期收益而与其他银行展开激烈的竞争时，只有在一些好消息实现后它们才会转向投资风险较大的项目。这给下面的一个说法提供了一些证据，这个说法是：不仅信贷，金融部门的结构和竞争行为的水平都会加剧杠杆周期。

把银行投资组合或者金融部门的风险性作为一个整体，以此衡量它们对于对杠杆周期的影响，这并不是一件简单的工作。正如本文所说，由于预期变得更加乐观，银行在一段时期的良好状况出现后会有更多的冒险性行为。一般所使用的描述风险形成的措施，如银行资产或信贷利差的易变性等，都由于乐观的预期而没能达到预期的效果。显然，由波动指数来衡量的市场变动性在金融危机出现之前是低于其长期趋势的；泰德利差，即银行之间同业拆借利率和短期美国政府债券利率的差异也存在同样的问题。

Goodhart 建议的指标是低风险投资组合单位杠杆和高风险投资组合单位杠杆的差异。一旦预期变得更为乐观，高风险的项目看起来也不那么具有风险性了；对于低风险的项目也同样如此，它们的风险会被更加低估。尽管两类投资组合的绝对风险都降低了，它们的次序依旧不变。

考虑巴塞尔协议 II 定义的风险加权投资的例子，在巴塞尔协议 II 框架下，风险加权遵循内部率的路径并且随着周期的变动而变动。正如前面提到的那样，关于顺周期性的文章说，就像经验性数据描述的那样，在经济状况良好时期，所有的风险加权都下降了。因此，当银行将它们的投资转向先前被认为具有高风险的投资组合时，风险加权投资的实际增长并没有达到它们应有的增长水平。一旦将 Goodhart 项目或高或低的风险权重考虑进来，这个问题就消失了，因为风险权重的排名是不变的。最终，Goodhart 通过杠杆来实现正常化，因为正是债务的违约导致了金融危机、信贷紧缩和强制清算，而强制清算又会导致急售外部性。

## 4.6 结论

Goodhart 认为预期投资机会的风险状况是在不断变化的，金融代理人是贝叶斯的追随者，并且通过观察过去良好情况出现的序列来调整他们对于未来良好情况出现的预期。在一段长时期的好消息之后，预期会上调，金融机构发现把投资组合转向平均风险更大的项目是有利可图的，但是会承诺更高的预期收益。债权人愿意为他们提供资金，因为他们的预期也上调了。结果是，杠杆上升了，风险利差下降了，银行的投资组合中包含了更高风险的项目；当坏消息成为现实的时候，违约增加了且对于金融不稳定性的影响也变得更为严重。

Goodhart 也对银行为了更高的一起收益而采取的更加激烈的竞争行为的影响做了探讨，Goodhart 证明了与银行没有测量性考虑时相比，它们会更快地转向风险较高的投资组合；这一通道会因为借贷成本的上升而缓和，因为债权人会理性地预期到这样的行为。

此外，Goodhart 考虑了不同应对政策的效率。让违约的成本大量增加可以使杠杆周期变得更加稳定，然而这需要考虑两个问题：管理惩罚有多重，以及政策是否可以影响基于市场的惩罚，比如说名誉的损毁。另一个可选的方法是约束杠杆，或者采取等同的方法——在经济状况良好时期规定一个头寸的最低水平。Goodhart 说明了这样的应对措施并不能达到想要的结果，因为银行会把低风险项目的资金转向高风险项目；由于总体的乐观预期，信贷市场也会容忍这样的行为。Goodhart 提出了另外一种监管应对，这种方法要求在经济状况良好时期限制低风险投资组合单位杠杆和高风险投资组合单位杠杆的差异；这一方法的优势在于它不会过分偏向于乐观的预期。尽管高风险资产和低风险资产的总体风险水平都是降低的，但是它们的平均相对风险水平是不变的。

基于以上研究，本章得到以下结论：

第一，后凯恩斯主义货币金融理论通过历史研究，提出货币内生说。基于宏观经济的投资和融资关系，阐述了不确定性深深存在于资本主义经济制度中，因此存在金融不稳定的机制，实体经济的不确定和金融不稳定决定了存在流动性偏好，那么货币就存在储藏功能，这种情况随着经济金融化的深化，宏观流动性问题就越发显著。经济金融化发展是金融机构和金融市场投资主体的行为对社会信用总量变化有决定的影响，其基于实际的和非实际因素变化，而作出的流动性决策对社会信用总规模和结构产生重大影响时，宏观经济就表现出金融和经济的不稳定，而宏观流动性风险就是金融不稳定的初期重要表现。

第二，政府也是造成经济不确定的重要来源，除了资本主义经济本身存在内在不稳定机制外。就宏观流动性问题来讲，财政部的负债政策和中央银行的货币政策对以市场信用为支撑的金融信用，也产生重大影响，使宏观流动性问题变得更为复杂。

第三，以上理论认识，被 WRAY 成功地运用到国际货币金融问题的研究上。总体来说，后凯恩斯主义的货币金融理论为宏观流动性问题的研究提供了可信的理论支撑，但是在实际测度和具体措施研究方面，还比较缺少可行的建议。

（本章作者：李宝伟、张云、陈瑞华、宋佩珏）

# 5　新古典经济学的流动性
冲击模型和发展

美国 2008 年金融危机后，主流的新古典理论为了给发达国家普遍实施的量化宽松货币政策奠定理论基础做了很多努力，其中主要的研究方向就是将流动性概念带入了学术研究的前沿。如果流动性约束是此次危机的主要动因，那么就有理由认为，只要实施量化宽松货币政策，向市场大力注入流动性就可以解决流动性约束，从而促进经济的恢复，从这个逻辑上看量化宽松货币政策就是有坚实理论基础的。但量化宽松货币政策的理论基础仅仅依靠文字的逻辑表述是有失严谨的，必须建立严格的数理模型来进行分析。本章模型中我们拓展了 Kiyotaki 和 Moore（2003）构建的流动性冲击模型，建立了涵盖金融部门、流动性约束和经济波动的完整模型，为量化宽松货币政策的理论基础奠定严格的数理模型基础。这也是本书在新古典流动性理论中的第一个论题。

## 5.1　流动性冲击导致经济波动模型的简单分析

学术界目前对于量化宽松货币政策的一个基础认识如下：量化宽松货币政策主要是释放流动性的，所以如果流动性是导致金融危机和经济波动的主要原因，那么量化宽松货币政策释放流动性从逻辑上就是有坚实基础的。对于流动性约束导致经济波动的模型，主流的理论框架是有严格的学理讨论的，代表人物有 Kiyotaki、Moore、Jermann 等。主流学者构建的模型中有个核心的逻辑，即流动性冲击假设。他们认为资产市场流动性的突然下降（这可能和经济基本面的变化没有必然联系），导致了股票价格的下降，在一个代表性企业在投资上面临金融约束即流动性约束的世界里，这种股票价格的下降减少了一个公司通过发行股票或者是利用股票做抵押借款所能筹集到的投资基金，如此一来，引发投资下降、产出下降继而经济衰退。但是他们的模型中没有涉及流动性约束的具体形成机制，并没有涵盖具体的金融部门，所以本章我们将重新构建这一完整模型并对模型进行定量分析。

　　自 2008 年金融危机之后，流动性冲击引致的金融摩擦在宏观经济模型中变得十分普遍。这个流动性冲击的假设直观上的吸引力部分来源于投资和资产价格之间的联系，这与当下的经济周期十分吻合。图 5-1 描述了美国 1999~2011年一系列股票价格指数和投资的时间序列。该序列是季度数据与趋势值之间的百分比偏差，在图形中笔者使用 "dev" 表示。可以清楚地看到，美国的投资和股票价格的变动十分相近。更重要的是，股票价格在经济周期上领先于投资一个到两个周期，这种超前—滞后的结构意味着流动性冲击可能通过资产价格来影响投资。

　　这种理论范式的流行，除了该流动性冲击符合直觉之外，还有一个重要的方面就是流动性约束有着非常直接的政策影响。如果流动性约束引起资产价格波动是导致经济周期的原因之一，那么政府可以通过反周期的供应流动性资产（比如量化宽松货币政策）来减弱经济周期。特别是在衰退的时候，政府通过非常规货币政策注入流动性来支持资产价格，可以防止商业投资的急剧恶化，从而稳定经济。也就是说，此时采用量化宽松的货币政策来预防经济恶化是非常有必要的，这就为量化宽松的货币政策奠定了坚实的理论基础。

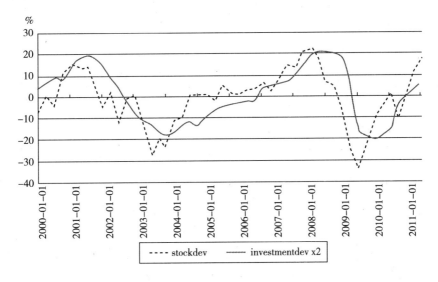

**图 5-1　美国资产价格和实际投资与趋势的偏离**

　　考虑到流动性冲击假定直觉上的吸引力和直接的政策影响内涵，我们认为构建量化宽松货币政策理论模型基础的着力点就应该放在这个假设上，即准确而清楚地估计这种假设是十分重要的。具体而言，本书在这里借鉴了由 Kiyotaki

和 Moore 构建的这个假说的版本（2003，后面简称为 KM 模型），KM 模型展示了两个处于中心股票市场的摩擦：一个摩擦是难以发行新的股票，一个公司至多可以发行新股票占到投资的比例为 $\theta \in (0,1)$；另一个摩擦是这种股票缺乏重新出售的可能性，也就是说在给定的时期现存股票只有 $\phi \in (0,1)$ 的比例可以重新出售。KM 模型将流动性冲击作为一个在股票重新出售的可能性 $\phi$ 上外生并没有预测到的变化来建立模型。

本书在这里加入了一系列因素重新构建了 KM 模型，并且假定每个代表性家庭都由许多在市场上从事不同任务的成员组成，在保留 KM 模型中的两种股票市场流动性摩擦的同时，这个代表性大家庭的构建在两个方面显著地简化了分析：首先，它允许使用代表性家庭，这导致了家庭决策的简单加总，相比较之下，在 KM 模型中只有在对数偏好的情况下加总才是容易处理的；其次，这种重建使得我们可以将个体家庭的决策作为动态规划问题，而不是 KM 模型中的序列均衡问题。动态规划会建立一个递归竞争均衡，这有利于分析和模拟流动性冲击在随机动态环境中如何起作用。

由于是动态随机模型，所以我们在构建完成之后对这个模型进行校准来定量估计流动性冲击的效果。校准后的模型显示强烈而持久的负面流动性冲击会导致总量投资、就业和产出大量而持久的衰减。充分表明了流动性冲击确实对经济波动有持续的影响。

## 5.2　KM 拓展模型的构建以及均衡的定义

### 5.2.1　模型的具体假设和环境

考虑一个无限期并且离散时间的经济。该经济由一个连续的家庭组成，其长度为 1。每个家庭都有一单位的成员。在每一期的开始，一个家庭中的所有成员都是相同的并且共享家庭的资产。在这一期当中家庭成员彼此分离，并且每个家庭成员受到的冲击决定了家庭成员在该期的角色。每个家庭成员成为企业家的概率为 $\pi \in (0,1)$，而成为工人的概率为 $1-\pi$。这些冲击对于家庭成员来说是独立同分布的，与时间无关。企业家有投资项目但是没有劳动禀赋，而工人有一单位的劳动禀赋但是没有投资项目。家庭成员偏好被加总并且由如下的效用方程来代表。

$$E_0 \sum_{t=0}^{\infty} \beta^t \left\{ \pi u(c_t^e) + (1-\pi) \left[ U(c_t^w) - h(l_t) \right] \right\}, \beta \in (0,1)$$

在此，预期受到 $(A, \phi)$ 的总冲击的影响，该冲击将会在下文中进行介绍。变量 $c_t^e$ 代表单个企业家的消费，$c_t^w$ 代表单个工人的消费，$l_t$ 代表单个工人的劳动供给。函数 $u, U, h$ 被假定具有标准特性。家庭部门通过选择每个成员的行为和实施这些选择来实现上述效用函数的最大化。由于个体之间存在事后异质性，这种大的家庭部门结构有利于加总。

这里需要描述一下经济当中的技术水平以及在任何时期 $t$ 内事件的时间安排。代表时间的脚标 $t$ 将被隐藏，而 $t \pm j$ 期的变量的脚标为 $\pm j$。一个时期被分为四个阶段：家庭部门决策、生产、投资和消费。在家庭部门决策的阶段，家庭部门的所有成员共同经营他们的资产。当 $(A, \phi)$ 的总冲击实现的时候，家庭部门持有（物质）资本 $k$，股票债券 $s$ 和流动性资产 $b$。家庭部门拥有资本并且将在第二阶段将其借给企业去生产消费品。在此要求每一单位的资本要么向外借出，要么家庭持有。因此，家庭在股本上拥有多元化的股票债券投资组合。这个模型中流动性资产为政府债券。因为在这个阶段家庭中的所有成员都是相同的，家庭部门要在所有的成员之间均分。家庭部门同样要给每一个成员关于选择的说明，这取决于他们在第二阶段选择成为企业家还是工人。对于一个企业家而言，家庭将指示他在这一期期末的时候消费 $c^e$ 的数量，投资 $i$，并且持有股票和流动性资产的投资组合 $(s_{+1}^e, b_{+1}^e)$。对于一个工人来说，家庭部门将会指示他在这一期期末的时候消费 $c^w$ 的数量，供给劳动 $l$，并且持有投资组合 $(s_{+1}^w, b_{+1}^w)$。收到这些信息之后，家庭成员将会进入市场，并且彼此分离直到下一个时期开始的时候。

在生产阶段开始的时候，每一个家庭成员都接受冲击并且决定是否成为一个企业家或者是工人。竞争性厂商从家庭部门租用资本并且向工人雇佣劳动力，根据 $y = AF(k^D, l^D)$ 来生产消费品，其中角标 $D$ 代表需求。生产函数具有边际产出递减和规模报酬不变的特征。全要素生产率 $A$ 遵循马尔科夫过程。在生产过程之后，工人获得工资收入，持有股票债券的个体会获得资本回报收入。然后现存资本的 $(1 - \sigma)$ 的比例贬值，其中 $\sigma \in (0, 1)$。并且现存的股票债券通过比例 $\sigma$ 进行调整。

这一时期的第三个阶段是投资阶段，其中企业家寻求融资和承担投资项目。为了简化，笔者假定所有的投资项目是相同的并且每一个投资项目都可以将 $i > 0$ 单位的消费品转换为 $i$ 单位的新资本，并且加入到下一期的股本当中去。在这一阶段，资本市场和商品市场都是开放的。个体将资产投入到金融的新投资当中并且获得持有资产的投资组合，正如先前由家庭部门指示的那样。

在这一期的最后一个阶段，工人消费 $c^w$，企业家消费 $c^e$。然后，个体返回家庭部门，在下一期开始的时候到达。

正如由 KM 模型所强调的那样，在股票市场当中存在两种摩擦。第一种摩擦是企业家至多能够以投资的 $\theta \in (0,1)$ 的比例在市场中发行股票。新投资剩余的股票是由企业家的家庭部门持有的。第二种摩擦是个体在一期当中至多只可以出售比例为 $\phi \in (0,1)$ 的现存股票。我们可以明确地指定这些资产市场中的障碍来内生性地生成这些限制。然而作为第一轮，我们将 $\theta$ 和 $\phi$ 视为外生给定，正如 KM 模型所做的。同样根据 KM 模型，本书也重点关注股票的可重新出售性 $\phi$，并假定 $\phi$ 遵循马尔科夫过程，而 $\theta$ 为固定的。对 $\phi$ 的冲击解释为对股票流动性的冲击。

这种资产市场摩擦意味着对企业家在期末持有的股票设定了较低的限制。由于对于新股票发行的限制，企业家必须在由他投资形成的新资本上保留 $(1-\theta)i$ 的债权。除此之外，在资本贬值之后，企业家对现存资本有 $\sigma s$ 的债权。因此，企业家在期末持有的股票 $s^e_{+1}$ 必须满足如下的股票流动性约束：

$$s^e_{+1} \geq (1-\theta)i + (1-\phi)\sigma s \qquad (1)$$

因为公式（1）是具有约束力的，所以企业家面临紧的预算借入限制。我们注意到，借入约束因家庭成员在一期当中彼此暂时分离而加强。这种分离保证了家庭部门在投资阶段不能将基金从工人转移到企业家从而规避掉企业家的流动性约束。这种暂时分离的作用类似于文献当中的限制参与，如卢卡斯（1990）。

政府政策被设定较为简单。在每一期，政府花费平均到每个家庭为 $g$，赎回所有到期的债券，并且向每个家庭发行数量为 $B$ 的新实际债券，其中 $g$ 和 $B$ 为正常数。政府向每个家庭收取一次性总赋税 $\tau$ 来平衡每一期的预算（如果 $\tau < 0$，它们被转移到家庭部门）。用 $p_b$ 代表债券的价格。那么政府部门的预算约束为

$$g = \tau + (p^b - 1)B \qquad (2)$$

### 5.2.2 家庭部门的预算约束

在一期当中，家庭部门为每一个企业家选择 $(i, c^e, s^e_{+1}, b^e_{+1})$，为每一个工人选择 $(l, c^w, s^w_{+1}, s^w_{+1})$。除了流动性约束以外，家庭部门还面临每一个成员的资源约束，对于企业家来说，资源约束是

$$rs + (b - p_b b^e_{+1}) + q(i + \sigma s - s^e_{+1}) \geq i + c^e + \tau \qquad (3)$$

其中，$r$ 是资本的回报率，而 $q$ 是以消费品度量的股票债券的价格。该约束的解释如下：一个企业家有三种项目支出，即消费 $c^e$、投资 $i$ 和纳税义务 $\tau$。企业家有三类基金来源来平衡这些财政支出。第一项是资本的回报收入 $rs$。第二项是从交易流动性资产当中获得的净收入（$b - p_b b_{+1}^e$），这是由从回购到期债券中获得的收益减去购买新债券的数量得到的。第三项是从交易股票中得到的净收入。在这一期中，资本贬值之后，企业家持有现存股票 $\sigma s$ 的债券。企业家的投资创造了 $i$ 单位的新资本。对于每一单位的新资本都有一个债权，要么就出售给其他的家庭，要么就由企业家保留给自己的家庭。因此，企业家总共持有的股票债券为（$i + \sigma s$）。因为企业家在这一期末必须要持有 $s_{+1}^e$ 的债券，剩余的要出售给市场。因此企业家从交易股票债券中获得的净收入为 $q(i + \sigma s - s_{+1}^e)$。

本章所关注的经济的流动性约束由公式（1）给出。在这种情况下，因为企业家在金融投资上的能力受到约束，企业家将会积极地在期末将他持有的股票降到由流动性约束的最低限度，并且持有的流动性资产为零。也就是说，$s_{+1}^e$ 符合公式（1）关于股票的约束，而 $b_{+1}^e = 0$。将这些数量（$s_{+1}^e, b_{+1}^e$）代入到企业家的资源约束公式（3）当中去，可以得到如下的企业家融资约束：

$$(r + \phi\sigma q)s + b - \tau \geq c^e + (1 - \theta q)i \qquad (4)$$

这种融资约束揭示了两个特点。第一，股票的可重新出售性增加了企业家的金融投资能力。第二，企业家对于每一单位的投资的"首付"为 $(1 - \theta q)$，因为企业家可以通过在市场上发行股票来筹集数量 $\theta q$。注意到企业家在资源约束即公式（3）约束下持有股票，假如企业家的边际消费效用是严格正的。因此，当且仅当合并后的公式（4）是具有约束力的情况下，企业家流动性约束即公式（3）才是有约束力的。

除了工人有劳动收入且没有投资项目以外，一个工人面临的资源约束类似于公式（3）。用 $w$ 表示实际工资率，那么约束为

$$rs + wl + q(\sigma s - s_{+1}^w) + (b - p_b b_{+1}^w) - \tau \geq c^w \qquad (5)$$

工人在期末持有的股票应该满足约束：$s_{+1}^w \geq (1 - \phi)\sigma s$。然而，这个约束在均衡中并不具有约束力，因为工人是企业家出售的新股票和现存股票的购买者。

用 $c$ 表示家庭部门每一个成员的平均消费，用（$s_{+1}, b_{+1}$）表示每一个成员在期末平均持有的投资组合。那么

$$x = \pi x^e + (1 - \pi)x^w, \text{对于} x \in \{c_t, s_t, b_t, s_{t+1}, b_{t+1}\} \qquad (6)$$

将公式（3）乘以 $\pi$，公式（5）乘以 $1 - \pi$。相加得到家庭部门的资源约束为

$$(r + \sigma q)s - qs_{+1} + (1 - \pi)wl + (q - 1)\pi i + (b - p_b b_{+1}) - \tau \geq c \qquad (7)$$

下面构建家庭部门的动态规划决策。在一期开始的时候经济总体的状态为 $(K, Z)$，其中 $K$ 是每户的股票资本，而 $Z = (A, \phi)$ 是对全要素生产率和股票的可重新出售性的外生冲击的实现。这里省略了总体经济状态变量中每户股票的数量和流动性资产的供给，因为前者与 $K$ 相等，而后者为一常数 $B > 0$。用 $q(K, Z)$ 代表股票的价格，$p_b(K, Z)$ 代表流动性资产的价格，$r(K, Z)$ 代表资本的回报率，$w(K, Z)$ 代表实际工资率。所有价格以最终消费品的形式来度量，最终消费品为计价单位。

家庭部门的状态变量由股票债券 $s$、流动性资产 $b$，以及总量变量组成。用 $v(s, b; K, Z)$ 代表家庭部门的值函数，对每一个企业家家庭部门每期的选择变量为 $(i, c^e, s_{+1}^e, b_{+1}^e)$，对于工人为 $l$，对于每一个成员的平均量为 $(c, s_{+1}, b_{+1})$。注意在这个列表当中使用了每个成员的平均量而不是每个工人的选择 $(c^w, s_{+1}^w, b_{+1}^w)$。类似地可以使用家庭的资源约束，即公式（7）代替工人的资源约束，即公式（5）。在融资约束即公式（4）的约束下，$(s_{+1}^e, b_{+1}^e)$ 的最优选择分别为 $s_{+1}^e = (1 - \theta)i + (1 - \phi)\sigma s$ 和 $b_{+1}^e = 0$。其他选择为 $(i, c^e, l, c, s_{+1}, b_{+1})$，可得到的解为

$$v(s, b; K, Z) = \max\{\pi u(c^e) + (1 - \pi)[U(c^w) - h(l)]$$
$$+ \beta Ev(s_{+1}, b_{+1}; K_{+1}, Z_{+1}\} \qquad (8)$$

约束为公式（4）和公式（7），以及如下的约束式：

$$i \geq 0, c^e \geq 0, c^w \geq 0, s_{+1}^w \geq 0, b_{+1}^w \geq 0 \qquad (9)$$

其中，$(c^w, s_{+1}^w, b_{+1}^w)$ 是由 $(c, s_{+1}, b_{+1})$ 和 $(c^e, s_{+1}^e, b_{+1}^e)$ 的函数通过公式（6）决定的。目标函数的预期受下一期的总量状态 $(K_{+1}, Z_{+1})$ 的影响，而且隐藏了约束中的价格函数 $r, w, q$ 和 $p_b$ 等参数。

用 $\lambda^e \pi U'(c^w)$ 代表融资约束即公式（4）中的拉格朗日乘子，其中，由 $\pi U'(c^w)$ 缩放简化了下面的变量表述。乘子 $\lambda^e$ 是由现金流提供的流动性服务，以单位消费度量。正如上面所解释的，当且仅当 $\lambda^e > 0$ 的情况下流动性约束即公式（1）有效。此外，$(l, c^e, i)$ 的最优选择如下：

$$\frac{h'(l)}{U'(c^w)} = w \qquad (10)$$

$$u'(c^e) = U'(c^w)(1 + \lambda^e) \qquad (11)$$

$$q - 1 \leq (1 - \theta q)\lambda^e，并且 i \geq 0 \qquad (12)$$

其中，公式（12）中的两个不等式保证了互补松弛性。公式（10）是最优劳动

力供给的标准条件。公式（11）表示资源的边际单位对于企业家而言比对于工人而言更有价值，如果企业家的融资约束是有效的。在这种情况下，企业家的附加值为 $\lambda^e \pi U^{'}(c^w)$。公式（12）体现了投资的最优选择的特性。正如前面所说的，以消费品形式衡量的每一单位投资的首付为 $1 - \theta q$，以效用形式表示的成本为 $(1 - \theta q)\lambda^e \pi U^{'}(c^w)$。对于家庭部门而言，一单位投资增加的资源为 $(q - 1)$，以效用形式表示的收益为 $(q - 1)U^{'}(c^w)$。当成本超过收益时投资为零，当成本等于收益时投资为正。

从公式（12）可以清楚地看出，当且仅当 $1 < q < 1/\theta$ 的情况下，融资约束是有效的（即 $\lambda^e > 0$）。注意到更新一单位资本的直接成本为 1。因此，当融资成本有效时，股票价格超过了资本的更新成本，尽管在投资中缺少调整成本。直观来看，在金融投资中一个有效的约束产生的隐性成本在股票价格和资本的更新成本之间加入了一个楔子。

最终期末持有资产的最优条件和持有资产的包括条件共同给出了如下的资产定价方程：

$$q = \beta E\left\{\frac{U^{'}(c^w_{+1})}{U^{'}(c^w)}\left[r_{+1} + \sigma q_{+1} + \pi\lambda^e_{+1}(r_{+1} + \phi_{+1}\sigma q_{+1})\right]\right\} \tag{13}$$

$$p_b = \beta E\left[\frac{U^{'}(c^w_{+1})}{U^{'}(c^w)}(1 + \pi\lambda^e_{+1})\right] \tag{14}$$

这些资产定价方程包含了由资产提供的流动性服务作为一项隐性回报。影子价格 $\lambda^e_{+1}$ 进入了两个定价方程的右边，因为现存的股票和流动性资产均可以被出售为新投资筹资，从而放松了对于企业家的融资约束。然而在下一期，现存股票只有 $\phi_{+1}$ 的比例可以被出售而流动性资产则可以全部被出售。因此，$\phi_{+1}$ 由于股票约束而出现在定价方程中，而对流动性资产则没有。

### 5.2.3 递归均衡的定义

该框架迄今为止提出了一个关于均衡的简单的定义。用 $K \subset R_+$ 表示一个紧凑集，其中包含了 $K$ 的所有可能性取值，用 $Z \subset R_+[0,1]$ 表示包含了所有 $Z$ 的可能性取值的紧凑集。用 $C_1$ 表示包含了所有将 $K \times Z$ 映射到 $R_+$ 中的连续函数的集合，用 $C_2$ 表示包含了所有将 $K \times [0,B] \times K \times Z$ 映射到 $R_+$ 中的连续函数的集合，用 $C_3$ 表示包含了所有将 $K \times [0,B] \times K \times Z$ 映射到 $R$ 中的连续函数的集合。一个递归竞争均衡的组成部分为资产和要素价格函数 $(q, p_b, r, w)$ 属于 $C_1$，家庭部门政策函数 $(i, c^e, s^e_{+1}, b^e_{+1}, l, c, s_{+1}, b_{+1})$ 属于 $C_2$，值函数 $v \in C_3$，最终产品的生产要素需求为（$k^D, l^D$），并且总量资本的变动定律要到达以下要求：

（i）给定价格方程和总量状态，家庭的价值和政策函数解决家庭部门在公式（8）中的最优化问题；

（ii）给定价格方程和总量状态，要素需求满足 $r = AF_1'(k^D, l^D)$ 和 $w = AF'_2(k^D, l^D)$，其中 $F$ 的脚标代表偏导数；

（iii）给定总量状态的变动定律，价格使市场出清：

$$商品：c(s,b;K,Z) + \pi i(s,b;K,Z) + g = AF(k^D, l^D) \tag{15}$$

$$劳动力：l^D = (1 - \pi)l(s,b;K,Z) \tag{16}$$

$$资本：k^D = K = s \tag{17}$$

$$流动性：b_{+1}(s,b;K,Z) = b \equiv B \tag{18}$$

$$股票：s_{+1}(s,b;K,Z) = \sigma s + \pi i(s,b;K,Z) \tag{19}$$

（iv）总量股本的变动定律和单个家庭的总量选择是一致的：

$$K_{+1} = \sigma K + \pi i(K,B;K,Z) \tag{20}$$

因为对要求（i）～（iv）的解释是简单的，所以我们添加一个如下的说明：在资本市场的出清条件中，等式 $K = s$ 表明对于所有的资本均有债权。在股票市场的出清条件中，新股票债权与新投资相等，$\pi i$，因为 $s$ 不仅包括在市场上出售的股票债权而且包括家庭保留的债权。条件（iv）之所以在这里作出明确规定，是因为它对于家庭计算公式（8）中的期望值是必要的。然而，因为 $K = s$，股本变动规律和股票市场出清条件是一样的，这是瓦尔拉斯定律的反映。

决定了均衡数量就可以解决资产价格函数 $q(K,Z)$ 和 $p_b(K,Z)$。一旦这些均衡函数被确定，其他均衡函数可以从家庭部门的一阶条件、贝尔曼方程即公式（8）、市场出清条件和要素需求条件中重新找回。为了解决资产价格函数，我们可以使用资产定价方程即公式（13）和公式（14）中的右边来建立一个映射 $T$，将 $C_1$ 中函数映射回 $C_1$ 中。这对函数 $(q, p_b)$ 在均衡时是 $T$ 中的固定点。本章将会在第三节对该过程进行数值模拟。

## 5.3 KM 拓展模型的校准和冲击反应

下面这一节我们根据上述模型校准了上面构建的 KM 拓展模型并且数值模拟了均衡变量如何对流动性冲击作出反应。

### 5.3.1 校准和估计

关于效用函数和生产函数，根据常用效用函数和生产函数，笔者选择如下标准形式：

$$U(c^w) = \frac{(c^w)^{1-\rho} - 1}{1 - \rho}, u(c^e) = u_0 U(c^e)$$

$$h(l) = h_0 l^\eta, F[K,(1-\pi)l] = K^\alpha [(1-\pi)l]^{1-\alpha}$$

对于经济中外生给定的状态 $(A,\phi)$，我们假定：

$$\log A_{t+1} = (1-\delta_A)\log A^* + \delta_A \log A_t + \varepsilon_{A,t+1} \tag{21}$$

$$-\log\left(\frac{1}{\phi_{t+1}} - 1\right) = -(1-\delta_\phi)\log\left(\frac{1}{\phi^*} - 1\right) - \delta_\phi \log\left(\frac{1}{\phi_t} - 1\right) + \varepsilon_{\phi,t+1} \tag{22}$$

其中，角标 $*$ 代表非随机稳态。这些过程保证了 $A \geq 0$ 和 $\phi \in [0,1]$。以下的定量分析将会把 $\varepsilon_A$ 和 $\varepsilon_\phi$ 作为一次性冲击。

这里模型中将一个时期的长度选为一个季度，由于量化宽松货币政策主要是美国在实施，所以这里运用美国的数据校准了非随机稳态值，也就是说贴现因子 $\beta$ 的值和相对风险厌恶都是以美国为例的标准值以及以下一些目标的参数值：劳动的供给弹性为 2，工作的总小时数的稳态值为 0.25。劳动收入占产出的份额为 $1 - \alpha = 0.64$，年度投资与资本的比例的稳态值为 $4(1 - \sigma) = 0.076$，而资本与年度产出的比值为 3.32。生产率的稳态值被标准化为 $A^* = 1$，生产率运动方程中的系数为 $\delta_A = 0.95$。政府消费 $g$ 被设定为占稳态产出水平的 18%。应注意到，参数 $u_0$ 是由资本占产出的比例定义的，因为 $u_0$ 影响企业家的消费，反过来也会影响股本。

我们这里来讨论一下剩下参数的识别限制：第一，参数 $\pi$ 可以被解释为在一期当中调整其资本的厂商的比例。这一比例的估计值为从 0.20（多姆斯和唐恩，1998）到 0.40（库珀等人，1999）每年。笔者选择的数值为这一范围内的 0.24，这使得每一季度 $\pi = 0.06$。第二，作为基准 $\theta$ 被设定为与 $\phi^*$ 相等了。第三，为了产生持久性影响，流动性冲击必须是持久的，因此在基线校准中我们设定 $\delta_\phi = 0.9$。第四，流动性资产的回报率和流动性资产在总资产价值中的比例从 Del Negro 等人的研究证据中得到（2011）。这些作者的研究认为美国政府一年期债务的年度净回报率为 1.72%，十年期债务的净回报率为 2.57%。我们选择在这个区间里的一个值 0.02。最后 Del Negro 等人（2011）使用美国 1952 ~ 2008 年的流动资金计算了流动性资产占持有总资产的份额。他们度量的流动资产由所有的联邦政府债务组成，也即由金融管理局持有的净国库债券和预算局联合储备、库存现金和汇款到联邦政府的净货币。流动性资产份额的样本平均值接近于 0.12，这也是本章校准的目标值。

表 5 - 1 参数和校准目标

| 参数 | 赋值 | 校准目标 |
|---|---|---|
| 折现率 $\beta$ | 0.992 | 外生给定 |
| 风险厌恶程度 $\rho$ | 2 | 外生给定 |
| 企业家比例 $\pi$ | 0.06 | 投资企业的年度比例 = 0.24 |
| 企业家效用函数中常数 $u_0$ | 42.803 | 股本/年度产出 = 3.32 |
| 工人效用函数中常数 $h_0$ | 16.780 | 工作时间 = 0.25 |
| 工人效用函数中参数 $\eta$ | 1.5 | 劳动力供给弹性 $1/(\eta-1) = 2$ |
| 资本在产出中比例 $\alpha$ | 0.36 | 劳动力收入份额 $(1-\alpha) = 0.64$ |
| 资本存活率 $\sigma$ | 0.981 | 年度投资/资本 = 0.076 |
| 稳定状态的 TFP：$A^*$ | 1 | 标准化 |
| TFP 运动方程中的常数 $\delta_A$ | 0.95 | TFP 中的常数 = 0.95 |
| 流动性资产股份 $B$ | 2.021 | 流动性资产占投资组合的比例 = 0.12 |
| 资产市场流动性的稳定状态 $\phi^*$ | 0.273 | 流动性资产的年度回报 = 0.02 |
| 资产市场流动性运动方程中的常数 $\delta_\phi$ | 0.9 | 外生给定 |
| 新增投资中发行资产融资的比例 $\theta$ | 0.273 | 设定与 $\phi^*$ 相等 |
| 政府支出占 GDP 的比重 $g$ | 0.193 | 政府支出/GDP = 0.18 |

一些确定性值是值得一提的。第一，股票的可重新出售性在稳态的值为 $\phi^* = 0.273$。因为这明显地小于 1，因此转售市场很难具有流动性。注意到 $\phi^*$ 的定义是以流动性资产的年收益为 0.12 为目标的。如果所有的资产都具有流动性，那么流动资产的收益将等于折现因子 $\beta^{-1/4} - 1 = 0.0327$。流动性资产收益和折现因子的不同是由于流动性服务是由流动性资产履行引起的。第二，稳态的股票价格为 $q^* = 1.0367$。注意到 $q^*$ 的这一取值满足 $1 < q^* < 1/\theta$，所以融资约束是有效的。第三，在稳态下，资本的回报率为 $r^* = 0.0271$，并且流动性资产的价格为 $p_b^* = 0.9951$，所以稳态下年度股票溢价为 $4(r^*/q^* + \sigma - 1/p_b^*) = 0.0087$。该溢价是显著的，考虑到它与无风险稳态是联系在一起的。

假定 $A$ 和 $\phi$ 的演变过程中的误差项为零，可能除了 $t = 1$。也就是说，在冲击为一次性的情况下，$A$ 和 $\phi$ 的演变路径在 $t = 1$ 开始时就可以实现。我们遵循公式（21）、公式（22）假定的冲击进程来计算资产价格函数 $(q, p_b)(K, Z)$，其中 $Z = (A, \phi)$。然后，我们建立了代表性家庭的政策函数 $x(s, b; K, Z)$，其中，$x$ 代表该列表 $(c, i, c^e, s_{+1}^e, l, c^w, s_{+1}, b_{+1})$ 中的所有元素。因为均衡下有 $s = K$ 和 $b = B$，其中，$B$ 为一常数，我们将 $x(K, B; K, Z)$ 简记为 $x(K, Z)$。

大部分的政策函数有可预测的特性。比如说，消费、投资、产出是股本 $K$

的增函数。一个例外可能是资产价格对股本的依赖关系。对于大多数股本的价值，股票价格和流动性资产价格是股本的增函数。对于股票价格，一个合理的解释是股本增加，资本的回报率下降进而导致股票价格减少。对于流动性资产的价格，一个合理的解释是股本增加，进一步的投资需求减少，这会减少对流动性资产的需求。

### 5.3.2　KM 拓展均衡对流动性资产冲击的反应

假定经济在 $t = 0$ 期处于非随机稳态。在 $t = 1$ 期开始的时候，未预期到的流动性下跌到 0.221，下跌了 $\phi^*$ 的 19%。在这一冲击以后，$\phi$ 遵循公式（22）的过程，并且 $\varepsilon_{\phi,t} = 0$ 对于所有的 $t \geq 2$。为了重点关注这一冲击，这里允许假设此刻新股票的发行比例 $\theta$ 和全要素生产率 $A$ 固定在稳态水平。

图 5-2 展示了总投资（$I = \pi i$）和股票可重新出售性，其中纵坐标是变量与它们的稳态水平偏离的百分比，横坐标是冲击发生以后的季度数。在第一期，负向冲击减少了投资的 17%。虽然负向的流动性冲击被设定的较大，投资减少的规模在以下的判断中仍是令人惊讶的。因为在这一过程中 $\theta$ 并没有随着流动性冲击下降，企业家仍然可以通过发行股票给新投资融资。投资的大幅下落意味着新投资项目的融资大部分是通过出售现存的股票和其他现金流而非发行新股票。图 5-2 同样显示投资紧随股票流动性的动态变动。因为流动性冲击被假定为是持久的，该冲击对投资有着持久性的影响。在冲击发生三年以后，投资依然低于稳态的 7%。

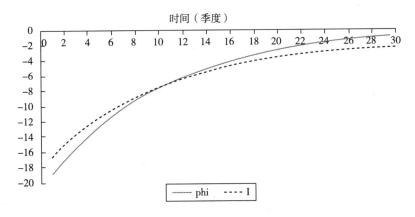

**图 5-2　负向流动性冲击后的投资和流动性**

图 5-3 展示了总就业 $[L = (1 - \pi)l]$ 和产出（$Y$）偏离稳态的百分比。这两

个变量均会在负向的流动性冲击之后发生显著的下降。在时期 1 就业下降 5.3%，产出下降 3.4%。注意到在时期 1 产出的下降完全来自于就业的减少，因为时期 1 的资本份额是预先决定的，而且全要素生产率在这一过程中是固定的。然而，在时期 1 之后，资本份额（没有描绘出来）同样也会因为投资较低而降低到稳态水平之下，这也会使得产出保持在较低水平。这些总量变量的反应是持久的。在冲击发生三年以后，就业和产出仍然低于稳态的 2%。这些总量反应看起来意味着流动性冲击可能是股票市场总量波动潜在的重要原因。

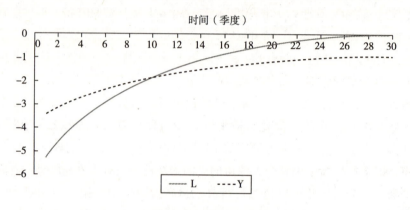

**图 5 - 3　负向流动性冲击后的就业和产出**

从上述模型的校准过程以及流动性冲击的动态反应图可以看出，流动性冲击对于投资、就业和产出都有较强的负向冲击效果，所以流动性冲击导致经济波动的结果是显然的，KM 拓展模型充分表明了流动性约束会导致经济的大规模波动，所以量化宽松货币政策实施非常规的流动性注入就是必要的，是有坚实的理论模型基础的。

（本章作者：张云、李宝伟、李自磊、张慧慧）

# 6 新古典经济周期分析中的金融中介和信贷政策理论分析

## 6.1 引言

本章主要分析新古典经济理论中关于金融中介和信贷政策对经济周期理论的影响。这个论题是涵盖在流动性分析理论中的一个重要环节，其逻辑主要是流动性冲击对经济周期有重大影响，而流动性冲击属于金融摩擦影响经济周期理论的一个主要特例，所以我们这里重点分析一下目前新古典理论中怎么从广义上刻画金融中介和信贷政策如何影响经济周期的理论。

实际上在经济金融化环境中，金融危机逐渐显现新的特点，其中最为值得关注的是日益明显的金融中介体系与信贷市场的扰动现象。2008 年美国金融危机过程中美国各大银行的股票市值下降了很多，金融中介大量破产，信贷活动受到强烈冲击。据美国联邦存款保险公司统计，2000～2007 年美国总计仅有 27 家商业银行破产，而 2008 年爆发金融危机后，截至 2011 年，短短五年间竟有逾 400 家商业银行相继倒闭。在金融系统崩溃的情况下，金融危机进一步蔓延扩大并对实体经济活动产生影响，进而导致经济危机的全面爆发。Bernanke、Brunnermeier 和 Gorton 等人分别在 2009 年和 2010 年特别针对这一趋势进行了详尽描述。然而在 2008 年金融危机爆发前的大部分关于金融市场摩擦的文献中强调的是在信贷市场中金融中介对非金融企业贷款者的限制，并仅仅将金融中介视为一层面纱，不起到本质作用，难以为新背景下的金融危机的爆发以及蔓延提供有力解释。另外针对新危机的特征，各国纷纷出台新的非常规性宏观政策以应对并缓解危机。因此，在新的背景下，金融中介与信贷市场的运作已经成为宏观经济运行关注的焦点，国内外学者正在进行将金融中介摩擦纳入宏观经济分析框架的研究工作。

目前我国在这一方面的研究尚有缺乏，对金融危机进行分析所使用的宏观经济模型大多还局限于传统的计量模型，而这些模型在理论研究方法上的主要缺陷在于其采用的模型框架一般均为部分均衡模型，在对一般均衡模型的使用上还不成熟。尤其对于在社会主义市场经济体制和转轨金融复杂环境条件下的宏观经济周期分析方面，还缺乏深入的研究和有说服力的结论，而这恰好是中国宏观经济研究中亟须探索的研究方向之一。

在国际经济形势不确定性增强以及多方面影响流动性的因素大幅波动的环境下，近年来我国银行体系短期流动性供求的波动性有所增强，对金融机构进行流动性管理的难度也相应提高。为进一步提高货币政策调控效果，丰富和完善货币政策操作规则，我国在 2013 年出台了两项新的货币政策：公开市场短期流动性调节工具（Short－term Liquidity Operations，SLO）和常设借贷便利（Standing Lending Facility，SLF）。在银行体系流动性出现短暂性波动时，以上工具与其他常规性货币政策工具的配合使用有助于对银行体系流动性风险进行有效防范，以便提高央行流动性管理的主动性和灵活性。

因此，在新的经济环境下将金融中介与信贷市场摩擦因素加入宏观经济分析框架的模型，加深我们对经济波动中金融中介和信贷政策的理解非常有意义。

## 6.2 文献综述

从对金融摩擦问题研究的发展路径来看，20 世纪 70 年代开始发展的不完全信息理论为将金融摩擦纳入宏观经济研究框架提供了理论媒介和关键性工具。在打破了 MM 定理的限定后，Bernanke 和 Gertler（1989）构建了一般均衡模型，通过金融市场摩擦内生化将金融市场不完美与借款人和贷款人间的代理成本关联起来，发现金融中介的一些状态的变化在危机中会被放大，从而初始冲击通过信贷市场被传播，使得经济波动幅度更加剧烈。金融部门与实体部门间的互相反馈使得资产负债情况对信贷成本的影响进而对实体经济活动施加抑制作用。企业有两种融资途径：外部融资与内部融资，它们之间存在成本差异。在危机中非金融性企业的资产负债表状况急剧恶化，使外部融资升水突增，借款企业支出减少，导致实体经济陷入低迷状态。Bernanke，Gertler 和 Gilchrist（1996）将此效应命名为"金融加速器"，并在动态新凯恩斯模型的研究体系中融合进由金融中介与非金融性企业间的融资摩擦导致的不完全的信贷市场和企业资产负债状况。BGG 模型的提出标志着一个全新的吸收了金融加速器在内的动态一般均衡研究框架的诞生，为金融加速器在宏观经济中产生的作用提供了定量分析的工具。

此后大部分学者对金融市场摩擦的刻画主要通过描述金融中介与非金融性企业贷款人之间的代理问题进行[1]，然而 2008 年金融危机的爆发使得对金融摩擦的研究不能再仅仅局限于此，大量金融中介的倒闭以及信贷市场的扰动使得银行部门的摩擦成为研究焦点。Meh 和 Moran（2010）表明银行募集可用资金的能力受到银行资本头寸的影响，从而使得银行资产负债情况对实体经济产生作用，证实了银行资本对初始冲击的扩散效应。Dib（2010）假设金融中介同时具备储蓄和借贷功能，从一个更为贴近真实同业拆借市场的角度分析了金融部门的资产负债状况。Gertler 和 Kiyotaki（2010）由分析企业资产负债表转向关注金融中介的资产负债状况，为中介获取可用资金的能力引入了约束，通过构建融合了金融中介和流动性风险因素的 DSGE 模型分析了金融中介市场的崩溃如何发展成为对实体经济产生影响的金融危机，并论证了美联储和财政部推行的三项非常规性货币政策的有效性。他们指出，鉴于中介从其他金融机构获得资金的能力同样受到约束，因此同业拆借市场的扰动将影响实体经济。产生赤字的中介会比存在盈余的中介在向非金融性企业提供贷款时要求更高的贷款利率。在危机中这个差距将被拉大，金融市场变得分裂和僵化，金融中介间资金分配的无效率会进一步导致总体经济的下滑。在危机中金融机构既难以获得储户存款，又难以从同行机构中获得拆借，使得银行面临严重流动性冲击，从而蔓延并扩大危机。

对于在此问题上国内学者的一些研究成果的综述如下：

首先，部分学者利用实证工具表明了我国经济周期波动与金融加速器效用显著相关。赵振全、于震、刘淼（2007）以金融加速器效应为基础，采用 208 个月的月度数据，运用 TVAR 模型实证检验了对我国信贷市场与经济周期波动的非线性关联，证明了我国宏观经济受到金融加速器效应的极大影响，我国经济周期的演化路径在包含了金融加速器效应分析框架下能得到很好的解释。袁申国、陈平等（2010）运用销售加速器模型，利用我国 572 家上市公司十年间的面板数据，对我国金融加速器效应进行了 GMM 估计，发现了金融加速器效应于不同企业规模间的差异性，且其效应程度与企业规模成反比。与此同时，各种 DSGE 模型也逐渐成为我国学者对宏观经济运行周期进行探究的重要工具。刘

---

[1] 这条研究思路下包含金融摩擦的部分宏观经济模型，包括 Holmstrom 和 Tirole（1997），Carlstrom 和 Fuerst（1997），Caballero 和 Kristhnamurthy（2001），Kristhnamurthy（2003），Christiano，Motto 和 Rostagno（2009），Fostel 和 Geanakoplos（2009）以及 Brunnermeir 和 Sannikov（2009）。

斌（2008）对我国 DSGE 模型的开发以及应用现状进行了详尽总结与分析，以 Christian，Motto 等（2002）确立的模型为参考，调整了信贷市场和货币政策传导机制，针对我国金融市场与宏观经济的特征扩展并构建了一个开放型研究框架，并对各种类型的冲击对实体经济的作用路径进行了模拟估计。李珂、徐湘瑜（2009）构建了包含金融中介与企业贷款人间信息不对称所导致的企业外部融资升水的 DSGE 模型，并使用我国数据进行校准，通过对货币冲击、需求冲击、技术冲击的模拟结果进一步证明了非金融性企业资产负债表的健康状况对经济周期波动的作用。崔光灿（2006）以房地产价格作为资产价格的衡量指标，以 BGG 为参考基础，构建了一个融合了金融加速器效应在内的包括高资产负债部门与普通部门的动态随机一般均衡分析框架，对由资产价格变动引发的金融加速器效应进行了探讨。另外，通过对货币政策冲击与生产技术冲击产生效应的差异性进行分析，作者得出应将减少名义变量的冲击作为货币政策重点关注的对象的结论。袁申国、陈平等（2011）认为金融加速器在固定汇率与浮动汇率机制下发挥作用的程度存在差异，且在浮动汇率下对金融摩擦的扩散效应相对更低，并基于 1997~2008 年我国经济周期波动的情况对各种汇率制度进行了比较分析，从汇率制度的差异性的角度，为宏观变量经济波动的变化提供了新的解释。梅冬州和龚六堂（2011）将 BGG 模型由局限于一国国内市场的封闭模型调整为开放式模型，并发现一国的资产型货币错配将导致汇率升值，从而降低企业净值，企业的外部融资成本经由金融加速器机制有所提高，进而影响企业的投资和产出。

目前理论研究的不足之处是，大多数国内学者对金融市场摩擦的分析还停留于金融中介与非金融性企业之间的信贷问题上，少有学者将金融中介之间的信贷摩擦纳入研究范畴，这是亟须探索的一个重要研究方向。

## 6.3 一个金融中介和经济波动的广义规范模型分析

本章的理论模型主要建立在 Gertler 和 Kiyotaki（2010）构建的 DSGE 模型的基础上，包含了金融中介与流动性风险，并且为保持简洁性抽象掉了名义摩擦、名义黏性等因素。模型主体为家庭、非金融性企业和银行，模型设定如下：

### 6.3.1 家庭部门

在代表性家庭中存在（$1-f$）比例的工人，$f$ 比例的银行家。工人通过提供劳动获得工资,每个银行家经营一家银行,并向家庭部门转移股息。存在信贷摩擦的情况下,家庭部门通过金融中介贷款给非金融性企业。家庭不直接持有资本,他们可以将资金储蓄在银行中,也可以持有政府债券作为银行储蓄的完全替代品。假设家庭内部是完全消费保险的。

家庭的效用函数为

$$E_t \sum_{i=0}^{\infty} \beta^i \left[ \ln(C_{t+i} - \gamma C_{t+i-1}) - \frac{\chi}{1+\varepsilon} L_{t+i}^{1+\varepsilon} \right] \tag{1}$$

其中,$E_t$ 为 $t$ 期的条件期望,参数 $\gamma \in (0,1)$ 表示习惯性消费。

家庭部门最大化预期贴现效用所受到的约束条件为

$$C_t = W_t L_t + \prod_t - T_t + R_t D_{ht} - D_{ht+1} \tag{2}$$

其中,$W_t$ 表示工资率,$T_t$ 表示缴税总额,$D_{ht}$ 表示持有的无风险债券量,$R_t$ 表示其 $t-1$ 期到 $t$ 期的收益率,$\prod_t$ 表示来自银行和非金融性企业所有者的净分配。可以得到家庭部门选择劳动供给和储蓄的的最优一阶条件如下:

$$E_t u_{Ct} W_t = \chi L_t^{\phi} \tag{3}$$

$$E_t \Lambda_{t,t+1} R_{t+1} = 1 \tag{4}$$

其中,$u_{Ct}$ 表示消费的边际效用,$\Lambda_{t,t+1}$ 表示家庭部门的随机贴现因子。

$$u_{Ct} \equiv (C_t - \gamma C_{t-1})^{-1} - \beta (C_{t+1} - \gamma C_t)^{-1}$$

$$\Lambda_{t,t+1} \equiv \beta \frac{u_{Ct+1}}{u_{Ct}}$$

由于银行融资受到限制,因此银行家会保留一部分收入以积累资产,且当资产累积到融资约束不再有约束力的那一点是最优选择。为了限制银行家通过储蓄以克服融资约束,这里允许银行家和工人之间的转换。假设银行家有 $1-\sigma$ 的概率能留任到下一期,即平均在任时间为 $\frac{1}{1-\sigma}$,且 $1-\sigma$ 是独立同分布的。退任时银行家转移一部分收入到家庭部门并成为一名工人。为保持工人和银行家两个群体人数总额不变,假设每一时期有 $(1-\sigma)f$ 的工人随机地成为银行家。由于在均衡中银行无法在没有任何资金来源的情况下进行经营,因此每个新的银行家将会得到从家庭转移来的"启动资金"。因此,$\prod_t$ 就是转移到家庭部门的净资产,即从退任的银行家那里转移的资金扣除掉转移给新银行家的那部分资金。

## 6.3.2 非金融性企业

非金融性企业分为两类:商品生产者与资本品生产者。

1. 商品生产者

假设存在连续的质量统一的企业坐落于连续的岛屿上，每个企业使用相同的规模报酬不变的柯布—道格拉斯生产函数进行生产。在不同企业间和岛屿间劳动是完全流动的，资本不可流动。总产出 $Y_t$ 可表示为总资本 $K_t$ 和总劳动时间 $L_t$ 的函数：

$$Y_t = A_t K_t{}^\alpha L_t{}^{1-\alpha}, \quad 0 < \alpha < 1 \tag{5}$$

其中，$A_t$ 为总生产率，遵循马尔科夫过程。

每个时期仅有部分岛屿能够获得新的投资机会，剩余岛屿仅能保留原有投资，且只有在有投资机会的岛屿上的企业才能在新一期获得新的资本①。假设投资机会随机地到达 $\pi^i$ 部分岛屿，则在 $\pi^n = 1 - \pi^i$ 部分岛屿上没有新的投资机会。由于资本的市场价格内生，为引进资本价值的变化，这里引入变量 $\psi_{t+1}$，表示资本质量冲击，此变量不等同于物理折旧，而是充当着资产价格动态变化的外生触发器，可以理解为某种形式的经济损耗，同样遵循马尔科夫过程。

资本积累规则可以表示为

$$\begin{aligned} K_{t+1} &= \psi_{t+1}\big[I_t + \pi^i(1-\delta)K_t\big] + \psi_{t+1}\pi^n(1-\delta)K_t \\ &= \psi_{t+1}\big[I_t + (1-\delta)K_t\big] \end{aligned} \tag{6}$$

其中，$I_t$ 表示总投资，$\delta$ 表示物理折旧率，$\psi_{t+1}$ 表示对资本质量的冲击。公式（6）右端第一项 $\psi_{t+1}I_t$ 表示有投资机会的岛屿上的企业积累的资本，第二项 $\psi_{t+1}(1-\delta)K_t$ 表示没有投资机会的岛屿上的企业持有的资本，跨岛屿求和得到传统的总体资本演化路径。

不同岛屿上的竞争性商品生产者投入资本和劳动使用规模报酬不变的技术进行生产，正如公式（5）所示。由于劳动在岛屿间是完全流动的，企业根据如下条件选择劳动：

$$W_t = (1-\alpha)\frac{Y_t}{L_t} \tag{7}$$

每单位资产的毛利润 $Z_t$ 可以表示为

$$Z_t = \frac{Y_t - W_t L_t}{K_t} = \alpha A_t \left(\frac{L_t}{K_t}\right)^{1-\alpha} \tag{8}$$

商品生产者之间不存在融资摩擦，并且可以承诺支付给债权银行所有的未来毛利润。商品生产者通过以价格 $Q_t^i$ 发行新的状态依存证券，从中介获得资金，

---

① 此处投资机会独立同分布。

并用资金从资本品生产者处购买新的资本品。商品生产者企业每一期支付给金融中介的资金可以表示为

$$\psi_{t+1}Z_{t+1},\ (1-\delta)\psi_{t+1}\psi_{t+2}Z_{t+2},\ (1-\delta)^2\psi_{t+1}\psi_{t+2}\psi_{t+3}Z_{t+3},\cdots$$

在完全竞争中,新资本品的价格与 $Q_t^i$ 相等,商品生产者获得零利润。

2. 资本品生产者

有投资机会的岛屿从国内市场中的资本品生产者处获得资本。对于资本品生产者来说,调整投资的毛收益率存在着凸的调整成本。社会总产出在家庭消费、投资支出、政府消费之间分配,则有

$$Y_t = C_t + \left[1 + f\left(\frac{I_t}{I_{t-1}}\right)\right]I_t + G_t \tag{9}$$

其中,$f\left(\frac{I_t}{I_{t-1}}\right)I_t$ 表示物理调整成本,$f(1) = f'(1) = 0$,$f''\left(\frac{I_t}{I_{t-1}}\right) > 0$,资本品生产者的总生产函数在短期内规模报酬递减,在长期内规模报酬不变。

资本品生产者在国内市场进行生产,他们将上一期的最终产出投入生产,并受到调整成本的约束。他们将新资本品以价格 $Q_t^i$ 出售给有投资机会岛屿上的商品生产企业。资本品生产者的生产目标为选择最优的投资 $I_t$ 以使得下式最大化:

$$\max E_t \sum_{\tau=t}^{\infty} \Lambda_{t,\tau}\left\{Q_\tau^i I_\tau - \left[1 + f\left(\frac{I_\tau}{I_{\tau-1}}\right)\right]I_\tau\right\}$$

资本品价格等于投资品生产的边际成本:

$$Q_t^i = 1 + f\left(\frac{I_t}{I_{t-1}}\right) + \frac{I_t}{I_{t-1}}f'\left(\frac{I_t}{I_{t-1}}\right) - E_t\Lambda_{t,t+1}\left(\frac{I_t}{I_{t-1}}\right)^2 f'\left(\frac{I_{t+1}}{I_t}\right) \tag{10}$$

利润被重新分配给家庭部门[①]。

### 6.3.3 银行部门

银行在国内市场募集资金,国内市场可分为零售市场和批发市场。在零售市场中,银行从家庭获得储蓄;在批发市场中,银行在同业中进行借贷。

每时期初,银行通过零售市场从家庭部门以利率 $R_{t+1}$ 获得储蓄 $d_t$。在零售市场关闭后,非金融性企业的投资机会随机地到达各个岛屿。在同业拆借市场,有投资机会的岛屿上的银行可以向没有新投资项目的岛屿上的银行申请贷款。

金融市场摩擦通过影响银行获得融资的能力影响实体经济。假设银行能有

---

① 利润仅在非稳态下存在。

效地评估并监督同岛屿上的非金融性企业，并能执行与借款人的合同义务，而且银行完成这些活动的成本可以忽略不计。当存在可用的资金时，银行能够无摩擦地贷款给同岛屿的非金融性企业，企业能够提供给银行完全或然债务。

银行在得知其贷款机会后决定发放给非金融性企业的贷款量 $s_t^h$ 以及从同业拆借市场的借款量 $b_t^h$，其中上角标 $h = i, n$ 表示岛屿类型（$i$ 表示有新的投资机会，$n$ 表示没有新的投资机会）。$Q_t^h$ 表示资产价格，即在一个时期末银行对非金融性企业一单位资本未来收益的要求。由于在不同岛屿上银行面临的贷款机会不同，资产价格也将随之而变化，因此这里对 $Q_t^h$ 加注角标 $h$。

一家银行贷款的价值 $Q_t^h s_t^h$ 等于银行的资本净值 $n_t^h$、在同业拆借市场的借款 $b_t^h$ 以及储蓄 $d_t$，因此其资产负债表为

$$Q_t^h s_t^h = n_t^h + b_t^h + d_t \tag{11}$$

由于当获得储蓄时银行还未得知贷款机会的多少，因此这里的 $d_t$ 并不取决于贷款机会的数量。

在 $t$ 期银行的资产净值等于 $t-1$ 期资产的总收益减去借款成本，即

$$n_t^h = [Z_t + (1 - \delta)Q_t^h]\psi_t s_{t-1} - R_{bt}b_{t-1} - R_t d_{t-1} \tag{12}$$

其中，$R_{bt}$ 表示 $t-1$ 期到 $t$ 期的同业拆借利率，$Z_t$ 为 $t$ 期支付给银行的 $t-1$ 期贷款的股息。由于资产总收益取决于资产价格 $Q_t^h$，因此，资产净值将取决于受到冲击时银行所坐落的位置。

鉴于当且仅当银行家退出市场时才支付分红（假设其发生概率是恒定的），因此在 $t$ 期末，银行的目标函数为未来资产净值的预期现值：

$$V_t = E_t \sum_{i=1}^{\infty} (1 - \sigma)\sigma^{i-1}\Lambda_{t,t+i}n_{t+i}^h \tag{13}$$

其中，$\Lambda_{t,t+i}$ 为随机贴现因子，等于代表性家庭 $t+i$ 期与 $t$ 期消费的边际替代率。

假设银行在每期期初（在新的投资机会到达前）可以通过套利保证岛屿间的金融中介事前预期收益率相等。预期收益低的岛屿上的银行可以迁移到预期收益高的岛屿，且在迁移之前会将发放给本岛屿上非金融性企业的现有贷款出售给仍然留在这个岛屿上的其他银行来交换其持有的银行间贷款，从而保持了岛屿上已经发放给非金融性企业的所有贷款不变。

为了对银行在零售市场和批发市场获得资金施加内生性约束，这里引入一个简单的代理问题，即假设银行获得资金后，银行家有动机为了个人私利将部分资产转移到其家庭中。如果银行家转移资产，银行就会发生债务违约进而倒闭，债权人可以对剩余的部分资金要求索赔；反之，银行继续经营。由于债权

6 新古典经济周期分析中的金融中介和信贷政策理论分析

人意识到银行存在转移资产的动机,因此,他们会限制自己借出的资金额,借款约束由此产生。

由于银行受到的约束不仅来自于储蓄者也来自于其他银行,这里引入参数 $\omega$ 来衡量存在于同业拆借市场的摩擦的相对程度。

当 $\omega = 1$ 时,银行难以转移通过同业拆借获得的资金,同业市场可以完全收回其发放的贷款。这时同业拆借市场完全无摩擦,同业拆借不受到任何约束,银行所受约束仅来自储蓄者。

当 $\omega = 0$ 时,同业市场不再比储蓄者更具有优势能收回贷款。这时同业拆借市场同零售市场一样对银行获得资金产生约束。一般来说对于借款银行和贷款银行参数 $\omega$ 的值可以不同,但保持其对称性有助于简化对问题的分析,而且并不会影响分析结果。

因此,可转移部分资产可表示为 $Q_t^h s_t^h - \omega b_t^h$,银行家可转移其中 $\theta$ 部分。

假设在一期期末,银行家要决定是否转移资产。$V_t(s_t^h, b_t^h, d_t)$ 表示 $t$ 期末,在给定资产和负债情况 $(s_t^h, b_t^h, d_t)$ 下对 $V_t$ 值的最大化。为了确保银行家不转移资产,银行应满足如下激励约束:

$$V_t(s_t^h, b_t^h, d_t) \geq \theta(Q_t^h s_t^h - \omega b_t^h) \tag{14}$$

银行在 $t-1$ 期末的价值满足贝尔曼方程:

$$V_{t-1}(s_{t-1}, b_{t-1}, d_{t-1}) = E_{t-1}\Lambda_{t-1,t} \sum_{h=i,n} \pi^h \{(1-\sigma)n_t^h + \sigma \max_{d_t}[\max_{s_t^h, b_t^h} V_t(s_t^h, b_t^h, d_t)]\} \tag{15}$$

银行在对贷款机会产生冲击后选择贷款和银行间的借款,在这之前选择储蓄。

价值函数的猜想形式为

$$V_t(s_t^h, b_t^h, d_t) = \nu_{st} s_t^h - \nu_{bt} b_t^h - \nu_t d_t \tag{16}$$

其中,$\nu_{st}, \nu_{bt}, \nu_t$ 均为时变参数。$\nu_{st}$ 为 $t$ 期末的边际资产价值,$\nu_{bt}$ 为同业拆借的边际成本,$\nu_t$ 为储蓄的边际成本。

$\lambda_t^h$ 为 $h$ 类银行面临的激励约束公式(14)的拉格朗日乘子,$\bar{\lambda}_t \equiv \sum_{h=i,n} \pi^h \lambda_t^h$ 为其加权平均。可得 $d_t, s_t^h, \lambda_t^h$ 的最优一阶条件为

$$(\nu_{bt} - \nu_t)(1 + \bar{\lambda}_t) = \theta\omega\bar{\lambda}_t \tag{17}$$

$$\left(\frac{\nu_{st}}{Q_t^h} - \nu_{bt}\right)(1 + \lambda_t^h) = \lambda_t^h \theta(1-\omega) \tag{18}$$

$$\left[\theta - \left(\frac{\nu_{st}}{Q_t^h} - \nu_t\right)\right]Q_t^h s_t^h - [\theta\omega - (\nu_{bt} - \nu_t)]b_t^h \leq \nu_t n_t^h \tag{19}$$

111

公式（17）表明当且仅当激励约束有约束力并且同业拆借比零售市场更有效率时（即 $\omega > 0$，银行难以转移通过同业拆借得到的资金），同业拆借的边际成本会超过存款的边际成本。公式（18）表明激励约束有约束力时以商品形式表现的资产边际价值 $\dfrac{\nu_{st}}{Q_t^h}$ 会超过同业拆借的边际成本。公式（19）为激励约束表达式，即银行的资产净值至少应该等于资产与银行持有的同业拆借的加权平均。这样就对银行引入了一个内生的资产负债约束。

下面分别描述同业拆借市场完全无摩擦与同业拆借市场和零售市场存在同样摩擦的情形。

1. 无摩擦的同业拆借市场（ $\omega = 1$ ）

如果银行不能转移通过同业拆借获得的资金，同业拆借就是无摩擦的。正如公式（18）所示，同业拆借市场的完全套利使得每个市场资产的影子价值相等，$\dfrac{\nu_{st}}{Q_t^b} = \dfrac{\nu_{st}}{Q_t^l}$，从而 $Q_t^b = Q_t^l = Q_t$。同时，以商品形式表示的 $\dfrac{\nu_{st}}{Q_t}$ 与同业拆借的边际成本 $\nu_{bt}$ 相等，则

$$\frac{\nu_{st}}{Q_t} = \nu_{bt} \tag{20}$$

由于岛屿间的资产价格相等，因此这里可以省略角标 $h$。用 $\mu_t$ 表示每单位资产超过储蓄的部分，即持有资产的边际价值 $\dfrac{\nu_{st}}{Q_t}$ 减去储蓄的边际成本 $\nu_t$。因为在零售市场银行是受到约束的，由公式（17）及公式（18）可得

$$\mu_t \equiv \frac{\nu_{st}}{Q_t} - \nu_t > 0 \tag{21}$$

激励约束表达式可以表示为

$$Q_t s_t - b_t = \phi_t n_t \tag{22}$$

其中：

$$\phi_t = \frac{\nu_t}{\theta - \mu_t} \tag{23}$$

可以看出激励约束的约束力与银行可转移的资产净值正相关，与 $\mu_t$ 负相关。$\mu_t$ 越高，银行的特许权价值就越高，从而银行转移资产的可能性更小。

求解贝尔曼方程可得

$$\nu_t = E_t \Lambda_{t,t+1} \Omega_{t+1} R_{t+1} \tag{24}$$

$$\mu_t = E_t \Lambda_{t,t+1} \Omega_{t+1} (R_{kt+1} - R_{t+1}) \tag{25}$$

$$\Omega_{t+1} = 1 - \sigma + \sigma(\nu_{t+1} + \phi_{t+1}\mu_{t+1})$$

$$R_{kt+1} = \psi_{t+1}\frac{Z_{t+1} + (1 - \delta)Q_{t+1}}{Q_t}$$

其中，$R_{kt+1}$ 表示银行资产的总收益率；$\Omega_{t+1}$ 表示 $t+1$ 期资产净值的边际价值，其含义是银行退出和继续经营的边际价值的加权平均。如果继续经营的银行存在额外的资产净值，就能够节省储蓄的成本并按杠杆比率 $\phi_{t+1}$ 增加资产。可以将经 $\Omega_{t+1}$ 加权的随机贴现因子 $\Lambda_{t,t+1}$ 定义为"扩展的随机贴现因子"。

由于 $\phi_t$ 对不同的银行和岛屿而言是相等的，因此我们可以对各银行个体进行加总，从而将对银行总资产 $Q_t S_t$ 的需求表示为总资产净值 $N_t$ 的函数：

$$Q_t S_t = \phi_t N_t \tag{26}$$

综上所述，在无摩擦的同业拆借市场中各个银行是同质的，银行发放的总贷款仅受到银行总资产的约束。

如果银行的资产负债表是有约束力的，并且银行在零售市场受到了约束，那么资产在储蓄之外会产生部分额外收益。

$$E_t\Lambda_{t,t+1}\Omega_{t+1}R_{kt+1} = E_t\Lambda_{t,t+1}\Omega_{t+1}R_{bt+1} > E_t\Lambda_{t,t+1}\Omega_{t+1}R_{t+1} \tag{27}$$

在这样的经济环境中，危机会提高各类银行的额外收益。

2. 同业拆借市场与零售市场存在对称摩擦（$\omega = 0$）

这种情况下银行转移资产的能力与获得资金的途径无关，银行在同业拆借市场与零售市场面临的约束相同，从而同业拆借市场与零售市场成为融资渠道的完全替代品。由公式（17）可知同业拆借的边际成本与储蓄的边际成本相等，即

$$\nu_{bt} = v_t \tag{28}$$

坐落在有投资机会的岛屿上的银行受到融资约束，在没有投资机会的岛屿上的银行不一定会受到约束。如果同业拆借的约束是有约束力的，无投资机会岛屿上的银行更倾向于使用资金对现有投资进行再融资，而不是将其贷给有投资机会的岛屿上的银行，这使得无投资机会的岛屿上的银行可能无法获得额外收益。

由于有投资机会的岛屿上的银行的每单位资产净值的资产供给比无投资机会的岛屿上的更高，因此其资产价格相对更低，即 $Q_t^i < Q_t^n$。令 $\mu_t^h \equiv \dfrac{\nu_{st}}{Q_t^h} - \nu_t$ 表示额外资产价值，从而有

$$\mu_t^i > \mu_t^n \geqslant 0 \tag{29}$$

大于零的额外收益意味着有投资机会的岛屿上的银行是受到融资约束的。银行的杠杆比率为

$$\frac{Q_t^i s_t^i}{n_t^i} = \phi_t^i = \frac{\nu_t}{\theta - \mu_t^i} \tag{30}$$

$$\frac{Q_t^n s_t^n}{n_t^n} \leqslant \phi_t^n = \frac{\nu_t}{\theta - \mu_t^n}, \left(\frac{Q_t^n s_t^n}{n_t^n} - \phi_t^n\right)\mu_t^n = 0 \tag{31}$$

待定系数法得到如下结果:

$$\nu_t = E_t \Lambda_{t,t+1} \sum_{h'=i,n} \pi^{h'} \Omega^{h'}_{t+1} R_{t+1} = \mathop{E}\limits_{h't} \Lambda_{t,t+1} \Omega^{h'}_{t+1} R_{t+1} \tag{32}$$

$$\mu_t^h = \mathop{E}\limits_{h't} \Lambda_{t,t+1} \Omega^{h'}_{t+1} (R_{kt+1}^{hh'} - R_{t+1}) \tag{33}$$

其中:

$$\Omega^{h'}_{t+1} = 1 - \sigma + \sigma(\nu_{t+1} + \phi^{h'}_{t+1}\mu^{h'}_{t+1})$$

$$R_{kt+1}^{hh'} = \psi_{t+1} \frac{Z_{t+1} + (1 - \delta)\Omega^{h'}_{t+1}}{\Omega_t^h}$$

在不完全的同业拆借市场,资产净值的边际价值 $\Omega^{h'}_{t+1}$ 和资产收益 $R_{kt+1}^{hh'}$ 均取决于下一期银行坐落于何种岛屿上。

由于岛屿间的杠杆比率不同,我们对银行进行分别加总,可得

$$Q_t^i S_t^i = \phi_t^i N_t^i \tag{34}$$

$$Q_t^n S_t^n \leqslant \phi_t^n N_t^n, (Q_t^n S_t^n - \phi_t^n N_t^n)\mu_t^n = 0 \tag{35}$$

由公式(28)、公式(29)、公式(32)及公式(33)可以得到收益应该遵循下式:

$$\mathop{E}\limits_{h't} \Lambda_{t,t+1} \Omega^{h'}_{t+1} R_{kt+1}^{ih'} > \mathop{E}\limits_{h't} \Lambda_{t,t+1} \Omega^{h'}_{t+1} R_{kt+1}^{nh'} \geqslant \mathop{E}\limits_{h't} \Lambda_{t,t+1} \Omega^{h'}_{t+1} R_{bt+1} = \mathop{E}\limits_{h't} \Lambda_{t,t+1} \Omega^{h'}_{t+1} R_{t+1} \tag{36}$$

当且仅当 $\mu_t^n > 0$ 时,上式为严格不等式;当且仅当 $\mu_t^n = 0$ 时,等号成立。在不完全的同业拆借市场,危机会导致有投资机会的岛屿上的银行产生额外收益,并提高岛屿间收益的分散程度。

3. 银行资产净值

各类银行的资产净值 $N_t^h$,等于原有企业的资产净值 $N_{ot}^h$ 与进入的企业资产净值 $N_{yt}^h$ 之和(其中 $o$ 代表旧,$y$ 代表新),则有

$$N_t^h = N_{ot}^h + N_{yt}^h \tag{37}$$

原有企业的资产净值等于前一期资产收益减去债务偿还的部分与保持到这一期的企业的比例 $\sigma$ 之积:

$$N_{ot}^h = \sigma \pi^h \{ [Z_t + (1 - \delta) Q_t^h] \psi_t S_{t-1} - R_t D_{t-1} \} \tag{38}$$

由于新的投资机会的出现是独立于时间分布的，因此同业拆借并没有被包含在总值中。假设家庭部门将原有企业总资产价值的 $\dfrac{\xi}{1 - \sigma}$ 部分转移给每位新银行家，则有

$$N_{yt}^h = \xi [Z_t + (1 - \delta) Q_t^h] \psi_t S_{t-1} \tag{39}$$

由资产负债表可知，储蓄等于总资产与资产净值间的差值：

$$D_t = \sum_{h=i,n} (Q_t^h S_t^h - N_t^h) \tag{40}$$

可以看出，资产净值的波动取决于资产收益。银行杠杆比率较高时，收益波动对资产净值影响的百分比更大。同时，资产质量的恶化会直接导致资产净值的减少，这反过来又导致资产被低价出售，资产价格下降，进一步减少银行的资产净值。

### 6.3.4 均衡

假设证券市场与劳动力市场均是出清的。在有投资机会的岛屿上与无投资机会的岛屿上发行的全部证券相当于其分别所需的总资本：

$$\begin{aligned} S_t^i &= I_t + (1 - \delta) \pi^i K_t \\ S_t^n &= (1 - \delta) \pi^n K_t \end{aligned} \tag{41}$$

在无摩擦的同业拆借市场中银行所需的证券由公式（26）给出，在不完全的同业拆借市场中的由公式（34）和公式（35）给出。第一，各类岛屿上资本的市场价格取决于相关银行的财务状况；第二，在不完全的同业拆借市场中，有投资机会的岛屿上的资产价格将会更低。

劳动需求与劳动供给均衡要求：

$$(1 - \alpha) \frac{Y_t}{L_t} \cdot E_t u_{Ct} = \chi L_t^\phi \tag{42}$$

根据瓦尔拉斯法则，一旦商品市场、劳动市场、证券市场和同业拆借市场均被出清，无风险债券市场自然被出清：

$$D_{ht} = D_t + D_{gt}$$

其中，$D_{gt}$ 为政府债券。

在不存在信贷市场摩擦的情况下，模型就会简化成包含消费习惯形成与投资调整成本的真实经济周期模型。存在信贷市场摩擦的情况下，资产负债表约束了银行从零售市场与同业拆借市场获取资金的能力，从而限制了真实投资，

对实体经济活动产生影响。

如前所述，资本质量的恶化将会对银行的资产负债表产生负面影响。对资产价值的外生负向冲击使得银行资产净值降低，迫使银行减持资产，反过来资产的低价抛售又进一步拉低了资本的市场价格。资产减少对银行股本的影响与银行杠杆比率成比例。对于杠杆比率高的银行，银行股本百分比的大幅下跌将会导致信贷的剧烈扰动。

## 6.4 广义金融摩擦理论模型进一步研究的方向和内容

除本章所述的模型框架中所包含的因素外，仍然存在一些其他值得研究的关键性问题有待探讨。

### 6.4.1 保证金紧缩

在本章的基准模型中，融资面临的困境是金融中介资产负债表恶化的结果：在委托代理问题对杠杆比率产生的约束下，金融中介资产净值下降导致其能持有的资产的价值下降，所有在发生债务违约时可能降低借款人预期能够收回的资产的因素都会导致保证金的紧缩。在零售市场中储蓄者能收回资产的部分为 $1 - \theta$，而在同业拆借市场上借款的银行能收回的部分为 $1 - \theta(1 - \omega)$，$0 < \omega < 1$。假设 $\theta$ 和 $\omega$ 可随时间变化，决定杠杆比率最大值的的激励约束可表示为

$$V_t(s_t^h, b_t^h, d_t) \geqslant \theta_t(Q_t s_t^h - \omega_t b_t^h)$$

$\theta_t$ 增加或 $\omega_t$ 减少将会使约束收紧，借款人在任意的资产净值水平下允许的贷款量更低，从而保证金紧缩。Kiyotaki 和 Moore（2008）、Del Nergo，Eggertsson，Ferrero 和 Kiyotaki（2010）以及 Jermann 和 Quadrini（2009）将其作为触发金融市场扰动的机制。$\theta_t$ 与储蓄市场效率负相关，$1 - \theta_t(1 - \omega_t)$ 与同业拆借市场效率相关。在其他条件不变的情况下，借款者能从贷款人处收回的资金越少，金融市场的效率越低。如何在模型中分析影响 $\theta_t$ 与 $\omega_t$ 变化的内生性因素抑或通过其他途径将保证金紧缩问题模型化一并纳入研究框架需要进一步探究。

### 6.4.2 套利监管与贷款证券化

本章模型中关注的是金融中介与宏观经济总体活动之间的相互作用，因此对金融中介部门的描述相当简洁，主要涉及了三个基本方面：第一，银行承担对非金融性企业的委托监管任务。由于对贷款人进行评估和监督需要专业技能，

因此金融中介成为将资金由家庭部门转移到企业的渠道。第二，银行从事期限转换业务。银行在发行短期负债的同时持有长期资产。第三，银行促进了流动性供应。同业拆借市场保证了对资金有异质性需求的企业贷款人能够获得资金。

本章模型中的银行应该视为金融中介部门的综合代表，既包括商业银行，也包括投资银行，因此基准模型中并没有描述新危机中例如某些投资银行的解体等显著特征，这些投资银行持有着由商业银行发起并抛售的证券化资产。可以假设由于商业银行受到法定资本要求的约束，因此需要设立不受制于资本法定要求的特殊目的载体（SPV）。银行家将由商业银行发起和证券化的资产置于SPV中，通过将自有部分资产净值抽调到实体中以及发行作为银行储蓄的完全替代品的短期债券来募集SPV资金。可以将银行家经营的实体视为由商业银行与作为独立实体存在的SPV的统一体。由于SPV的经营脱离了商业银行的资产负债表并持有证券化资产，因此可以将其视为投资银行。可以通过分析银行部门的综合资产负债表研究其获得资金时将面临的约束，进而预测投资银行、证券化贷款与商业银行在危机中可能会受到的干扰。

### 6.4.3 外部股本、外部性以及道德风险

基准模型中假设短期非或然债券是银行能够发行的唯一负债形式，没有考虑银行可以同时发行完全状态依存债券，或者说是外部股本的情况。发行外部股本能够为银行提供抵抗其资本净值波动的对冲，让其债权人分担其贷款投资组合收益的部分风险。例如，银行不再独自承担对资本质量产生的负向冲击，而是由银行外部股本持有者与银行一起承担，从而降低了银行的杠杆比率和其资产净值的波动性。外部股本能够提供的对冲价值使得一切均是等价的，从而银行更倾向于用完全状态依存股本代替其非或然债券，通过降低其资本净值的波动幅度而获利。

我们需要通过将股本选择内生化研究代理问题如何限制了银行对外部股本融资的使用以及如何影响银行对通过非或然储蓄或是外部股本融资的选择决策。另外，由于银行个体的金融结构的决策存在外部性，并且银行收益的波动以及经济的波动取决于金融中介部门总体的资产负债情况而不是任何中介个体的资产负债表，因此中介部门整体的杠杆比率使得金融系统容易受到扰乱的干扰。

股本的内生性选择的引入同样在政策干预的预期上引发了道德风险问题。以稳定银行资产净值的影子价值波动为目标的信贷政策将会降低银行选择通过外部股本进行融资的激励，从而提高了中介部门的总杠杆比率以及在另一场危

机中需要政府进行干预的可能性。对这些道德风险问题的后果进行探讨是今后研究的一个重要方向，对其进行定量分析对政策的评估也具有非常重要的意义。

## 6.5  小结

本章基于 Gertler 和 Kiyotaki（2010）构建的 DSGE 模型的基础，介绍了一个在宏观经济分析模型中融合了金融中介、流动性风险和信贷市场等因素的研究框架，关注了中介的资产负债情况，重点描述了在信贷市场中金融中介获取资金来源时所面临的融资约束。由于银行家存在私自转移资产的动机，因此储户与同业银行将限制其提供给银行的资金。针对同业拆借市场，本章分别讨论了存在摩擦与不存在摩擦的情况。在完全同业拆借市场中，所有银行在冲击下均产生额外收益，而在非完全的同业拆借市场，仅有新投资机会的岛屿上的银行产生额外收益，加大了银行间收益的分散程度。资产减少对银行股本的影响与银行杠杆比率成比例，对于杠杆比率高的银行，银行股本百分比的大幅下跌将会导致信贷的剧烈扰动。资产质量的负向冲击使得资产价格与银行净值下降，因此银行能够获得的资金下降，从而引发的减持资产效应反过来进一步加剧了资产价格的降低，负向冲击的效应被放大和扩散。由于金融中介缺乏资金来源，企业能够获得的贷款相应减少，金融市场的危机蔓延到实体经济活动中，从而引起全面经济危机的爆发。

因此针对危机中金融中介与信贷市场的扰乱现象，需要政府制定相应的信贷政策以有针对性地应对并缓解危机对宏观经济造成的影响。例如在 2008 年金融危机后，美联储与财政部出台的允许以优质的私人抵押品为抵押向银行以及非银行类的金融机构提供贴现窗口业务等非常规性政策有效地平缓了各项经济指标的波动幅度。我国在新的经济背景下，同样需要注重信贷政策的灵活性与有效性，以更好地应对并利用地位与风险均不断提高的金融市场。

（本章作者：张云、陈瑞华、王岩岱、张慧慧）

# 7 宏观流动性的测度与
影响：方法综述

　　宏观流动性问题的治理需要有效的宏观流动性测度和监控作为基础，这方面的研究正在取得进展，本章将对这方面的研究进行梳理和总结。根据已有文献，关于流动性的测度目前集中在如下几个层面：第一，宏观层面上，对货币等金融资产绝对量和相对比率变化的研究，可追溯到戈德史密斯关于金融发展的研究。关于金融化程度和宏观流动性测度研究，可以通过 Moritz Schularick 和 Alan M. Taylor（2009）进行充分了解。第二，在研究机构的流动性状况和金融市场流动性状况时，资产负债表分析、压力测试等已经成为标准分析工具。第三，金融系统压力测试方面，基于对系统重要性金融机构的压力测试以有效掌握整个金融系统流动性状况。压力测试已经成为金融机构和金融系统性风险研究的重要测度方法。

　　宏观流动性研究既涉及政府信用支撑的狭义货币的数量和方式，也涉及广义货币中由市场信用支撑的部分，更涉及金融化后的各种创新性金融资产的总量变化，以及各部分之间相对变化的复杂关系。依据前面我们关于流动性划分的方法，信用性质是最基本的决定因素，而资产期限、转换期权、税收等因素也共同决定着货币和其他金融资产的流动性特征。在 2004 年 Avinash D. Persaud 等人的研究中，已经提到金融系统的一个重要变化，就是随着金融创新发展，越来越多的金融资产具有流动性，会使得金融系统更容易陷入流动性陷阱。在金融化深度发展后，投资者和机构有了更大的资产组合选择权和选择能力，因此流动性问题就不仅在微观层面是重要的，而且成为一个重要的宏观问题。为此，就需要对流动性测度方法进行更深入和具体的研究。宏观流动性的问题涉及具有高流动性的货币和金融资产在金融系统中的分布情况，还需要考虑金融制度对流动性的影响，在研究测度方面都需要给予充分考虑。

　　在前文理论研究基础上，本章着重对流动性的测度方法进行综述和总结，并提出一些宏观流动性测度研究可以建立的原则。

## 7.1 流动性的宏观测度：已有研究方法

我们把宏观流动性测度研究追溯到戈德史密斯的金融发展研究，虽然这方面研究的重点是金融发展对经济增长的影响，但是其对金融发展的框架性分析给金融结构研究和货币、金融资产的构成比率研究提供了基本的思路，也为宏观流动性研究提供了基础。

戈德史密斯以金融相关比率（Financial Interrelations Ratios，FIR）衡量金融上层结构相对规模和金融深化的程度，从便利性的角度定义了流动性，即流动性是货币余额与产出的比率，比率越高，流动性就越高，反之则反是。戈德史密斯用"金融发展"来定义金融结构的变化，用"经济金融化"来描述金融发展的现状，这个比率的提出反映了较高的流动性将促进产出的增加，较低的流动性会抑制产出的扩张，甚至造成紧缩。

流动性最为普遍的衡量指标是麦金农提出的金融深化指标，即 $M_2/GDP$（广义货币供应量与 GDP 的比值）。在分析日本"失去的十年"的流动性陷阱分析中，采用汇率的工具，考察汇率的变动对单位劳动成本和生产率的增长幅度，从而分析流动性的程度。

巴曙松（2007）在中国流动性问题研究中，依据超额准备金率的下降和存贷比的提高，认为中国商业银行系统内的流动性已经偏紧。央行在外汇市场上购买外汇需要投放基础货币，外汇储备增长迅速带动基础货币投放速度加快，宏观层面上带动流动性增加。彭兴韵（2007）认为流动性过剩凸显出长期金融工具发展不足，资产价格大幅提升，中国金融体系中大量短期金融工具对长期金融工具的需求得不到满足，导致长期金融工具价格大幅上升。大量短期金融工具追逐长期金融工具的状况，导致长期资产价格上涨从而表现为流动性过剩。张明（2007）从宏观货币信贷口径研究基础上，对流动性和流动性过剩问题进行了研究。张明利用狭义货币、广义货币、国际信贷与 GDP 的比率衡量了流动性过剩的程度，并发现在美国、日本等发达国家以及中国大陆与台湾地区和香港地区、韩国等东亚新兴市场经济体，均存在一定程度的流动性过剩。发达国家流动性过剩的原因是实施了以低利率为特征的宽松货币政策，而新兴市场经济体流动性过剩的原因是外汇储备增加导致基础货币发行增加。流动性过剩是指实际货币存量对理想均衡水平的偏离，即 $MV = PY$。

Moritz Schularick，Alan M. Taylor（2009）在研究发达国家经济长期金融化

时，利用现有统计数据，对货币和其他金融资产比率的变化进行了比较，实证研究揭示了"二战"后主要发达国家货币和金融信用分离的稳定趋势①。过去几十年，这种金融系统结构上的重大变化导致了宏观经济出现更大规模的信用。14 个发达国家②采用从 1870 年到 2009 年年度数据，用狭义货币（$M_0$，$M_1$）和广义货币（典型的是 $M_2$，$M_3$）代表货币总量，全部银行贷款和银行部分总资产负债表规模的年度数据，总贷款或银行贷款被定义为年末的由国内银行贷给本国家庭和非金融企业（剔除金融机构内部的贷款）的未偿付的本币贷款。银行被广泛地定义为货币金融机构，包括储蓄银行、邮政银行、信用合作社、抵押贷款协会、Building Societies，这些机构任何可用的数据。但是，数据集合排除了经济公司、金融公司、保险企业和其他金融机构。总的银行资产被定义为年末银行的国内居民的全部资产负债表资产的总和。就货币和银行信贷的比较来说，这里面已经包含了我们所讨论的流动性的基本观测指标。

宏观流动性风险不是单个机构和市场的流动性风险的加总。宏观流动性是金融机构和金融市场各微观主体在系统内和外部因素影响下的普遍反应。上述流动性测度方法侧重于货币与金融资产总量，以及与实际 GDP 和名义 GDP 的相对比率关系，缺少对横向维度的对各种资产总量的结构性比较；也缺少关于金融监管制度和金融机构管理制度对流动性影响的观察。所以，在已有的机构和市场流动性测度基础上，宏观流动性测度研究还应该包含下述研究：第一，货币与其他资产的比率，以及变化趋势的测度，可以通过对金融机构资产结构的变化作为间接观测手段；第二，金融结构中的流动性分布状况；第三，金融机构和金融市场流动性是否有相类似流动性问题集中出现。

因为金融机构流动性管理和金融市场投资者流动性偏好行为的研究，是观测宏观流动性变化的基础。所以，我们在随后部分着重对传统的金融机构和市场流动性测度和管理方法进行综述。

## 7.2　微观测度方法

伦纳德·麦茨和彼得·诺伊（2010）从微观层面，对银行流动性风险计量

---

① 这里他们讨论的是比较狭义的信用，但是即便如此，这种货币与信用分离的趋势依然是非常显著的，这些金融信用活动对货币流动性的依赖就越来越强。如果考虑到其他金融资产，这个分离趋势就更加显著。

② 包括 USA，Canada，Austrilia，Denmark，France，Germany，Italy，Japan，The Netherlands，Norway，Spain，Sweden and UK。

和管理方法做了全面的总结；Avinash. D. Persaud 等（2004）对金融市场流动性频繁出现的枯竭问题做了研究，提供了经验性测度方法，并对流动性黑洞的趋势性影响做了分析；埃里克·班克斯（2004）对金融机构和金融市场流动性测度方法做了理论探讨。我们对传统金融机构流动性风险管理和上述前沿研究进行综述。

### 7.2.1　金融机构的流动性：界定与测度

在金融系统中，商业银行依然是金融信用创造的核心，决定着整个金融系统稳定。伦纳德·麦茨和彼得·诺伊（2010）对银行给出的法律上的定义是所有在日常经营中发行各类存款的机构都应当被视为银行。银行所发放的贷款业务是以固定的名义价值进行的，因此，发行同样具有固定名义价值的存款负债对银行是具有重要意义的。各类存款是银行稳定的资产，这些存款可以被转化为纸币或者（通过支付系统）转化为其他银行的存款，同时也可以用于对商品和劳务的支付。银行可以通过不断变化的存款者群体来为其提供融资，间接地通过发行高流动性负债来为其低流动性资产提供融资，因此，管控流动性风险就成为商业银行的核心业务之一。

一、商业银行流动性的基本机制

在实践中，银行发行不同类型的存款负债，它们具有不同的流动性，有些类型存款的提取存在限制。固定期限存款到期后才可以提取或者提前向银行发出请求后，在规定限制时间后才能提取。相比较而言，活期存款是最具有流动性的存款，能随时转化为现金（纸币和硬币），而且这类存款可以被用来进行转账支付。与定期存款相比，活期存款能随时被支取而不会受任何惩罚。流动性高的资产通常具有较低的利率，现金基本上是没有利息的。

在对银行类金融机构的认识基础上，伦纳德·麦茨和彼得·诺伊（2010）提出流动性是将其他资产替换成货币资产的能力，这是一个比较狭义的定义。他们认为商业银行的流动性与中央银行密切相关，中央银行发行的货币可以用于交换任何东西，是最具有流动性的资产。因为，货币是国家的负债，是以国家信用为支撑的。因此，受到金融市场参与者的信赖。从货币金融史来看，从中央银行形成以来，中央政府通过中央银行，或类似部门获得了发行货币的垄断权力，纸币和硬币作为交易媒介是受到法定货币的保护并且强制执行的。由于中央银行或类似部门不用为纸币和硬币支付利率，这一部门将在货币发行中获得"铸币税"①。但在经济繁荣时期，货币这种零利率资产对持有者来说缺乏吸引力，特别是在其他金融资产的名义收益率相对较高的情况下，人们更愿意以各类证券，或者商业银行存款的形式来持有资产。实际上，人们总是希望在较好的流动性、可接受的风险水平和愿意接受的收益率之间进行平衡。

在宏观流动性创造过程中，中央银行除了通过发行货币向金融系统注入流动性外，具有商业银行性质的中央银行通过是否允许存款从一家商业银行转到另一家，改变银行系统的流动性状况。商业银行的核心功能之一就是为客户间的支付需求提供支付服务，而这种支付活动是在客户的商业银行账户上进行结算的。因为各商业银行受信用额度的限制，所以不同商业银行的客户间的支付需要通过各商业银行在中央银行的账户之间进行转移来反映，即从一家商业银行的账户向另一家银行账户转移。所以，中央银行和商业银行系统构成的支付系统，对商业银行存款的流动性具有至关重要的影响。

二、资产证券化与商业银行流动性的深刻变化

从 20 世纪 70 年代开始，主要发达国家金融深化和自由化得到进一步的发展，资产证券化成为重要的金融创新。此后，银行流动性与市场流动性密切相关，银行的流动性对于证券市场的流动性有着重要的支撑作用。同时，金融市场的流动性变化对商业银行流动性状况也具有重要影响，例如在 2007 年美国次贷危机中，源起于华尔街的证券市场危机波及商业银行系统，在投资银行陷入崩溃的同时，商业银行系统、保险等机构都陷入巨大风险中。在最近关于市场流动性问题的研究中，很多学者对这一问题进行了深入的实证研究。伦纳德·麦茨和彼得·诺伊（2010），Wray（2011）都强调了经济金融化，更具体地说，证券化使银行与证券市场活动直接联系起来，金融不稳定，特别表现为流动性形式的不稳定变得更为显著。

银行在证券市场中扮演着重要角色；银行大量参与了证券市场的结算；在短期证券交易中，特别是在商业票据的交易中，商业票据需要很高的信用评级才能够自由交易，而单纯的商业信用是无法做到这点的，而银行良好的流动性保障提供了良好的信用，使其更易于实现。现实中，只有在短期证券的发行者拥有来自银行方面的流动性通道时，信用评级机构才会给予这些商业票据较高的评级。

---

① 铸币税是零利率与持有其他负债可能要支付的利率水平之间的差额，也是经济体内的其他部门向这种特殊的流动性服务所支付的费用。

大规模资产证券化是在 20 世纪 80 年代之后开始的。银行之所以参与证券化活动，是因为通过发行由抵押贷款或者其他贷款作为担保的债券，银行可以将资产负债表中一些流动性较差的资产进行证券化。这意味着银行能够减少存款负债，改善资产负债表中到期日不匹配的问题，同时向实体经济提供流动性；通过发行各类短期证券（主要是大额可转让定期存单），银行可以在一定程度上管理它们的流动性头寸；银行可以持有一定数量的证券，当银行出现流动不足的情况，就可以将这些持有的证券直接出售或者进行回购操作来获得流动性。

伦纳德·麦茨和彼得·诺伊（2010）指出，在主要发达国家的资产证券化使得这些经济体内的银行与市场之间的流动性相互作用，主要表现为银行对市场流动性给予支持，同时也参与市场活动来管理自己的流动性。同时，他们都关注到银行与金融市场间由于资产证券化不断深化而不断加深的联系是存在负面效应的，即银行业的流动性危机可能会蔓延到金融市场，同时金融市场的流动性危机对银行业造成强烈冲击。

三、金融机构流动性测度的已有方法

彼得·罗斯（2008）、伦纳德·麦茨和彼得·诺伊（2010），以及班克斯（2007）都详细阐述了商业银行流动性管理和测度的方法，总结出最常采用的方法包括现金资本分析法、到期期限错配分析法、流动性比率法。因为在他们的研究中已经有了非常详细的介绍，同时这些微观技术方法不是本书研究的核心，所以在这里我们根据他们的研究做一个简要的总结，以保持方法研究的结构完整。

1. 现金资本分析法

现金资本分析法由穆迪首创，是穆迪公司外部评级流程中分析银行资产负债表的流动性结构的重要技术方法。该方法根据资产和负债中各项的变现能力进行划分，然后根据现金资本的状况来判断金融机构的流动性状况。其中，现金资本是流动性资产抵押价值与短期银行间拆借及非银行存款的非核心部分之间的缺口。在此基础上，现金资本定义为长期债券、核心存款及股本之和减去折扣证券资产、紧急现金流出以及非流动性资产。无变现障碍证券是指能够被用做抵押的资产，通常由债券/股票融资交易后的证券净头寸市值计算。①

---

① 无变现障碍证券＝证券多头头寸－证券空头头寸＋逆回购证券－回购证券＋借入证券－借出证券。净现金资本＝长期融资－非流动性资产－非流动性证券。净现金资本工具试图通过银行的信息披露报告来衡量银行当前的现金需求。

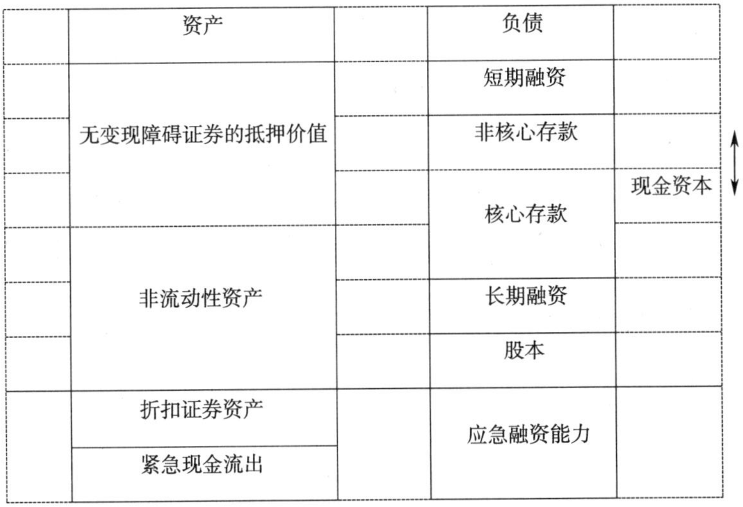

| 资产 | 负债 | |
|---|---|---|
| 无变现障碍证券的抵押价值 | 短期融资 | |
| | 非核心存款 | |
| | | 现金资本 |
| | 核心存款 | |
| 非流动性资产 | 长期融资 | |
| | 股本 | |
| 折扣证券资产 | 应急融资能力 | |
| 紧急现金流出 | | |

资料来源：引自伦纳德·麦茨和彼得·诺伊的研究。

**图7-1　现金资本头寸的计算**

**2. 期限错配分析法**

将现金流按照数量和期限是确定性的还是随机性的，可将期限错配分析法分为以下四种类型：

| 现金流时间：确定随机 | 固定利率长期贷款和按揭贷款<br>现金/回购/抵押借款<br>定期存款<br>固定支付资产（贷款、债券、利率掉期）<br>交叉货币掉期的名义交换 Ⅰ | 可变保证金<br>欧式期权<br>非固定支付资产（贷款、债券、利率掉期）和股息<br><br>Ⅱ |
|---|---|---|
| | 旅行支票<br>抵押债券<br>灵活按揭还款期的贷款<br><br>Ⅲ | 循环贷款<br>现金账户<br>活期和储蓄存款<br>可交易资产（债券、股票、基金）<br>美式期权 Ⅳ |

现金流数量：随机/确定

资料来源：引自伦纳德·麦茨和彼得·诺伊的研究。

**图7-2　现金流的期限——流量矩阵**

累计现金流入包含能覆盖其他表内、表外流动性流出的可用流动性。与覆盖由于市场风险、信用风险和操作风险产生的净资产价值潜在损失的资本类似，累计净流入覆盖潜在累计净流出的流动性风险。累计净流出的现金流入和流出包括根据息票和分期付款计划归入不同期限栏的贷款等。用累计净流出减去累计净流入，得到各期限的累计净流动性缺口。

正的累计净缺口表示银行能通过将无变现障碍资产变现来覆盖所有现金流出。负缺口也并不意味着银行会破产，而仅表示按照当天的资产负债状况，即在没有任何展期融资和新资产发生，而且按照现金流模型假定的情景设定，银行保有的流动性不足以覆盖现金流出。由于银行总是处在流动性期限转换中，即银行在货币市场上为部分长期资产融资，在存量模式下累计净缺口会最终呈现负值。

3. 流动性比率法

银行用大量的比率或者指标计量持续经营和压力市场条件下达到流动性需求的能力。根据 Avinash. D. Persaud（2007）等人的研究，这些指标应该包括：

（现金＋无变现障碍证券的抵押价值＋承诺的无担保融资额度）/短期无担保债务；正净现金资本大于一年的长期债务（包括存款的核心部分）＋股本±（折扣证券资产＋非流动性资产）；以表内资产在流动性危机中非自我融资的部分为定义的现金资本使用＜可用现金资本（所有者权益＋在12个月内不会到期的借款＋表内资产抵押价值＋承诺的无担保信用额度）；（下个月的现金流入＋可出售证券抵押价值）/下个月的现金流出；流动性气压计是银行无法获得融资展期情景下可以存续的时间；累计流出最大上限，被定义为在压力情景下支持现金流出的短期无担保资金数量，这个指标旨在提供流动性缓冲。

## 7.2.2 金融市场流动性问题的认识和经验测度

2007年对金融市场流动性黑洞和测度的研究开始引起关注。Avinash. D. Persaud（2007）等人对金融市场，特别是证券市场突然出现的流动性黑洞问题进行了全面研究，得出了有价值的经验认识和经验测度方法。他们在研究中指出，如果当金融资产价格下跌时，更多投资者愿意买入，这种价格波动是市场稳定发展的表现，是正常的；然而，如果金融资产价格下跌引发的是投资者普遍卖空时，资产价格大幅持续下跌，金融市场陷入流动性黑洞状况。这种情况在1929年大萧条、1987年美国证券市场危机、1998年美国长期资本管理公司危机，以及次贷危机等案例中可以观察到。现代主流金融理论研究者认为投资者根据各金融工具的平均收益率、波动性以及与其他工具的协方差等统计属性来定义股票、债券和货币。在此基础上，投资者不但要考虑单个金融工具的属性，还要考虑资产组合的属性，投资者根据风险约束，管理投资组合。如果金融资产的波动性和金融资产间的相关性增加，那么统计上的风险也会增加，一旦投资者的风险约束水平被突破，投资者就需要通过出售波动性高或相关性高的金融资产来降低风险。

依据明斯基（1963）的金融不稳定理论，后凯恩斯主义货币金融理论的学者认为金融中介和信用经济本身具有内在的"金融脆弱性"，经济的持续繁荣，会提高投资者对于未来的乐观态度，投资者和金融机构会更多地投资于风险性资产。当经济表现没有早前预期好时，金融系统中违约开始发生，整个经济系统将会更加脆弱。

现实中，金融资产过去的收益、波动性和协方差不是固定不变的，但主流的金融市场投资者和分析者却常常把它们当做给定的，并据此作出投资分析。随着计算机和新计算方法的普及，投资者越来越趋向于利用近似信息和相近技术，并投资于相似的市场。综上所述，投资者虽然将与金融工具风险和收益相关的数据视为外生的，但投资者越来越相似的行为使得金融风险具有了内生性。另外，20 世纪 70 年代以来发生在主要发达国家的金融创新，使得金融工具的风险能够被分割和分担，使单个金融资产的风险能够独立地交易，或者与其他金融资产被分拆的风险组合起来交易。例如通过出售部分贷款，银行可以突破资产负债表、监管性的资本充足率或内部风险管理体系的限制，从而可以发放更多的贷款。在发达国家金融创新过程中，银行将信用风险转移给保险公司，保险公司通过在证券市场上做空来对冲自身的风险，大大增加了证券市场的风险，这便是金融化和金融创新造成的信贷风险转移。信贷转移的同时也增加了风险，市场危机的核心是流动性的丧失，市场危机和金融机构危机之间可以是相互替代的，流动性的丧失导致金融危机的结果。

下面我们根据 Avinash. D. Persaud（2007）、埃里克·班克斯、伦纳德·麦茨和彼得·诺伊等人的研究，简要总结一下金融市场流动性风险观测和测量方面的研究进展。

一、外汇市场流动性

外汇市场经理们将外汇市场流动性定义为在正常的市场差价条件下，不会对该金融资产价格造成影响的最大交易规模，可以通过两个变量来衡量流动性：（1）以交易的百分比所表示的买卖差价；（2）交易完成之后对市场造成的影响。

根据投资经理的经验可以得出以下结论：

1. 相对较低的交易成本，表明市场具有较高的流动性。尤其是规模在 5000 万美元到 1 亿美元的交易比较典型，其成本约为 5 个基点。

2. 作为价格的接受者和流动性的运用者，投资经理所面临的交易成本几乎总是正的。

3. 这一平均水平有随时间变化而表现出波动性的趋势。

二、证券市场流动性

1. 证券市场流动性的概念和基本测度指标

在证券市场活动中，投资者对投资组合构成进行调整是投资过程中的一个重要组成部分，会对投资绩效产生直接的影响。改变投资组合构成会产生相应的成本，证券资产的流动性对投资组合变化的成本有重要影响。同时，证券资产的流动性作为执行速度的一个约束条件，会对机会成本产生影响。改变投资组合构成的过程包括：资产所有者从根本上改变其投资策略或改变其投资管理的架构；投资组合追踪某指数基准，而不得不随该基准的变化而作出调整。

投资组合转换需要进行谨慎管理，因为它会对投资绩效产生重要影响。执行差额（Implementation Shortfall）是目前被普遍接受的、用于衡量受控投资组合转换是否成功的方法。这种衡量方法以一个假想的、在瞬间发生的无成本转换作为其参照点。该转换中，投资被变现的同时，以适用于基准的同等价格买入资产，并以此作为衡量投资组合转换是否成功的标志，这一方法还考虑到了投资组合转换未能完成时的机会成本。使用执行差额的这种度量方法的优势在于考虑到了可能出现的所有成本，包括执行成本和机会成本[①]。

Avinash. D. Persaud（2007）认为在证券市场中流动性是这样一种状态，它无法被直接观测到，但却可以通过可观测的指标进行考察。一般是从三个方面的指标进行观测：时间，以给定价格完成给定数量的交易所需要的时间；数量，在给定时间内以给定价格可进行交易的数量；价格，在给定时间内完成给定数量的交易所花费的成本。这三个方面的指标共同决定了某个特定的证券是否在给定市场中处于高流动性状态。如果大量的证券可以在非常短的时间内在几乎没有价格效应的情况下买入或者抛售，我们就可以认为市场处于高流动性的状态。

对于投资组合转换或者投资组合交易而言，在进行实际交易之前，对流动性进行估计是非常必要的，也正是基于这一原因，我们需要一些可以被观测的替代变量。例如，买卖差价（对价格做了标准化处理）给出了存货风险的一个

---

① 执行成本是指远离基准价格时执行的成本，因此包括了价格影响和买卖差价。机会成本是转换过程中基准的价值在数量上发生的改变，是由未被选入到目标投资组合中的那部分投资组合来衡量的。

即刻的衡量方法，它也是流动性的一个直接指标。市场交易额（将交易量相对于市场资本总额做标准化处理）给出了可用于交易的股票数量与价格效应的指标，而流动性会对买卖差价和市场的价格效应产生影响。

Avinash. D. Persaud（2007）特别强调，尽管高市场交易规模与高流动性常常相伴而行，但两者并不总是保持一致的。因为，市场参与者的多样性会对流动性产生影响，而这与市场的交易量无关。如果大多数经理人正转向某个特定的方向，并且正在卖出某种股票或者某组股票，那么卖方在该股票上就会缺乏流动性。

2. 证券市场流动性问题的基本机制

Avinash. D. Persaud（2007）总结了他们通过观察发现的证券市场交易机制、交易技术造成的证券市场的正反馈效应。交易制度是造成流动性问题的原因之一，即损失限额、追缴保证金等制度可能加剧市场大规模波动，交易商受到的约束缩短了他们的决策周期，当一些交易商认为其他人将面临这些约束时，就会普遍通过追涨杀跌的方式进行投资重新组合，以应对可能很快到来的价格剧烈变化。当交易商们受到以上约束时，价格的变化会影响交易指令流量。特别是当实际交易额接近于交易限额时，这种反馈机制更加明显。这与货币危机或者银行挤兑的情况极为类似。

Avinash. D. Persaud（2007）指出，在现实中拥有长期实物投资的公司或政府期望能够通过长期债务来为项目融资，有些股份公司还会发行不赎回的股票。但潜在投资者并不愿意长期持有这些长期性质的金融产品，而是希望能够有一个通过短期融资市场为这些长期金融资产的融资。证券发行者利用短期证券来为其非流动性的投资项目提供资金，代价是要承担潜在的流动性风险。所以证券发行者一般在短期证券到期时，要相信能得到持续再融资，才愿意进行上述投资。发行者为短期证券支付较低的成本，但要承担流动性风险。而在利用长期证券进行融资时，流动性风险被转移给了持有该证券的投资者。

Markus K. Brunnermeier 和 Lasse Heje Pedersen（2009）提供了一个可以将资产的市场流动性（即资产可以不费力地进行交易）与交易者的资金流动性（即交易者能够容易地获得资金）联系起来的模型。交易者为市场提供了流动性，而他们能够做到这一点有赖于他们的资金的可获得性。反过来，交易者的资金（即他们的资本和保证金要求）又取决于资产市场的流动性。结果显示，在某些条件下，保证金是不稳定的而市场流动性和资金流动性是相互加强的，从而导致流动性螺旋。模型解释了经验事实所记录的市场流动性：（1）会突然枯竭；（2）在不同证券市场上具有共通性；（3）与波动性有关；（4）倾向于发生安全投资转移现象；（5）与市场是联动的。模型提供了新的可检验的预测结果，包括认为投机者的资本是市场流动性和风险溢价的驱动者。

市场流动性定义为交易价格和基本面价值之间的差额，把资金流动性定义为投机者的资本短缺。模型说明了交易者的资金和市场的流动性以一种深入的方式相互影响。当资金流动性紧张时，交易者在持有资产时变得勉强，尤其是对那些有高保证金要求的"资本密集型"的证券的持有。这降低了市场流动性，导致更强的波动性。进一步，在某些条件下，未来市场的低流动性提高了为交易提供资金的风险，因此抬高了保证金。在模型中，投机者面临的是现实世界中的资金约束，不同客户产生相互抵消的需求冲击，这使得市场产生暂时性的指令余额。投机者追求平滑的价格波动从而向市场提供流动性。正是融资人对保证金作出规定以规制他们的在险价值，融资人在每一个时期都可以重新设定保证金要求，投机者因为存在更高保证金的风险或已持有资产的损失而面临资金流动性风险，从而推导出了模型的竞争均衡等式并且探求其关于流动性所得到的结论，最后将市场流动性定义为交易价格和基础价值之差，将资金流动性定义为投机者的资本的稀缺。

首先分析决定投资者资本要求的保证金的性质。在流动性缺乏的状况下，当制订保证金要求的融资人不能确定价格变化是由基本面的变化（Fundamental News）还是流动性冲击（Liquidity Shocks）引起的，并且波动性随时间变化时，保证金会提高。当流动性冲击导致了价格的波动从而增加了融资人对于未来波动性的预期时就会发生这种情况并且导致保证金的提高。在1987年、1990年、1998年和2007年的美国证券市场流动性危机期间，经验表明S&P500期货（S&P500 Futures）的保证金确实升高了。更普遍地，2007年10月国际货币基金组织全球稳定报告（IMF Global Stability Report）中记录了2007年夏季横跨几乎所有资产类别的一次显著的保证金的扩张。我们认为，如果在流动性缺乏时保证金是提高的，那么它是不稳定的（Destabilizing）。并且我们注意到流传的那些来自于一级经纪人（Prime Brokers）的证据表明保证金经常以这种方式变动。不稳定的保证金强迫投机者在危机期间对他们的资产去杠杆从而导致起到扩大经济周期作用的市场流动性供应。

进一步，当市场流动性不足时，市场流动性对资金条件的进一步变化高度敏感。这是由于存在两个螺旋效应。第一，在市场流动性不足时如果保证金提高会出现保证金螺旋（Margin Spiral）。在这种情况下，对投机者的资金冲击会降低市场流动性，导致更高的保证金要求，进而使得投机者的资金约束更加紧张，如此循环。第二，当投机者持有大量的初始资产并且受到客户的需求冲击的负面影响时会产生损失螺旋（Loss Spiral）。在这种情况下，资金冲击提高了市场流动性不足的程度，导致投机者初始资产的损失，迫使投机者出售更多的资产，导致进一步的资产价格下跌，如此循环。这些流动性螺旋相互加强，它们相互结合产生的总效应大于它们各自效应的简单加总。但是，矛盾的是，流动性螺旋表明，在这样的危机时期对客户的即时性需求的更大冲击导致即时性供应的减少。

三、固定收益市场的流动性问题

在固定收益市场，对大多数市场参与者而言，流动性是两个关键变量的函数：买卖差价；迅速变现的能力。Avinash. D. Persaud（2007）指出，以欧元区为例，机构投资者关于欧元背景下影响证券市场的关键因素的观点可以被归为两个基本的方面：投资组合管理者的交易机会已经减少；在投资组合内部进行分散化的范围已变得更加有限。近 30% 的银行正在构建它们的 FRN（浮息票据）投资组合。大多数欧洲大陆银行认为，它们的经历表明欧洲市场正变得越来越像美国市场，它们之间的主要差别在于前者发行的信用产品具有"高等级"特征，而后者发行的则具有"高收益"特征。

# 7.3　资产负债表分析法

流动性风险是指货币资产与非货币金融资产之间的替换程度下降，非货币金融资产不能快速地替换成流动性程度较高、信用程度较大的资产，从而产生流动性风险。资产负债表流动性分析法依据表中的资产是否具有流动性，以及融资来源是否具有稳定性，按照关联关系将表中的资产方与负债方项目进行排列，当流动性差的资产由稳定的负债提供资金支持，流动性强的资产由流动性大的负债支持，那么金融机构整体的流动性风险较小。流动性风险定量的衡量中认为流动性风险面临的是在特定时间段内的累计净现金流出（NCO）。

通过比较流动性不同级别的资产与负债的对应关系，来分析流动性风险未免太简单了。更具体来说，只根据金融机构的年报，不能完全准确地评估流动性风险状况。

图 7 - 3　资产负债表流动性分析

## 7.4　压力测试

1995 年国际证券监管机构组织提出了金融机构压力测试的理念，并在 2007 年美国次贷危机后，受到广泛关注。目前，在中国国内也被广泛使用。从实践来看，压力测试不但适用于单个金融机构的风险测度，也适用于金融系统性风险研究。在对流动性风险研究中，比较适用。在其文件中，对压力测试的解释是假设市场在极其恶劣的环境下（如利率上升或大跌），对资产组合效应的影响分析。即使用了一系列方法来评估金融体系承受罕见的，但还是有可能的宏观经济冲击或重大事件的过程。中国银监会发布的《商业银行压力测试指引》的解释是，根据假定的小概率事件可能会发生的银行遇到极端不利的条件下，对银行的盈利能力和消极影响评估这些资本损失的分析，然后作出判断的方法主要是通过估计损失个别银行、银行集团和银行体系，并采取必要措施的脆弱性。宏观压力测试可以分为两类：一类是一个普通的场景模拟测试；另一类是使用的组合或整个系统模拟测试。

压力测试作为一种度量极端风险的风险管理手段，在新监管框架中占据重要的地位。国际货币基金组织（IMF）和世界银行 1999 年 5 月联合推出了"金融部门评估规划（Financial Sector Assessment Programme，FSAP），用来评估各国金融体系的稳健性（脆弱性），旨在找出金融体系的优势和薄弱环节，进而使金融体系在短期和长期的运营过程中能够更有弹性地应对冲击，并确定发展的优先顺序和设计合适的应对策略。

FSAP 的分析方法主要采用金融稳健指标（Financial Soundness Indicators, FSIs）分析和压力测试（Stress Testing）方法。压力测试是 FSAP 的重要组成部分，也是借以达到对金融不稳定检测预警的目标的实现。压力测试分为宏观压力测试和微观压力测试，微观压力测试只用于评估单个机构或者单个投资组合的风险，宏观压力测试则是基于整个金融系统的层级，将金融系统或者其子行业看做一个整体，考察其在面临极端冲击时的应对弹性。这种冲击可以是汇率、利率或资产价格等个别的风险因素，也可以是更加复杂的情况，如各种因素相结合，共同形成负面冲击。

宏观压力测试包括两种主要的测试途径：情景分析法和系统化压力测试。前者主要包括历史情景模拟法、VaR 情景构造法、典型情景构造法、特殊事件假定法和 MonteCado 情景模拟法等。后者运用数学或者统计的方法分析影响资产组合价值的风险因子，从数据中生成大量市场情景。通过评估情景对资产组合价值的影响找出最坏情景（导致资产组合价值损失最大）。

宏观压力测试意在评估冲击发生所带来的成本而非冲击发生的可能性。宏观压力测试能够模拟极端市场风险发生时的情景，故而在实践中得到了广泛的推广，例如，各国及世界金融监管组织将压力测试用在风险管理过程中，各国的政策当局也将压力测试作为衡量金融稳定性的有效方法。压力测试范例见表7－1。

表 7－1                 FSAP 报告中的压力测试范例

| 风险类型 | 数据 | 模型 | 情景 |
|---|---|---|---|
| 利率风险 | ·所有银行或存款、资产、贷款占行业 50% 以上的银行单一机构的数据<br>·金融系统或行政区域内所有银行的汇总数据 | ·久期分析法<br>·Maturity Buckets and Gap Analysis<br>·VaR 情景分析 | ·假定利率上升或收益曲线平移<br>·一定时期内利率上升的最大值 |
| 汇率风险 | | ·外汇净敞口冲击对资本的影响<br>·VaR | ·Ad Hoc Devaluation 情景<br>·历史上较大的冲击 |
| 信用风险 | | ·使用回归和模拟分析测算不良贷款对宏观经济的冲击<br>·估算由于贷款资产质量恶化带来的银行偿付能力的变化 | ·基于历史数据，使用蒙特卡罗方法模拟出利率、汇率、通货膨胀的变动，测算对资本的影响<br>·Ad Hoc Assumption<br>·历史上可观测到的冲击 |
| 流动性风险 | | ·测算各种定义下流动性资产的流动性 | ·对那些可以、应该称得上"流动"的资产进行任意的重新分类 |

目前全球发达国家央行主要采用的是"自上而下"的压力测试框架（又称为银行偿付能力的前瞻性分析），这种压力测试框架主要由四大支柱组成，分别是设计宏观金融情景、细分模型分析、评估银行业资产负债表变化以及反馈与传染效应（见图7-4）。

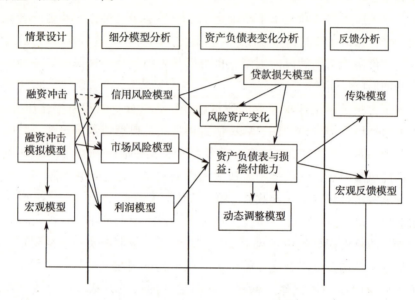

**图7-4 "自上而下"的压力测试框架**

图7-4中的支柱1（情景设计）主要是设计使银行业受压的宏观情景；支柱2（细分模型）将宏观金融情景转化到范围更广的反映金融市场以及影响银行资产负债表变化的那些参数变量，如信用风险、市场风险和银行损失吸收能力的评估模型；支柱3（资产负债表模型）利用细分模型中估计得到的银行损益状况，通过资产负债表的前后变化，计算每家银行的偿付能力状况；支柱4（反馈模型）分析在"第一阶段冲击"之后，从金融体系及实体经济的范围内考虑反馈和传染效应对银行偿付能力的二次影响。

## 7.5 关于货币流动性外溢影响的测度：clammer，德意志银行

### 7.5.1 Klaas Baks 和 Charles Kramer 的研究

Klaas Baks 和 Charles Kramer（1999）测度和研究了 G7 国家的货币流动性，

重点研究了一国范畴的度量方法。他们研究了 G7 国家货币增长对 G7 国家利率和证券回报的影响，评估了国际"流动性溢出"程度，即一个主要国家的货币增长对其他国家货币增长和资产回报的影响程度。其结论显示，在 G7 国家流动性增长是与 G7 国家实际证券回报和 G7 国家利率下降相一致的。而且，在一个国家的流动性增长经常与其他国家实际证券回报的增长和实际利率的下降相一致。

Klaas Baks 和 Charles Kramer 指出，货币流动性经常与短期利率，或者货币总量相关，通常是可看做与短期信用市场的状态相关。当货币流动性被数量度量时，它们总是被用增长率指标或者相对 GDP 等基础比率来进行测度。

Klaas Baks 和 Charles Kramer 就流动性和资产价格的关系提出了几种可能的关系。第一，如果过度流动性提高了对既定数量资产供给的需求，流动性就推动了资产价格的膨胀。第二，流动性的上升与资产价格上升相一致，如果两者都源于经济前景的改善。例如，经济周期性回升将与货币需求上升、企业收益前景改善和证券价格上升相伴随。第三，由流动性上升驱动的利率下降可能导致价格未来现金流的贴现因子下降，从而导致资产价格上升（利率下降也能刺激需求和意味着更高的未来红利，这也会导致股票价格上升）。

Klaas Baks 和 Charles Kramer 收集了 G7 国家的货币和资产回报的季度数据，时间从 1971 年第四季度到 1998 年第四季度。数据集合包括狭义货币、广义货币、长期和短期利率、消费价格指数、GDP、股票价格和每个国家的汇率。所有数据都作了季节调整，除了利率和股票价格。狭义和广义货币来源广泛（国际金融统计年鉴、当代经济指标、WEFA 和所有可能用季度末数据测量的数据）。长期和短期利率用 10 年期政府债券数量和 3 个月期国债衡量（当国债利率不可得时，用短期储蓄利率衡量）。CPI、GDP、股票价格和市场汇率都是从国际金融统计年鉴上收集而来的。

随后 Klaas Baks 和 Charles Kramer 在 G7 国家总量层面检验了过度货币增长与实际资产回报的关系，提供了对这种相关关系最简单的认识。在这些相关关系中有三个情况是非常突出的。第一，过度货币与利率是负相关，而与证券回报正相关，尽管在与证券回报相关关系中只有一项是正相关和显著的。这与在 G7 国家层面的流动性效应和资产价格膨胀是广泛一致的。第二，货币增长的 simple－sum 或 Divisia 的测量方法通常与实际证券回报和实际利率有最强的相关关系。第三，实际资产回报通常与狭义货币有更强的关系，比如广义货币，或许是因为活期储蓄比定期储蓄更多地用来准备随时购买资产的原因。

在商业周期频度，检验这些关系也是非常有价值的。在实际资产回报的高频波动的绝大多数情况或许是源于一些其他影响，而不仅是过度货币供给（即经济和金融新闻）。而且，货币增长的长期趋势，例如那些与金融技术特别变化有关的增长，很可能没有在实际资产回报中反映出来。因此，我们或许希望发现在货币和实际资产回报之间存在即时频率的最强相关关系。

Klaas Baks 和 Charles Kramer 将 Baxter－king（1995）提出的"Burns and Mitchell"过滤法用于过度货币增长和实际资产回报。这个过滤法可以分离出 6 个季度和 32 个季度在频率上，这被它们描述为商业周期频率。Klaas Baks 和 Charles Kramer 编辑了在国际层面流动性影响资产回报的显著系列证据，这里的流动性用货币增长来衡量。该研究计算了三种 G7 国家货币增长的方法，估计了系列相关性和格兰杰因果检验。总结我们的主要结论：G7 国家过度货币增长与更高的实际证券回报和更低的实际利率有稳定关系；并且一个 G7 国家的过度货币增长与其他 G7 国家的实际证券回报和更低的实际利率有稳定关系；同时也发现美国过度货币增长导致日本过度货币增长，或受到日本过度货币增长的影响而增长，有一些证据显示过度货币增长对其他国家证券回报存在溢出效应影响。

这些流动性概念是彼此相关的。货币流动性（广义上讲）包括短期、中期银行资产，这些银行资产能够支持证券市场的交易和承销。丰富的流动性也能因为融资成本比较低，而支持市场坐庄活动。当货币和二级市场流动性丰富的时期，证券的净新增供给将倾向于上升，因为在这个时期市场往往是繁荣的，并且更愿意接受新的发行。经济前景良好预期或许通常带动流动性的增长：企业愿意承担更多的债务。清楚地讲，不同类型流动性之间的关系意味着中央银行起着重要作用，并且货币流动性支持了市场流动性，正如美联储前主席 Alan Greenspan 所说的：中央银行不需要对资产价格下降作出逐步反应。我们可以通过控制流动性急剧削减资产价格。

我们的研究集中于货币流动性。货币市场在金融市场中具有举足轻重的地位，而且中央银行和货币政策在货币市场具有举足轻重的地位，我们认为关于货币流动性的经典事实和较好的理解，是理解其他类型流动性的重要基础。货币流动性也对宏观层面的政策实施提供了支持。最后，我们基于早前研究的基础，使我们能够集中在货币流动性研究上。

### 7.5.2 德意志银行 2007 年与 2009 年的全球货币流动性研究

德意志银行在 2007 年报告基础上，于 2009 年提供的报告提出要解决三个问题：第一，到底什么是流动性？流动性是怎么被创造的？如何在全球层面来测量流动性？第二，我们集中关注过度流动性的来源。第三，我们分析充裕的流动性在前一次资产价格膨胀中的作用。最后，总结关于全球过度流动性中期展望，并分析对于未来 CPI 和资产价格膨胀意味着什么。我们着重看一下这些报告对货币流动性测度方面作出的发展和推动。

一、货币流动性与资金流动性的关系

该报告集中阐明了货币流动性问题。一般怎么来确定什么是货币的流动性呢？通常有各种口径：欧洲中央银行、日本、加拿大和美国等都有自己的口径。报告分别介绍了基础货币 $M_0$，以及 $M_1$，$M_2$，$M_3$ 的口径。欧洲中央银行能够完全控制所谓的基础货币 $M_0$，这是最具流动性的货币供给的测定。$M_0$ 包括循环中的支票和硬币，私人银行部门在中央银行的存款（即最小储备）$M_1$ 通常被理解为狭义货币，包括 $M_0$ 及非金融部门持有的在私人银行的隔夜储蓄。这些非金融部门包括家庭、企业和政府。$M_2$ 包括 $M_1$ 和长期储蓄存款。欧元区最广泛使用和流动性最差的流动性口径是 $M_3$，包括 $M_2$ 和再回购协议，货币市场基金 share/units 和 2 年以上（定期债务证券）到期的债务性证券。$M_0$，$M_1$，$M_2$，$M_3$ 的计算也可用于日本和加拿大等其他大型发达经济体。在美国，美联储已经不再公布 $M_3$ 了。因此，$M_2$ 就是美国广义货币总量。在英国，英格兰银行通常将货币区分为狭义货币和广义货币。其中，美国已经不再公布 $M_3$，因此，$M_2$ 是美国的广义货币。

二、流动性是如何被创造的

$M_0$ 是由各中央银行供给的，$M_0$ 被所谓的货币（或者信用）乘数放大。货币创造描述了输入基础货币转变为广义货币，最终产出的形成过程。对美联储信用和 $M_2$ 增长的相关分析证明了货币/信用的代际演进过程。一般地，银行部门的贷款意愿、贷款需求、最小的储备要求和现金参数决定基础货币被放大的倍数。在信用快速扩张时期，货币创造通常会加速。然而，在信用增长减慢（甚至为负增长）时期，货币创造减缓（或者变为负数）。除了信用渠道，货币也可经由债券市场渠道推动。

三、全球流动性的测度

全球货币流动性很难准确量化，因为它的测量手段总是存在很多问题。然而，可以有两个基本的替代：一是价格测量方法，例如全球利率；二是数量测量方法，例如全球货币供给总量。

基础货币职能代表货币/信用总量的一小部分，货币/信用总量一般用来解释总需求，这时最好考虑用广义货币。然而，狭义货币通常是广义货币和实际经济的领先指数，因此我们也要集中研究全球狭义货币。一个事实是，对狭义货币和广义货币的定义和可用数据在不同经济体有很大的变化，构建一个总量是非常不容易的。但不管怎样，对于货币总量，我们提出了三个全球流动性测量方法：第一是根据基础货币，第二是根据狭义货币（使用 $M_1$ 是可行的），第三是基于广义货币（使用每个经济体的最广义测量指标）。在构建这些全球测量方法时，我们关注的是主要发达经济体，即那些具有发达金融市场的发达经济体。这里主要考虑了 G5 经济体：美国、欧元区、日本、英国和加拿大。

主要计算方法有两种：一种方法是把各国的货币转换为美元，统一进行计算；另外一种方法是通过这五个国家分别占 G5 国家总 GDP 的比重，进行加权计算货币增长率和利率。

相比较而言，后者更好一些，因为用全球美元基础计算的流动性易于受到利率变化的影响，比 GDP 权重计算的货币增长具有更大的波动性。所以，基于美元计算的全球流动性增长可能低估或高估全球流动性趋势。总之，GDP 权重法衡量的货币增长提供了更好地描述全球货币政策状态、信用趋势和全球真实经济周期的方法。

实证后的结论：全球流动性泛滥已经有很多年了。总之，过去流动性泛滥是以下因素综合起作用的结果：（1）发达国家在网络泡沫崩溃后实施的过于宽松货币政策导致很强的信用和货币增长。（2）区域固定汇率和有管理浮动汇率，以及发达国家从新兴经济体大量进口和宽松货币政策，导致新兴国家很高的外汇储备累积。（3）在危机前时期的金融市场低波动性和很大的利率差异支持了外汇市场套息投机交易。

（本章作者：李宝伟、张云、谢婼青、张嘉明）

# 8  国际宏观流动性膨胀与
# 典型国家宏观流动性问题

本章用马克思的货币金融理论以及历史研究方法系统分析国际货币金融优势的不对称性，以及这种不对称性造成的国际货币和金融信用资产流动性泛滥。首先，阐述布雷顿森林体系崩溃后国际货币金融体制的根本变化。美国在1971年以来利用国内巨大市场和金融规模，建立美元国际结算、计价和储备货币地位后，逐渐形成依靠净金融资产输出，获得经常项目盈余国家持续的资金回流，这些汇率资金被用于购买美国国债等金融资产。在美国贸易保护政策支撑下，对这个循环的控制成为美国的货币金融优势。美元国际货币地位、国际资本回流和美国金融资产膨胀构成所谓的"帝国循环"。美国进而取得了支配全球产品、服务和资源配置的优势地位。其次，这个循环机制功能使美国货币金融优势在20世纪80年代以后大大增强，美联储"金融凯恩斯主义"刺激了美国金融资产规模不断膨胀，其他国家则承受了美元流动性膨胀和金融资产膨胀的冲击。再次，分析了美国、欧元区、日本国际货币金融优势地位的根本差别，这种差别使得美国、欧元区国家和日本的宏观经济分别呈现金融化、债务化和泡沫化，并相继爆发了次贷危机、主权债务危机和泡沫经济。

国际货币金融制度是货币金融制度发展在国际层面上的延伸，国际货币金融制度和体系受各国经济结构、国际经济关系的影响而不断演化。在当前国际货币金融体系中，美国和欧元区核心国家具有货币金融优势，这种优势是建立在其货币是国际结算货币和储备货币基础上的，这种地位的形成经历了复杂的历史演进过程。美元和欧元（尤其是美元）在国际金融制度、交易规则、渠道和工具方面具有决定性影响。美国等国家在应对国内经济问题时，通过其国际货币金融优势地位，依托全球实体经济和金融市场来释放压力，实现宏观经济目标。美元国际货币金融优势在本质上是美联储和美国政府可以依靠美元国际货币地位和金融优势在全球进行对自己有利的信用创造，通过创造金融资产和发放美元，获得其他国家实体经济利益。而美国对外债务的计价、结算和清算都是用美元，通过美国控制的国际金融机构和跨国金融机构进行。

美元—债务体系最大的矛盾在于美联储和美国财政部虽然可以利用美元和国债等金融资产，通过美元国际金融机构进行国际范围的融资，但美联储和美国财政部的首要经济目标是为美国国内经济目标服务，它们没有为其他国家经济目标服务的义务，因此，美国国内经济目标和美国美元的国际支撑常常是矛盾的，特别是在金融危机时期，这个矛盾变得非常突出。

## 8.1 国际货币金融体系与货币金融优势：货币金融政治经济学视角

德意志银行（2007，2009）的研究报告指出，当前国际金融危机的根源之一，就在于2000年以来美国、日本等国长期实施的宽松货币政策，刺激了金融资产的膨胀。2008年全球金融危机之后，主要发达国家和新兴市场国家都实行了经济刺激和宽松货币政策，再次释放了大量的货币流动性，创造出更多的国债等金融资产。美国依靠国际货币金融优势实现的这种"复苏"是非常不稳定的，而且其利用货币金融优势实施的政策对中国等新兴市场国家具有复杂的影响。自2008年以来，中国和印度等新兴市场国家出现了通胀压力，受本币升值压力，出口压力增大，出口下滑，实体经济表现出严重的投资过度积累和生产过剩问题，经济中结构问题凸显，经济增长显著放缓。另外，从2007年至今，国际市场上大宗商品、石油、黄金等资产价格明显出现投机性波动，发达国家进口大幅下滑，对中国、印度等新兴市场国家实体经济的冲击是显著的。

### 8.1.1 美元的优势地位与美国金融膨胀：综述

国内关于美国的货币金融优势已经有了大量研究。张定胜、成文利（2011年）利用一般均衡模型研究发行储备货币的中心国家享受这种"嚣张的特权"，使其能够利用外围国家的外汇储备来为它们的经常账户赤字融资。这种"嚣张的特权"以储备货币的高估为基础，而这种高估的一个可能的原因是中心国家较高的货币增长率。这种"嚣张的特权"在长期是不可能持续的。如果"嚣张的特权"被剥夺，储备货币将贬值，外围国家的贸易条件将恶化，中心国家的贸易部门和外围国家的非贸易部门将扩张。中心国家选择发行货币还债时，其货币的贬值和外围国家贸易环境的恶化将更加显著，但是两国部门结构变化的幅度将减弱。

　　韩文秀（2011）指出，国际货币和国际语言既是国际媒介工具，又是文化载体，既具有全球性公共产品的性质，又具有国家民族的烙印。国际货币、国际语言与国家实力是三位一体的关系。国家实力是本源，国际货币、国际语言地位是结果。其结论是超主权或主权性质的单一世界货币、单一世界语言在可预见的将来不具有可行性。

　　李向阳（2009）认为，鉴于美国负债消费模式的终结与全球经济增速放慢，现行的国际贸易秩序将面临严峻的挑战，未来发达国家与发展中国家围绕新规则的制定会有更大的分歧。同时，以美元为中心的国际货币体系将会受到冲击，而国际货币基金组织在未来国际货币体系中的地位有可能上升。

　　谢平、陈超（2009）对当前国际货币体系下的主权财富基金进行了研究，指出从主权财富基金兴起的原因看，首先，国际货币体系的变革是主权财富基金兴起的根本原因；其次，能源价格上涨是导致主权财富基金规模扩张的重要原因；最后，经济全球化为主权财富基金的运作提供了良好的环境。作者根据"国家经济人模型"提出，国家在经济发展的初期和高增长阶段，外汇储备迅速增加，国家逐步将盈余财富用于投资。然而，随着生产要素的消耗，国家积累的财富逐步达到顶峰。当国家经济进入富裕导向阶段或稳定低增长阶段时，国家需要消费积累的财富，投资也倾向于无风险资产。目前看，各国设立主权财富基金主要有五方面目标：（1）跨期平滑国家收入；（2）协助中央银行分流外汇储备；（3）跨代平滑国家财富；（4）预防国家社会经济危机；（5）支持国家发展战略。

　　陈建奇（2012）研究了在现代国际货币体系下，主权信用货币充当国际储备保持稳定性的条件是国际储备货币发行国实际经济增长率大于或者等于通货膨胀率与国际储备货币收益率之和。以美元为例的实证研究表明，在布雷顿森林体系与现代国际货币体系下，美元国际储备长时间偏离保持稳定性的可持续水平，这为布雷顿森林体系的崩溃提供了新的解释，当前的美元困境也得到了经验验证。

　　朱月（2009）主要分析了美国在拉动世界经济增长的同时形成巨额贸易逆差，为逆差融资又产生巨额外债，这些造成美国的低利率和流动性过剩，最终引发了次贷危机。

　　中国经济增长与宏观稳定课题组（2009）通过历史回顾和文献考察总结出全球失衡与金融危机之间的内在联系，并从货币霸权视角建立起失衡与危机的数理模型，指出本轮全球金融危机与美国扩张性货币政策及美元霸权密切相关。

上述国内学者从多个维度研究了国际货币体系、美国货币金融优势问题，以及金融危机后国际货币金融体系的变化趋势。我们在早前研究和上述学者研究基础上，立足于深入揭示美国货币金融优势的本质，以及在美元主导的国际货币金融体系中，美联储、美国跨国金融机构和跨国大企业可以在国际经济和贸易活动中，利用货币金融优势，大规模创造对自身更为有利的金融信用，为国内经济和金融活动进行融资，并且可以通过国内货币金融政策影响国际资本流动、其他国家美元债务和资产的价值，以及影响国际大宗商品市场价格。尽管这种体系被认为在长期是不稳定的，但依然会存在很长时间，这也是影响新兴市场国家金融和经济稳定的关键因素。

### 8.1.2 国际货币金融体系支撑机制的根本转变：从维多利亚式循环到帝国循环

历史上，国际货币体系经历了从黄金到与黄金挂钩的主权国家法币，再到很大程度依靠国家债务支撑的主权信用货币。其中出现过两类主权国家主导的国际货币金融体系——英镑主导的国际货币体系和美元主导的国际货币体系。英国建立的英镑货币体系是依靠国内实体经济优势，获得经常项目顺差，随后英国利用经常项目顺差进行海外大规模直接投资和金融投资，获得资源和利息。这些盈余资金回流后推动本国实体经济发展，或者再次投资到国外获取资源和利息，这样英国依靠国内实体经济和海外债权确立了英镑在英联邦国家范围内，以后发展到全球范围的储备货币和结算货币地位。英国最初在使用英镑对外进行直接投资和金融投资时，是与黄金绑定的，并由金本位过渡到金汇兑本位。一直到 1929 年大危机后，英国才放弃金本位。吉川元忠（1998）等称这种循环机制为"维多利亚循环"，两次世界大战摧毁了这种货币体系依赖的英国实体经济优势和海外债权关系；而美国在 1945～1971 年确立美元国际货币之初，也是依靠强大的实体经济，获得持续经常项目顺差和占全球 80% 左右的黄金储备，从而建立了黄金—美元货币地位。在此期间通过 1945 年以后的马歇尔计划，以及中东石油的美元交易机制，以及 20 世纪 70 年代对东南亚国家的产业转移和金融投资，建立和巩固了美元国际结算货币和储备货币的地位。而当美国的实体经济和黄金储备已经不能支撑美元国际货币地位时，因为美元已经成为石油和大宗商品交易计价、结算和支付货币，单个企业甚至国家已经很难撼动美元在石油等大宗商品交易中的霸主地位，使各国不得不接受将手中的美元储备投资到美国各种债券上去的命运，从而确立了现在的债务—美元国际货币体系。吉川元忠等学者将债务—美元形成的机制称为"帝国循环"。随着美国实体经济的衰退，美国经常项目出现了大规模逆差，即出现了"特里芬难题"。依托美国实体经济经常项目顺差和黄金支撑的美元国际货币体系再也维持不住了。1971年后国际货币彻底由美国和欧元区的信用货币来替代，国际货币发行彻底失去了国际共同约束，存在国内目标与国际目标冲突的矛盾及竞相滥发的矛盾。

1985年通过"广场协议"，美国与德国、法国等欧洲国家，以及日本进行了所谓的汇率协调。美国实施了汇率贬值同时提高利率的政策，以实现刺激出口和吸引资金回流美国，但刺激出口效果并不显著，而吸引资金回流的利率政策收效明显，对美国此后的经济复苏和金融膨胀起到了关键作用。"广场协议"后，日本央行大规模投资美国债务，随后鼓励金融机构和个人投资者大量投资美国金融资产，加之这些投资者也要为它们已经在日本国内获得的泡沫收益寻找更安全的投资机会，因而日本的企业、金融机构和个人投资者都深深地参与到美元"帝国循环"中来。随着日本对美国金融资产投资规模的扩大，日本投资者的利益与美国金融市场稳定和金融政策高度联系在一起。20世纪90年代，东南亚国家因为推行出口导向政策和金融自由化，不得不用美元对贸易进行计价，为维持其货币对美元等主要货币稳定，以降低出口企业汇率风险，它们实行了盯住汇率制度，为此将所获得的经常项目顺差，以美元形式储备起来，并投资到美国国债等金融资产上。20世纪80年代后正式形成了债务—美元主导的国际货币体系。这一体系也是全球国际货币流动性问题和金融资产泛滥的根源。

在1971年布雷顿森林体系崩溃时，首先在通过确立欧洲美元基础上，建立了石油美元定价机制，从而在美国对外投资中被用做经常项目和金融项目结算货币，并使德国和日本等国将对美国的经常项目盈余，以美元形式再次投资和回流到美国，并以外币进行海外投资。典型国家包括：德国、日本、东南亚国家和中国，这些国家截至2013年5月持有美元资产大概达到4.5万亿美元。日本、德国、中国等亚洲国家等经常项目盈余国家在过去30多年中相继进入"帝国循环"，并交替成为美国债务的最大支持者，成为支撑"帝国循环"的力量。20世纪80年代后，形成了奇特的日本与美国金融关系。在1985年"广场协议"之后，日本国内投资者受美国国内高利率的吸引，取代德国成为美国经济和金融的重要支撑。

作为债务国的美国所具有的货币金融优势，本质上就是使美国具有利用美元，在全球创造对其有利的金融信用，分享其他国家实体经济发展带来的好处。同时，还可以控制全球资本流动。并且，能够通过货币政策调控对外负债的规模和水平，而其他国家不具备这种超越经济规律的能力。

作为债权国，英国与日本有着不同的命运：日本与早期具有国际货币地位的英国根本差异就在于，日本作为债权国没有国际货币地位，所以没有办法降低债务国汇率贬值而引起的金融投资风险。

作为国际债务国的墨西哥与美国有不同的结局：作为债务国，如果拥有国际货币地位，就可以操控对外负债的贬值。而在1984年和1994年两次债务危机中，墨西哥受经济不景气拖累，货币贬值造成其美元负债大幅增加，需要偿还的利息大幅上升；而1985年"广场协议"之后，美国对日本和德国负债大幅上升，但是美元汇率在各国进行了所谓协调后大幅下降，美国对外实际负债被美元贬值所压低。

### 8.1.3 支撑美元的"帝国循环"机制与美国的货币金融优势

#### 1. 国际货币形式

历史资料和经济现实显示，存在两种类型的国际货币形式：一是储备货币形式的国际货币形式，主权国家货币成为国际货币之初是需要依靠经常项目顺差、用本币对外实际投资和金融投资以及本币结算来支撑的，即国际贸易和金融资本输出时，大规模使用主权国家货币进行结算和支付，依靠经常项目顺差获取和积累盈余，然后以本币对外进行实际投资和金融投资，依靠实际和金融投资获取利息收益，获取本币形式的资金回流，这样经常项目和对外金融投资以本币形式的在国内和国外循环流动；二是兼具储备货币、计价货币以及结算和支付货币功能的国际货币形式①。获取这样的货币金融优势地位经历了一个长期过程，并且是从第一种国际货币体系（维多利亚循环）演化到第二种形式的国际货币体系和机制（帝国循环）。实现货币金融优势地位的必需的其他条件是这个国家在国际金融交易制度、交易平台、交易渠道和交易工具方面具有相应的优势地位，共同成为货币金融优势地位的支柱。从理论上来讲，依靠对外卖出各种金融资产来支撑的本国货币的国际循环流动是不可长期维持的。但是，在20世纪80年代以后美元与美国金融项目顺差②之间的循环关系替代了美元与美国经常项目顺差的对外输出和对外金融投资的国际货币循环机制。后者就是当前债务—美元主导国际货币金融体系中美国国际货币金融优势的核心机制，

---

① 主权货币作为国际货币在历史上只有两个案例，即英镑与黄金结合主要在英联邦区域使用的国际货币，以及美元国际货币。

② 在很大比例上是对美国金融资产投资。

也就是发行金融资产来吸收其他国家通过经常项目顺差获得的这种货币盈余。

2. 国际货币金融优势

（1）美元具有国际计价货币地位，锁定了国际贸易和国际金融交易的价格机制，并垄断了结算、支付平台和链条。当前日本、中国和其他亚洲国家这些国际债权国几乎不能用本国货币进行对外实体和金融投资，不能用自己的货币对国际贸易进行结算，也不能用本币持有对主要债务国的债权，而美国可以通过调节美元汇率和国内利率，来调整美国实际债务价值和利息支付状态。美元的国际结算货币地位的巩固，使其可以通过国际金融交易机制控制国际大宗商品和能源价格定价。（2）美国可以依托非实体经济和金融资产支撑货币的国际地位。因此，美国国内金融市场成为吸引其他国家持有美元外汇储备的内部蓄水池和缓冲器。（3）美国可以根据国内宏观经济目标，引导国际资金的流入流出美国金融市场。美联储、美国金融机构和企业之间，通过长期实践精熟于这种循环机制，能够有效利用这种优势影响国际金融市场、大宗商品市场和实现国内经济目标，从而刺激了美国国内金融规模的膨胀和金融深化。（4）1971年以来，美国从利用国际最大的产品和服务的提供者和最大的市场优势，转变为利用国际最大金融市场优势地位，并继续在这种优势下，持续获得经济利益。其结果就是其经常项目逆差可以长期维持，并且是通过对外持续负债来支撑的（即金融项目长期顺差支撑），国内金融机构、政府部门和地方政府通过从海外获取金融资本输入，对内发行消费贷款和房地产贷款，支撑国内消费需求和投资需求。（5）美联储与美国跨国金融机构打开了全球金融市场的大门，为全球实体经济提供金融信用，从而调控国际流动性资本的流向。通过美元货币金融优势地位，美国可以通过货币政策，由其主导的国际性金融组织，以及美国的跨国金融机构控制和影响国际金融资产价格、大宗商品价格和国际资本流动的逆转（2013年5月以来的全球黄金价格大跌就是一次新的实践）；美联储可以用美元发行、基础利率变动改变国债负债收益率，从而形成事实上美国对外负债利息支付的下降，使美国金融机构和实体经济能够继续获得廉价的资金。

3. 国际货币金融优势下的货币金融政策

国际货币在全球范围（包括黄金在内的各种国际约束）失去有效约束，使美国这样的全球最大债务国可以将全球实体经济和金融市场作为依托，实现本国国内宏观经济目标。自20世纪70年代以来，美国国际经济目标主要有两个：（1）降低美元汇率，以刺激出口；（2）提高汇率和利率实现强势美元，吸引全球美元资金回流美国金融市场。美联储常常在这两个目标之间平衡。在

2008 年以后，美联储实施多轮量化宽松货币政策，在国际上降低美元价值，在国内保持基础利率处于历史最低水平，并且不断向金融市场和金融机构注入流动性，期望同时实现两个经济目标：提高美国产品在国际上的竞争力，再长远一点就是要实现美国经济"再工业化"；在金融市场上实施"金融凯恩斯主义"，以实现金融市场复苏。依据吉川元忠（1998）和罗伯特·布伦纳（2001）对美国经济结构的分析，美国当时实施的美元贬值政策是不可能使美国实现实体经济的再工业化的，这一观点被总结为"不可逆转性"论点。但是，美国却可以通过货币金融优势，使国际资本流向美国金融市场，继续购买美国国债和其他金融资产，支撑美国金融复苏。同时，用各种贸易保护手段保护本国企业和市场，挤压其他国家商品出口空间，使依靠制造业产品和服务出口支撑经济的国家，因为过度依赖美国市场，造成产品生产相对过剩，过去长期投资出现严重的过度积累，实体经济陷入困境。另外，这些国家过去获得经常项目盈余，因为是使用美元结算和储备的，所以不得不继续投资美国金融市场。

美国在建立和运用货币金融优势地位时，一方面推动资本自由流动，另一方面在 1974 年推出具有贸易保护目的的贸易法案。在实践中，其设立的"301条款"，使其可以充分利用贸易伙伴国对其巨大国内市场的高度依赖，来保护美国国内市场。这类政策也使其货币金融优势变得更加可靠，因为在不使国内出口企业受到太大冲击的基础上，美国货币政策具有更大的调控弹性。而贸易伙伴国则不具有这种优势和弹性，在不能持续扩大贸易优势时，不得不将过去的盈余投放到美国金融资产上。

## 8.1.4 国际货币金融优势的差异与不同形式的金融化

自 1971 年布雷顿森林体系崩溃后，国际经济和货币金融格局，以及主要发达国家宏观经济结构都发生了很大变化，美国、欧元区和日本走向不同形式的金融化。从这些国家在国际货币金融体系中的优势地位差异方面来看：美元是国际贸易和金融交易中最主要的计价、结算、支付和储备货币，在全球范围已经成为企业、金融机构和各国央行广泛接受和实际使用的国际货币。企业、投资者和各国中央银行对美元的依赖是从早期美国强大的实体经济和经常项目顺差开始的。布雷顿森林体系崩溃实质上就是美国实体经济优势的下降不足以支撑大规模境外美元依据布雷顿森林体系的黄金—美元协议规定进行兑付的要求。但是美国成功地通过利用欧洲美元和建立石油美元定价制度，确立了美元国际计价货币和国际储备货币地位，更为重要的是在其他国家无法变现其手中持有的美元外汇储备时，顺利地用美国国债和其他金融资产在很大程度上替代实体经济，支撑了美元国际货币地位。这是当前美元国际地位的核心支柱。

相对于美国的国际货币金融地位和大规模金融化，日本在国际货币金融体系中的地位是非常弱小的，这使得日元几乎没有大规模输出和循环机制，即没有利用其经常项目顺差，建立以日元对外投资的计价、结算机制，从而不具备利用国际货币金融优势在全球为自己创造金融信用的能力。同时，日本对美国的实际投资和债权都是用美元进行的。日本只在亚洲很小区域范围形成日元输出和资金回流循环，没有在国际贸易、资源定价和金融交易中建立日元地位。因此，在1985年既面临国内需求饱和，制造业利润率显著下降和美欧要求日元升值多重压力下，日本中央银行的刺激经济的低利率和释放货币的政策使大量日元流动性在日本国内累积，进入房地产和股票市场，并且用美元而不是以日元形式对外进行大规模投资。因此可以说，日本不具有国际货币金融优势地位严重束缚了日本后工业化的经济发展，从而在错误政策下陷入泡沫经济恶性循环。

欧元区国家国际货币金融优势地位对欧元区经济发展的影响也是显著的。欧元①的出现在很大程度上是主要欧盟国家希望降低在国际贸易和金融交易中对美元的依赖。但欧元区最大的问题就在于它是货币和经济联盟，而财政上是不统一的。在欧元区内部是以德国、法国为核心的，其他国家充分利用德国、法国的经济优势，获得发行欧元债务的能力，忽视了欧元区内部经济差异和财政不统一的巨大影响。希腊、西班牙、爱尔兰等国家在欧债危机之前，违规大量发行本国欧元债券。欧元区其他国家也在2000年以来发行了大量债券，并且这些国家债券主要是在欧元区和欧盟内部形成的，形成内部欧元和债务的国际资金循环，其国际货币金融优势要明显弱于美国，因此不能在全球大规模用欧元为自己创造金融信用，所以没有形成欧元和欧债之间的全球循环机制，基本上还是在欧元区内部的欧元—欧债循环，基本上还是欧元区内部的"帝国循环"。欧债危机既反映了欧盟在全球经济中的相对衰落，也反映了欧元区国家的货币金融优势是远不如美国美元的。

---

① 欧元的出现总体上被解释为是推动欧洲经济一体化、减少欧元区内部汇兑等方面引起的大量成本和不便。

## 8.2 国际货币金融优势、流动性和金融膨胀趋势

发达国家金融化发展一方面源于宏观经济困境、金融机构和金融市场内在推动的金融自由化发展；另一方面源于传统货币政策没有有效适应金融化发展造成的复杂变化。在研究上，曾经出现了对货币政策和资产价格关系的大量研究，但是没有取得实质性成果。但是，最近对金融化趋势的宏观研究取得了不错的进展。

### 8.2.1 发达国家货币流动性膨胀与金融资产膨胀的相互促进：长期研究中的历史证据

Moritz Schularick，Alan M. Taylor 用实证研究揭示了第二次世界大战后主要发达国家货币和金融信用分离的稳定趋势①。过去几十年，这种金融系统结构上的重大变化导致了宏观经济出现更大规模的信用。货币与信用分离的趋势加剧了金融不稳定和金融系统性风险，政策制定者为了阻止金融危机去杠杆化过程对实体经济的冲击，采取了各种救助措施，这些操作进一步刺激了金融大规模增长，维持和提高了金融系统中杠杆的使用范围，虽然在短期内阻止了金融危机的恶化，但是可能在长期创造更多危机的可能。

Moritz Schularick，Alan M. Taylor 的实证研究具有重要的意义，可以从宏观长期数据中发现货币、信用和产出的基本变化关系。数据跨度 1870 ~ 2009 年，包括 14 个发达国家②的年度数据，数据的核心是全部银行贷款和银行部分总资产负债表规模的年度数据。他们采用了狭义货币（$M_0$，$M_1$）和广义货币（典型的是 $M_2$，$M_3$）的货币总量、名义和实际产出、通胀和投资。总贷款或银行贷款被定义为年末的由国内银行贷给本国家庭和非金融企业（剔除金融机构内部的贷款）的未偿付的本币贷款。银行被广泛地定义为货币金融机构，包括储蓄银行、邮政银行、信用合作社、抵押贷款协会和 Building Societies。但是，数据集合排除了经济公司、金融公司、保险企业和其他金融机构。总的银行资产随后被定义为年末银行的国内居民的全部资产负债表资产的总和。

---

① 这里他们讨论的是比较狭义的信用，但是即便如此，这种货币与信用分离的趋势依然是非常显著的，这些金融信用活动对货币流动性的依赖越来越强。如果考虑到其他金融资产，这个分离趋势就更加显著。

② 包括美国、加拿大、澳大利亚、丹麦、法国、德国、意大利、日本、荷兰、挪威、西班牙、瑞典和英国。

他们的研究发现，这些指标在"二战"后都上升了，尽管统计上的平均方法掩盖了金融危机时期的重要趋势，但仍能清楚地发现"二战"之前的广义货币年增长率为3.57%，贷款年增长率为3.96%，资产年增长率为4.11%，这些指标相当接近。相比于"二战"之前，"二战"后广义货币年平均增长率为8.61%，明显小于贷款的年平均增长率10.92%和资产的年增长率10.48%。"二战"前，贷款/货币比率年平均增长0.11%；而"二战"后，贷款/货币比率年平均增长2.19%，这个关键杠杆测量指标的年增长率上升了20倍。另外，资产/货币比率的平均年增长率从"二战"前的0.4%，上升到"二战"后的年平均1.82%，翻了两番。因此，用简单统计分析，我们也能发现在20世纪中期货币和信用总量表现出的显著变化。

Alan Taylor指出，如果用银行信用/非货币资产作为资金杠杆的指标，那么很容易发现杠杆以历史从未见到的方式迅速上升。然而这也意味着银行通过非货币资产进行融资已经成为总信用提高的重要因素。因此，在金融市场上发生的事情——借款条件、流动性、市场信心开始对信用创造和金融稳定发挥越来越大的影响，可能是放大金融周期的主要方式（Adrian and Shin，2008）。这个后果对宏观经济稳定有巨大影响，因为传统的传导机制已经被大规模金融冲击所打破。最后，银行对从金融市场中获取融资的依赖的上升，也意味着重要银行在危机时期被迫为整个资金市场提供保险，以避免整个银行系统崩溃。遵循银行业稳定的事实的"任务的嬗变"，不再仅仅立足于存款保险，最终还要为投资银行等金融机构运行提供最后贷款帮助。

另外，除了杠杆趋势之外，银行资产负债表的资产中，流动的安全资产的缩减——这种资产可以作为在危机时期的资本缓冲垫能够很好地解释杠杆和风险的上升。

我们认为上述学者的研究指出了全球经济在20世纪80年代之后全球金融化的趋势，他们详细用数据对此金融化的事实进行了论证，但仍然是停留在表面事实上的分析，并没有深入到事实背后去探讨这种变化的逻辑。

### 8.2.2　国际货币流动性泛滥和美国金融资产膨胀

在当前的信用货币时代，我们所定义的货币是中央银行发行的狭义和广义口径的货币，即现金、活期存款和$M_2$，这较窄口径的货币本质上是由国家信用来支撑的，并且可以充当价值手段和支付手段。狭义货币量$M_1$和绝大部分的广义货币量$M_2$不会退出市场。短期国债也具有类似的功能，但在灵活性替代方面，短期国债不能完全替代货币；其他非货币和国债类的私人发行的金融资产，本质上是由市场信用支撑的，即依靠创造出的产品和服务在未来获得收益来支撑，从根本上是与宏观经济中实体经济的状况紧密相关的，即企业和各部门发行的证券是高度依赖于实体经济的资本资产积累能否获得预期的收益。

本书认为对货币流动性和国际货币流动性的全面理解不能停留在货币流动性绝对量层面：用什么指标刻画货币流动性和国际货币流动性是非常重要的问题，才能更好地反映其长期历史演进与长远影响。根据德意志银行和国际货币基金组织，以及其他经济学家的研究经验，对货币流动性和国际货币流动性的测度应该包含以下理解：(1) 绝对量划分：狭义和各种广义货币量及其增长率。(2) 价格因素：基础利率水平。(3) 中央银行的公开调控机制和工具。(4) 不同流动程度的金融资产。因为货币流动性状况影响着金融市场资金状况，其价格和绝对量水平存在金融效应，而且这个金融效应的影响越来越重要。央行释放的流动性通过企业的逐利行为，更容易进入金融领域，由此产生金融效应。这种货币流动性的金融效应会对金融稳定和通货膨胀产生决定性影响。

要研究货币流动性的影响，关键是要了解货币流动性与金融市场规模的相对关系、金融市场规模相对于货币流动性的变化，以及货币流动性规模相对实际 GDP 的变化趋势。货币流动性影响机制是：(1) 货币流动性具有金融效应，即货币流动性状况的变化对金融市场的信用规模具有影响；(2) 货币流动性状况的变化刺激虚拟经济越来越偏离实体经济，并通过金融信用机制对实体经济产生影响。

对国际货币流动性长期变化及其影响的理解，需要从更宏观的视角和更大的范围来研究。美国依赖债务—美元体系，通过经常项目逆差机制，向以出口为导向的新兴市场国家输入通胀，并且通过影响国际金融资产流动，引起全球金融资产和财富不平衡的分配。此外，美国在全球范围内创造更多的金融信用，使发达国家更容易通过负债进行全球融资。

### 8.2.3 现代货币制度、国际货币制度的内在矛盾

下面考察货币制度的演化，特别是国际货币制度的变化。我们通过统计数据来揭示从 1973 年前后国际流动性的变化。当前具有主导地位的国际货币是债务—美元货币体系，实质上，与布雷顿森林体系相比，当前的国际货币体系实现了用主权国家货币替代国际货币，并用实体经济和虚拟经济共同支撑这种主权货币的国际货币地位。

20世纪70年代布雷顿森林体系崩溃后，黄金就彻底退出了货币体系，金本位时代，商业银行可以根据自己窖藏的贵金属发行信用货币，如果发行了过多的信用货币就会引起银行挤兑，甚至银行倒闭，银行的信用货币就会消失，货币总量就减少。货币数量与经济运行需要量之间的关系，不用银行调节，而是自行进入和退出流通领域。现代信用货币制度与金或银本位下的信用货币制度不同，中央银行被授予货币发行权，强制发行法币。因此，当代商业银行大批倒闭会减少信贷活动，但是作为法币的货币并不会减少，特别是从大危机之后全球范围实施存款保险制度后，大部分货币（$M_2$）不会因银行倒闭而消失。这就决定了法币制度下以$M_1$和$M_2$衡量的货币不能退出市场，发行过多就会导致货币贬值，或者推动金融资产膨胀。所以，在法币制度下，中央银行根据宏观经济状况实施相机抉择政策。在20世纪30年代大危机时期，英国、美国等国分别放弃金本位，国际贸易和金融活动需要新的国际货币，国际货币就只能主要由一些国家的主权货币来承担。但主权货币发挥国际货币职能存在一个根本性矛盾，即这种主权货币的发行首先关注的是其国内宏观经济目标（例如通胀、增长，或者是稳定金融市场），而不是全球统一协调的经济目标。在经济、金融危机期间，这种矛盾会非常严重。

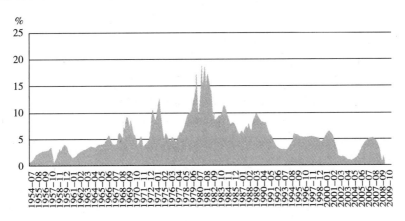

数据来源：根据美联储公开数据整理，见 http://www.federalreserve.gov。

**图8-1 美国联邦基金实际利率变动情况**

1990年日本在泡沫经济崩溃后实施了量化宽松货币政策。2001年以来，美联储长期低利率造成流动性宽松是房地产和金融市场过度膨胀的决定性因素。2007年全球金融危机爆发后，美国及欧洲中央银行最终决定为陷入金融危机的金融机构提供货币流动性支持，但是这也创造了新的矛盾，即释放了更多的货币流动性，这使货币当局在未来不得不更加谨慎应对流动性造成的金融系统性风险问题。

2007 年美国金融机构的次贷风险逐渐演化成整个金融系统危机。当花旗银行、高盛等超大型金融机构都陷入流动性危机时，美联储不得不实施极端的、"非传统手段"的货币政策：零利率、注资和量化宽松货币政策。2008 年 12 月 16 日，美联储决定将联邦基金利率从 1% 下调到历史最低点 0 ~ 0.25%。2007 年 8 月起，美联储多次通过政府困难资产救助计划（TRAP）等方式向银行体系注资；为拓宽注资渠道，美联储还创新了大量的政策工具，如固定期限拍卖工具（TAF）、一级交易商信贷工具（PDCF）、固定期限融券工具（TSLF）、商业票据及货币市场基金流动性融资工具（AMLF）、商业票据融资工具（CPFF）、货币市场投资者融资工具（MMIFF）等；最终美联储联合财政部，对房利美和房地美、花旗银行、AIG 等大型金融机构进行国有化。截至 2013 年第一季度，美联储已经实施 4 次量化宽松货币政策，投放大量基础货币，这将使全球流动性泛滥的状况更加恶化，将对全球金融和经济产生长期影响。这些提供和改善金融机构流动性的干预政策，实质上是政府和货币当局创造和提供的国家信用支持。但是，美国和欧元区国家的财政刺激政策已经基本达到极限，美国财政赤字在 2013 年 9 月已经超过 16 万亿美元，逼近债务极限。而欧元区国家的债务状况更糟糕，希腊、西班牙、葡萄牙、爱尔兰等国长期负债，导致其深陷债务危机，以致拖累整个欧元区国家的经济复苏。

### 8.2.4　多个视角下的国际货币流动性和金融资产膨胀

"二战"后国际货币体系大致经历了以下阶段：1945 ~ 1971 年的黄金—美元本位货币时代；1971 ~ 1982 年，以及 1982 ~ 1999 年的债务—美元形成和主导时代；1999 至今的债务—美元与欧元双本位货币时代。

第一，1945 ~ 1971 年的黄金—美元本位货币时期。各国与美元的汇率保持相对稳定，外汇交易主要是为国际贸易服务，国际金融交易和国际短期资本规模很小，美国依靠经常项目顺差支撑美元国际货币地位，其主导产业为制造业。同时期，各国官方外汇储备规模很小。

第二，1971 ~ 1999 年的债务—美元主导的国际货币时期，同时日元、英镑占有一定比重。1971 年布雷顿森林体系崩溃后，国际货币发行客观上也就失去了有效约束，彻底失去退出机制，国际货币发行权继续更集中在美联储。在国际货币体系转变过程中，主要发达国家经历了经济金融化发展和产业结构的变化，国际收支结构的标志性变化是在 1982 年以后，美国经常项目赤字和财政赤字并存。这一时期为消除储贷金融机构的风险，提高其市场竞争力，美国金融管制逐步放松，开始全面的金融自由化和证券化，1999 年美国《金融服务现代化法案》的出台标志着美国金融自由化发展达到顶峰，美国产业结构中金融和房地产服务占 GDP 的比重显著上升。在 20 世纪 80 年代中后期"广场协议"之后，日本为防止由于汇率上升而造成出口下降，开始采取宽松货币政策，日本房地产和证券市场规模迅速膨胀，由此形成泡沫经济。在泡沫经济崩溃后，日本为刺激经济复苏，长期实行了财政刺激和零利率货币政策。这期间全球外汇储备在迅速上升，国际短期流动资本规模上升。进入 20 世纪 90 年代后，美国金融资产规模快速膨胀，而通胀水平长时期保持在较低水平，因而美联储基础货币一直保持在较低水平。同时期，全球多次出现跨越证券市场、房地产市场、金融衍生品市场和外汇交易市场的金融危机。

表 8-1　　　　　官方外汇储备构成中主要储备货币占比　　　　单位：%

| 年份 | 美元 | 欧元 | 英镑 | 日元 |
|------|------|------|------|------|
| 2000 | 71.13 | 18.29 | 2.75 | 6.06 |
| 2002 | 67.08 | 23.79 | 2.81 | 4.35 |
| 2004 | 65.95 | 24.80 | 3.37 | 3.83 |
| 2006 | 65.48 | 25.09 | 4.38 | 3.08 |
| 2008 | 64.12 | 26.51 | 4.07 | 3.11 |
| 2009 | 62.17 | 27.40 | 4.28 | 2.94 |

数据来源：根据 IMF 公布的数据计算。

第三，1999 年至今。1999 年欧元形成后，形成了美元—欧元并存的国际货币体系。1999 年以来欧元区国家国债和公共债务迅速上升；美国经常项目赤字和财政赤字继续扩大，金融和房地产在 GDP 中的比重持续上升，而制造业产业比重下降。1998 年以来，美欧连续经历了 1998 年长期资本管理公司危机、2001 年网络泡沫崩溃和"9·11"事件，为刺激经济复苏和就业，美欧主要国家在较长时间内实施了低利率的宽松货币政策，实际刺激了金融和房地产市场的更大发展。在这个时期，全球官方美元和欧元外汇储备迅速扩大，原因在于 1973 年布雷顿森林体系解体后，美国很快用国外资本净流入弥补经常项目逆差，大量释放流动性。由于债券和其他金融资产替代黄金成了支撑美元国际货币的支柱，这意味着只要有足够的债券、股票以及其他金融资产，就可以应付境外美元回流的压力。境外美元的支柱从黄金储备变成债券和其他金融资产后，美元流往境外也就不再有约束。美元流往境外的速度加快，规模也就越来越大，因而世界外汇储备也就越来越多。在 20 世纪 70 年代以前，全球的外汇储备一直维持在较低水平，增长速度缓慢。在 1948 年，全球外汇储备仅为 478 亿美元，到 1970 年也仅增长到 932 亿美元。从 1948 年到 1970 年的 22 年间，全球外汇储备年均增长速度为 3%。但在美元与黄金脱钩，布雷顿森林体系解体后，全球外汇储备，特别是发展中国家和新兴市场经济国家的外汇储备急剧增长，到 2010 年底官方美元外汇储备已达到 9 万亿美元。

（1）美国的国际收支失衡

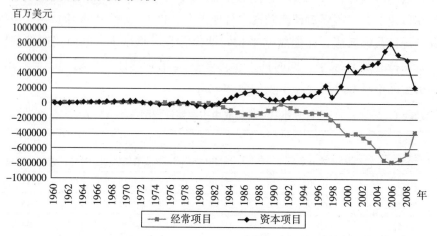

数据来源：美国经济分析局网站公开数据，见 http://www.bea.gov/international，2011。

**图 8 - 2　美国资本项目与经常项目变化**

图 8 - 2 显示，自 1982 年开始，美国经常项目持续赤字，而资本项目持续顺差，两条曲线明显呈现剪刀状，两者分离状况在 2006～2007 年达到最大顶峰。这表明资本项目顺差下的国际资金的流入在很大程度上支持了美国财政赤字和国内融资，最终支持了消费。

（2）美国和欧元区主要国家产业结构与债务状况变化

刘骏民（2008）根据美国国家经济分析局公开数据分析，如果把建筑业、制造业和运输仓储行业作为传统实体经济，把金融业和房地产创造、职业服务业的国内生产总值作为主要非实体经济，可以观察到美国 GDP 结构中，传统实体经济占比持续下降，而金融和房地产创造的国内生产总值占比持续上升。其中传统实体经济占 GDP 比重从 1950 年的 37.08% 下降到 1960 年的 34.16%，下降不到 3%。此后，呈现加速下降。1980～1990 年下降 4.5 个百分点。在 2000～2009 年从 21.95% 下降到 17.79%，下降 4.16 个百分点。截至 2009 年底，美国制造业创造的生产总值占比为11.22%，而金融业和房地产创造的国内生产总值占比为21.53%。

从20世纪80年代初开始到90年代，在国际收支失衡的同时，产业结构出现的显著变化是金融、房地产和职业服务占GDP比重明显上升，传统实体经济占GDP比重在1980年为28.42%，到2009年已经下降到17.79%；而主要非实体经济占GDP的比重1980年为22.23%，到2009年已经上升到33.58%，其中金融、房地产占比从16.03%上升到2009年的21.53%。

美国从20世纪60年代末期财政赤字不断恶化。图8-3显示1979年以后财政赤字持续恶化，除了短期出现财政盈余外，多数年份里财政赤字规模都处于很高水平，2001年后财政赤字进入更高水平，2007年后财政赤字大幅增加。财政赤字需要通过从国债市场吸收资金来弥补，要不就是从美联储直接借入货币，即印钞。2007年以前美国主要是靠发行国债解决财政赤字，而2007年后除发行国债外，美联储两次实施量化宽松货币政策，全球货币流动性迅速增加。

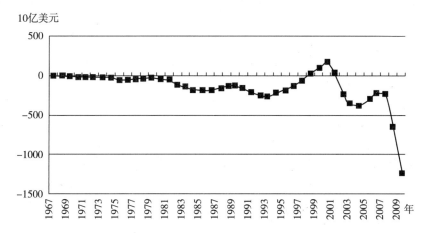

数据来源：美国经济分析局（BEA）www.bea.org。

**图8-3　美国联邦财政赤字统计1967~2009年**

（3）全球官方外汇储备变化与主权财富基金

国际货币流动性膨胀的另一个间接指标就是全球官方外汇储备。根据SWF Institute的统计，截至2009年10月，全球共有51只主权财富基金，分布在37个国家和地区，资产总额约3.8万亿美元。规模上千亿美元的11只主权财富基金总资产额为2.7万亿美元，占比约70%，大多分布在中东和东亚。在51只主权财富基金中，3只于1953~1958年成立，5只于1974~1976年成立，5只于1980~1985年成立，5只于1990~1996年成立，1998年后成立了32只，还有两只成立时间不明。据此可以大致看出，全球主权财富基金的发展经历了两个阶段，而这与国际货币体系的变化是紧密相关的。第一个阶段大致是在 20 世纪 70 年代中期，例如，1974 年成立的新加坡淡马锡控股公司（Temasek Holdings），1976 年成立的阿布扎比投资局（Abu Dhabi Investment Authority）以及美国阿拉斯加永久基金（Alaska Permanent Fund）等。第二个阶段是从 1998 年至今，例如，2004 年设立的俄罗斯稳定基金（Stabilization Fund），2005 年成立的卡塔尔投资局（Qatar Investment Authority），以及 2007 年设立的中国投资有限责任公司等。

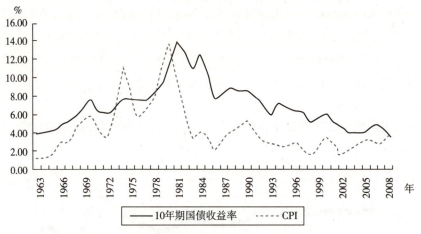

资料来源：根据美联储公开数据整理，见 http：//www.federalreserve.gov。

**图 8-4　美国十年期国债收益率与 CPI 变化**

主权财富基金的兴起是现行国际货币体系失衡的结果，反映了美国货币金融优势的影响，也反映了全球流动性泛滥的状况。第一，国际货币体系的"美元本位制"，直接导致了主权财富基金资本额的急剧扩张。第二，美元贬值及美国国债的低收益率使得拥有巨额外汇储备的国家蒙受了巨大的损失，使其不得不考虑以建立主权财富基金的方式进行多元化投资。布雷顿森林体系的解体使得国际货币体系从此震荡，是主权财富基金兴起的根本原因，非国际货币国家应付汇率变动的交易性风险和预防性风险。1999 年欧元启动后，国际货币体系从单一的美元本位货币体系逐渐转为美元—欧元双本位货币体系，但同样缺乏有效约束，全球流动性泛滥形势更加严峻。根据 IMF 的统计，在各国货币当局外汇储备总额中，美元外汇储备占比已经从 1999 年底的 71.2% 下降到了 2009 年底的 62.17%，而欧元占比从 1999 年底的 17.9% 上升到 2009 年底的 27.4%。在国际债券和票据市场，从 2003 年 12 月末开始，以欧元计价的国际债券和票据余额超过美元，紧接着在 2004 年 9 月，欧元取代美元成为国家债券和票据市场发行量最大的国际货币。正是国际两大本位货币争先恐后的高速增长导致了全球货币流动性的急剧膨胀。

### 8.2.5  发达国家支撑金融流动性的货币政策：国际货币流动性泛滥和金融膨胀的推手

Chordia、Sarkar 和 Subrahmanyam（2005）认为"货币流动性……部分解释了股票和债券市场流动性的共性"[1]，发现"在整个危机期间，货币膨胀是与流动性增长相伴随的"。[2] 他们给出了短期政策建议：中央银行可以通过控制资金流动性，帮助缓解市场流动性短缺问题。如果中央银行比典型金融机构更好地区分什么是流动性冲击和什么是基本面冲击，那么中央银行就能够向金融机构传递这些信息，并且鼓励金融机构放松它们的资金流动性需求。"中央银行也能推动市场流动性，在流动性危机期间通过改善投机者流动性条件，或者直接表达政府意图在危机期间提供额外的流动性，当金融机构最坏的情况出现时，这或许会减缓保证金需求。"[3]

Marcus Miller 和 Joseph E. Stiglitz（2010）的金融杠杆模型的结论也主张在金融危机中，政府应该向金融市场和存在流动性风险的金融机构提供货币流动性，以缓解金融机构资金流动性不足和市场流动性不足，并具体分析了注资、降息等提供货币流动性的政策。政府的这些非常规政策会明显改变传统货币政策的目标和内容，实际上强调中央银行除了关注通胀外，还应该关注金融市场波动，这实际上已经成为当前美国和欧洲中央银行的政策内容。

对于政府货币流动性支持的长期影响，Moritz Schularick，Alan M. Taylor（2009）的研究提出，正是发达国家政府在过去几十年中，在各种危机中采取的刺激政策，导致了货币流动性的膨胀，从而推动了金融市场规模的不断扩张。他们指出，过去的历史数据显示政策制定者为了阻止金融危机去杠杆化过程对实体经济的冲击，采取了各种救助措施和宽松货币政策，正是这些政策提供了宽松的流动性条件，推动了金融大规模增长和金融系统杠杆的广泛使用，从而酝酿了更大的危机，Taylor 将 2007 年全球金融危机称为"信用膨胀的崩溃"。国际货币基金组织 1999 年的研究报告阐明主要发达国家货币流动性对本国金融市场（房地产和证券市场），以及对其他国家金融市场具有影响。德意志银行研究

---

[1]  Markus K. Brunnermeier, Lasse Heje Pedersen, "market liquidity and funding liquidity", p. 5.

[2]  Markus K. Brunnermeier, Lasse Heje Pedersen, "market liquidity and funding liquidity", p. 5.

[3]  Markus K. Brunnermeier, Lasse Heje Pedersen, "market liquidity and funding liquidity", p. 28.

报告（2007，2009）通过实证方法阐明，正是 2000 年以来的美国和日本等主要发达国家长期宽松货币政策造成全球流动性膨胀，这是造成 2007 年全球金融危机的重要原因之一。以上研究实际上都关注了货币流动性变化对金融机构资金流动性状况的影响，通过资金流动性和市场流动性的反馈机制，对金融稳定产生重要影响。以上研究显示，货币流动性不仅是金融危机中救助金融机构的政策，也是造成金融危机的重要原因。

货币流动性不等同于资金流动性，但是货币流动性会对金融市场资金流动性的状况具有重要影响，货币流动性的变化使金融市场资金更加充裕，金融机构更容易获得流动资金，从而推动金融资产市场流动性。货币当局改善金融机构资金流动性的措施，概括起来主要是：货币供给量增加引发低利率；购买金融机构的资产；对金融机构进行注资；等等。这些政策会改善金融机构的资金流动性状况。Tobias Adrian 和 Hyun Song Shin（2006）分析了不同金融机构具有目标杠杆的特征，金融机构据此随着资产价格变动调节资产负债。他们对美国等主要投资银行的金融机构的资产负债调整特征进行研究，得到明显的证据。他们进一步分析在银行主导的金融系统，银行是唯一的杠杆机构，其负债可以等同于各种货币构成的，那么货币存量就是衡量杠杆机构资产负债表总规模的好的指标。就这个范畴而言，货币存量的增长将在揭示银行系统总资产负债表规模方面发挥重要作用。而很多杠杆机构（投资银行、对冲基金和其他机构）并不符合教科书对以储蓄为基础的银行的定义。因此，他们的负债是不能算做"货币"。甚至对于银行，也不是所有负债项目都等同于货币。在美国和一些欧洲国家，资本市场发挥着更重要的作用，货币在金融周期中的作用需要据此进行解释。另外，当我们考虑银行随时间变化的负债的构成时，持有的储蓄是相当稳定的。在很多案例中，还不清楚有多少储蓄负债处于银行自身控制下。然而，很多类型银行负债是来自批发金融市场——例如回购协议、存单、欧洲美元等，Tobias Adrian 和 Hyun Song Shin 认为这些负债是银行控制下更容易进行调解的变量。正是这些"其他借入"项目趋向于随时间最具波动性，它们应该是银行对其理想杠杆关注的最好参数。

## 8.3 国际货币流动性与金融资产膨胀：实证研究

本章此部分内容综述了国际货币流动性的重要研究文献并进行了分析。

### 8.3.1 全球货币流动性泛滥的影响研究

国际货币基金组织从 1999 年就开始关注全球流动性泛滥的问题。Klaas Baks 和 Charles Kramer 开创性的研究工作，开启了货币流动性系统研究。他们认为这些流动性概念是彼此相关的。他们用 7 个工业国的三个流动性指数（货币增长）来尝试研究货币流动性和资产回报的国际维度的关系。Klaas Baks 和 Charles Kramer 研究中的流动性用货币增长衡量，他们计算了三种 G7 国家货币增长的方法，估计了系列相关性，采用的是简单回归相关性和格兰杰因果检验方法。货币流动性（广义上讲）包括短期和中期银行资产，这些银行资产能够支持证券市场的交易和承销。他们收集了 G7 国家的货币和资产回报的季度数据，时间从 1971 年第四季度到 1998 年第四季度。数据集合包括狭义货币、广义货币、长期和短期利率、消费价格指数、GDP、股票价格和每个国家的汇率。所有数据都作了季节调整（除了利率和股票价格）。长期和短期利率用 10 年期政府债券和 3 个月期国债利率衡量（当国债利率不可得时，用短期储蓄利率衡量）。

他们认为，丰富的流动性因为融资成本比较低，也能支持金融市场活动。当货币和二级市场流动性丰富的时期，证券的净新增供给将倾向于上升，因为在这个时期市场往往是繁荣的，并且更愿意接受新的发行。经济前景良好预期或许通常带动流动性的增长，因此企业愿意承担更多的债务。不同类型流动性之间的关系意味着中央银行起着重要作用，并且货币流动性支持了市场流动性，正如美联储前主席 Alan Greenspan 所说的：中央银行不需要对资产价格下降作出逐步反应。

他们的研究显示，G7 国家流动性的增长是与 G7 国家实际利率的下降和实际股票回报的增长相一致的。也有证据显示流动性溢出到其他国家。第一，他们测度和研究了 G7 国家的货币流动性，重点研究了一国范畴的度量方法。第二，他们研究了 G7 国家货币增长对 G7 国家利率和证券回报的影响。第三，他们评估了国际"流动性溢出"程度，即一个主要国家的货币增长对其他国家货币增长和资产回报的影响程度。他们的研究结论是，在 G7 国家流动性增长是与 G7 国家实际证券回报和 G7 国家利率下降相一致的，两者具有稳定关系。而且，一个国家的流动性增长经常与其他国家实际证券回报的增长和实际利率的下降是相一致的，并且一个 G7 国家的过度货币增长与其他 G7 国家的实际证券回报和更低的实际利率具有稳定关系；美国过度货币增长导致日本过度货币增长，或受到日本过度货币增长的影响而增长，有一些证据显示过度货币增长对其他国家证券回报存在溢出效应影响。

综上可以发现，IMF 学者在流动性研究中明确指出了货币市场在金融市场中的举足轻重的地位，我们也认为关于货币流动性的经典事实是理解其他类型流动性的重要基础。

### 8.3.2 全球金融资产规模膨胀与美元泛滥

德意志银行（2007，2009）的研究报告指出，2001～2003 年，美国、日本和欧洲过度宽松货币政策应该为现阶段全球流动性泛滥[①]负责，并强调 2008 年以来美欧主要发达国家的宽松货币政策所引发新的全球流动性泛滥，将对未来全球资产价格和通胀将产生更大影响。报告提出对全球流动性测度的两种办法：价格测量法和数量测量法。就数量测量法而言，提出三种口径：基础货币；狭义货币（$M_1$）；广义货币（每个经济体的最广义测量口径）。在德意志银行的报告中，明确了货币流动性的各种口径：欧洲中央银行能够完全控制所谓的基础货币 $M_0$。$M_0$ 包括循环中的支票和硬币、私人银行部门在中央银行的存款（即最小储备）。$M_1$ 通常被理解为狭义货币，包括 $M_0$、非金融部门持有的在私人银行的隔夜储蓄。这些非金融部门包括家庭、企业和政府。$M_2$ 包括 $M_1$ 和长期储蓄存款。最后，欧元区最广泛和最差的流动性口径是 $M_3$，包括 $M_2$ 和再回购协议、货币市场基金和 2 年以上（定期债务证券）到期的债务性证券。对于其他大型发达经济体，$M_0$，$M_1$，$M_2$，$M_3$ 的计算也可用于日本和加拿大。在美国，美联储已经不再公布 $M_3$。因此，$M_2$ 就是美国广义货币总量。

1. 国际货币流动性的测度

德意志银行报告（2007，2009）认为很难准确量化全球货币流动性，因为它的测量手段总是存在很多问题。然而，但是，可以寻找两个基本的替代：价格测量方法（例如全球利率）和数量测量方法（例如全球货币供给总量）。狭义货币和广义货币的定义和可用数据在不同经济体有很大的变化，构建一个全球总量是非常不容易的。他们提出了三个全球流动性测量方法：第一个是根据基础货币，第二个是根据狭义货币（使用 $M_1$ 是可行的），第三个是基于广义货币（使用每个经济体的最广义测量指标）。他们研究了 G5 经济体范围的货币流动性状况，包括美国、欧元区、日本、英国和加拿大。有两种计算方法：一种方法是把各国的货币转换为美元，统一进行计算；另外一种方法是通过这五个国家

---

① 该报告对全球流动性过剩的定义：就狭义货币而言，是货币与 GDP 的比率偏离其长期趋势。该报告同时也讨论了基础利率和广义货币问题。

分别占 G5 国家总 GDP 的比重，进行加权计算货币增长率和利率。他们认为后一种方法更好一些，因为用全球以美元为基础计算的流动性易于受到利率变化的影响，比用 GDP 权重计算的货币增长具有更大的波动性。所以，基于美元计算的全球流动性增长可能低估或高估全球流动性趋势。总之，GDP 权重法衡量的货币增长提供了更好地描述全球货币政策状态、信用趋势和全球真实经济周期的方法。全球 GDP 衡量的货币增长方法是怎么做的？是用各国的 GDP 占总 GDP 的比重作为权重，用这个加权的方法来衡量利率。基于 GDP 权重的全球实际利率可以显示在剔除当期和预期通胀后，从国际金融市场借款的便宜程度。如果利率低甚至为负，全球货币政策状态或许被认为是很强适应的。如果实际利率上升或者很高，全球货币政策状态被认为是严格收紧的。确实，从 20 世纪 90 年代早期以来实际利率趋于降低，特别是在 2003～2005 年，短期和长期实际利率都显著低于长期平均水平，体现了全球货币政策过于宽松。2008 年中期实际利率在被当期 CPI 通胀率带入负的区间后，已经明显地转为正。尽管实际利率是较好的流动性指标，但是在金融紧缩（资金紧张）时期它们却不是最好的全球流动性的衡量尺度。尽管实际利率是非常低的，但是因为经济衰退，贷款和债券市场的发展仍有可能是恶化的。

德意志银行报告（2007，2009）提出全球流动性泛滥有三个因素：过度宽松的货币政策、全球失衡和套息外汇交易。第一，过度宽松货币政策主要是指大型经济体为推动经济增长而施行了过度宽松的货币政策，特别是美国、日本、欧元区国家在 2000 年以后实施的过于宽松货币政策导致很强的信用和货币增长。第二，这里所指的全球失衡是指一些国家（发达国家、新兴市场国家和石油输出国家）形成了高储蓄，推动了失衡[①]。美国、英国和欧元区南部国家出现大规模经常项目赤字；另外，在一些发达国家、新兴市场国家和石油输出国家出现大规模经常项目盈余，例如德国、日本、中国、俄罗斯和 OPEC 国家。在区域固定汇率和有管理浮动汇率制度下，发达国家从新兴经济体大量进口，同时实施宽松货币政策，导致新兴国家很强的外汇储备累积。尽管美国国债的收益率一直是下降的，但这些国家形成的盈余会再投资到那些赤字国家。第三，在危机前时期的金融市场低波动性和很大的利率差异支持了外汇市场套息投机交易。美国国债的国外持有比重持续上升，从 2000 年早期的 20% 上升到 2009 年 5

---

　　① 本书不同意发达国家与新兴市场国家间高储蓄与高消费的失衡解释；本书认为发达国家经济结构失衡，在国际货币金融体系下，加剧了其经济恶化，这从 20 世纪 80 年代以来美国经常项目持续赤字得到证明。

月的 28.7%。

2. 2008 年以来的全球货币流动性膨胀

德意志银行报告认为全球流动性过剩通常被理解为货币流动性，不是用于实际经济交易的，那么流动性问题就产生了。过去十几年全球流动性增长高于名义 GDP 增长。流动性过剩被定义为：就狭义货币来说，就是货币/GDP 的比率的上升。当前狭义货币流动性上升主要是由两个因素推动的：狭义货币增长和因为主要发达国家实际经济紧缩造成名义 GDP 紧缩和快速下滑，甚至通缩（根据 GDP 减缩指数）。

在美国，美国商业银行在美联储的储备资产占 GDP 的比重，从过去 20 年的平均值 0.3%，达到几乎 6%。这些规模巨大的美国商业银行的超额储备表明美联储注入的流动性没有转化为实体经济的融资，而只是停留在银行部门。在欧元区，欧洲中央银行（2009 年 6 月以后）向欧元区商业银行提供了规模达到 4420 亿欧元为期 12 月到期的流动性支持，以提供信用支持。但是这些流动性还是停留在银行系统，实际上又被存在欧洲中央银行，尽管中央银行的额外流动性注入，在此时是希望被用来支持银行部门，并通过信用渠道推动整个经济。一旦信用乘数扩张过程最终实现正常，在开始变热以前，中央银行需要将额外的流动性抽出系统之外。如果狭义货币增长没有转化为预期的高信用增长，基础/狭义流动性的大量涌出并不能推动广义货币的迅速增加。全球流动性在未来较长时间一定会保持很大规模，这将使再一次爆发资产价格泡沫式金融危机的概率增大。

## 8.4 总结

在 2007 年全球金融危机之前，尽管主流货币和宏观经济理论的主导地位依然不易撼动，但是一直有学者从多个视角研究货币、信用在宏观经济中的作用。而最近 20 年的文献中，许多学者的研究都注意到"我们的前辈生活在一个货币时代，总信用是非常接近总货币，并且以前的分析可以用总货币非常近似地替代总信用。现在，我们生活在一个不同的世界，一个信用时代，在这个时代金融创新和管制放松允许金融系统持续偏离总货币，推动了宏观经济中信用不可预测的膨胀。没有足够的历史观点，这个深远变化是很难理解的。"[①]

第一，过去 30 年国际货币体系从由实体经济支撑的美元主导的货币体系转

---

① Moritz Schularick, Alan M. Taylor 2009 Working Paper 15512, CREDIT BOOMS GONE BUST: Monetary policy, leverage cycles and financial crisis, 1870 - 2008, http://www.nber.org/papers/w15512, p. 2.

变为由虚拟经济支撑的债务美元体系，其标志性指标就是从 1982 年以后美国经常项目赤字、财政赤字规模不断扩大，而中期国债收益率下降。美元规模膨胀与其国债规模扩大和经济金融化发展紧密相关，为推动经济增长，或防止经济衰退，避免金融机构大规模危机，美国政府就不断发债，金融机构为了提高竞争力和扩大短期利润收入不断采用杠杆机制推动金融创新。在过去 30 年，较少的美元规模可以支撑规模巨大的国债和金融资产规模。但随着美国经济金融化和债务化的深化发展，这种经济结构的脆弱性和金融系统不稳定性越来越显著，在其多次解决金融危机和经济衰退的时候，美联储不得不高度依赖货币政策手段。

第二，债务—美元体系下的国际货币流动性膨胀对全球经济的影响是深远的。在金融危机期间使用货币流动性支持性政策，在短期内可以实现金融体系再次稳定，但不能从根本上刺激美国经济复苏，却使全球通胀状况和金融稳定状况变得更加复杂。

国际货币流动性泛滥对新兴市场国家通胀状况具有复杂的间接影响。以出口为导向的新兴市场国家一直面临输入性通胀与高储备的难题，也面临着资金流入状态突然逆转的冲击。主要影响机制和渠道是：（1）外商直接投资；（2）国际大宗商品价格；（3）国际短期流动性资本规模扩大，国际货币流动性最终通过各种类型的金融机构，在国际大宗商品市场、国际金融市场进行投资和投机，对各国，特别是新兴市场和发展中国家经济及金融稳定造成冲击；（4）国际债务关系变化：国际货币发行国对外债务贬值，新兴市场国家外汇储备贬值。

从 1997 年亚洲金融危机开始，中国已经体会到在当前国际货币金融体系下，国际资本冲击对东南亚国家和韩国经济和金融市场的冲击力。麦金农（2006）在分析这些国家遇到的货币危机时，将其概括为"小国原罪"，即这些国家因为不具备国际货币金融优势地位，在经济发展中必然以出口为导向，为此必须稳定本币与国际货币的汇率，以保持出口稳定增长。在发展初期，国内不能创造足够的金融信用，以实现从国外获得技术、管理和各种资源，以及本国出口商品的销售渠道和市场。因此，必须从发达国家获得金融信用支持，从而有些国家采取了以本币钉住美元的固定汇率制度，同时又开放了本国金融市场。这些国家积累了大量对外负债。亚洲金融危机爆发后，这些国家发现其积累的大量短期外债在国际投机资本冲击下，所持有的外汇储备无法进行支付，使其出口赖以稳定的固定汇率制度无法维持，陷入所谓货币错配的困境。麦金农将这种情况称为"小国原罪"。2007 年越南再次经历了一次国际货币冲击，遭受国际投机资本的"剪羊毛"之祸。

中国在 2000 年加入世界贸易组织后，几乎每年都产生 2000 亿美元以上的经常项目顺差。中国没有开放资本市场，经常项目积累的顺差形成了大量的美元外汇储备，这些大量美元外汇储备无法在国内使用，在 2008 年美国次贷危机之后，随着美国实施量化宽松货币政策，我们所持有的大量美元外汇储备和美元资产都面临贬值风险。麦金农将这种情况称为"高储备两难"。中国与日本一样，在成为对美国最大债权国后，对美国债权是以美元计价和储备的，对外直接投资和金融投资都是用美元进行的。我们实质上与日本和东南亚国家一起陷入到美元"帝国循环"之中，因此总是受美国国内货币金融政策影响。2008 年以来中国的出口受到美元贬值影响，面临巨大压力。幸运的是，我们在 1997 年亚洲金融危机和 2008 年美国次贷危机期间，由于中国资本市场没有完全开放，我们国内的金融机构、企业和居民没有陷入到"帝国循环"之中，因此中国金融机构没有像日本金融机构和企业那样遭受美元贬值的巨大损失，从而使我们的企业和金融机构在政府引导下能够有序地推进深化改革。

但在未来，中国要巩固当前取得的国际经济地位优势，必须降低债务——美元体系的负面影响，因此，提高人民币和中国金融优势地位就是必须要做的工作。尽管中国人民币国际化需要很多经济、政治条件和历史机遇，仍然困难重重，但是 2008 年以来，中国人民币国际化的进程已经取得可喜进展。与其他金砖国家、澳大利亚、加拿大、韩国等国已经建立了货币互换制度，人民币已经成为一些国家的储备货币。我们认为人民币通过以上形式，不断强化国际储备货币地位是值得称赞的。但是根据历史经验，要成为强势国际货币，我们还需要充分依靠当前取得的国际经济优势，在加强与其他国家经济合作基础上加强与其他金砖国家，以及欧元区国家的货币金融合作，推动对非洲的人民币投资。另外，推动国内金融体制改革，提高国内金融机构的国际竞争力，从而使我们有更强的实力参与国际货币金融活动，并逐渐成为国际货币金融制度和规则的制定者。在可预见的未来，可以形成美元、欧元和人民币共同构成的国际货币体系，并建立中国金融优势地位。尽管我们所处的国际经济、政治和金融环境和条件无法与英国和美国当时的历史机遇相比较，但中国经过了 30 多年的经济体制改革和开放，取得了丰富的经验和经济优势，使中国稳步推进人民币国际化和获得相应的国际金融优势，依然是可期待的，这也应该是"中国梦"的重要内容之一。

（本章作者：李宝伟、张云、陈瑞华、张嘉明）

# 9　流动性管理政策研究

## ——量化宽松货币政策的理论研究

本章主要研究流动性的宏观管理政策，从目前学术的研究情况来看，与流动性的宏观管理策略的研究非常类似的研究主要有如下两个方面：一是量化宽松的货币政策，主要是央行以非常规的手段释放流动性的策略，这算是流动性宏观管理策略的一次实践；二是所谓的宏观审慎监管政策，这个政策着眼于如何使用不同于传统的微观监管策略来保证金融整体系统的稳定性，与宏观流动性管理有较大的联系。此章主要分析流动性方面量化宽松货币政策。本部分主要分为两大方面：第一方面是量化宽松货币政策的定义和相关既有研究文献的综述为第 9 章的内容，第二方面是关于美国量化宽松货币政策的实证研究为第 10 章内容。

## 9.1　量化宽松政策的定义以及相关研究文献综述

自 2001 年日本央行首次推行量化宽松政策以来，与量化宽松政策相关的问题便逐渐引起学术界的关注。而随着 2008 年全球金融危机的爆发，美国、欧元区、英国等发达国家纷纷推行量化宽松政策以挽救经济，与量化宽松政策有关的各种问题更是引起学术界的广泛关注，很多学者对其进行了大量的研究。本章将梳理关于量化宽松政策的理论基础、影响、应对策略等方面的相关文献。

### 9.1.1　量化宽松政策的相关概念

目前，学术界对量化宽松政策还没有统一的定义。本节将首先对关于量化宽松政策的不同定义进行综述，并在此基础上给出我们的定义，随后对数量宽松与信贷宽松的区别进行了论述。

#### 9.1.1.1　量化宽松政策的定义

目前，针对量化宽松政策的定义，有从央行资产负债表角度给出的，如

Shiratsuka（2010）指出，量化宽松政策是指央行使用其资产负债表的资产方和负债方，通过一系列非常规货币政策来吸收经济所遭受的意外冲击。也有从政策背景角度给出的，如张晶（2009）认为量化宽松货币政策是指在短期名义利率接近于零或为零的状况下，央行的传统货币政策已经失去可调整的空间时，为推动经济复苏所实施的一种极端货币政策。

除了上述定义之外，更为常见的定义是从政策工具和政策目的的角度给出的，如 Kapetanios et al.（2012）将量化宽松货币政策描述为央行所采取的包括流动性支持和大规模资产购买的一系列行动。Fawley 和 Neely（2013）指出，量化宽松货币政策是指央行通过购买资产和增加信贷等手段，以增加货币基础的一种货币政策。欧洲央行（ECB）执委会委员 Bini Smaghi 则指出，量化宽松货币政策所推出的一系列措施的一个重要目标便是缓解金融市场的紧张状况（Bini Smaghi，2009）。中国人民银行在 2009 年第一季度货币政策执行报告中指出，与传统货币政策工具不同，量化宽松（Quantitativ Easing）政策被视为一种非常规的货币政策工具，它是指央行在实行零利率或近似零利率政策后，通过购买中长期债券，增加基础货币（Monetary Base）供给，向市场注入流动性的一种干预方式。

综合上述量化宽松政策的相关定义，本书将量化宽松政策定义为：它是央行在遇到零利率下限（ZLB）时，常规性货币政策失效的条件下，通过购买长期国债等长期资产，扩大央行资产负债表规模，调整央行资产负债表机构等手段，扩大基础货币的供给，以稳定金融市场、缓解通货紧缩压力、推动经济恢复增长的非常规货币政策，主要侧重于向金融市场和实体经济注入流动性。

### 9.1.1.2 数量宽松与信贷宽松

虽然人们通常将美国、日本等发达国家实行的非常规货币政策统称为量化宽松政策，但不同国家所推行的政策还是存在很多区别的。

在伦敦经济学院的一次演讲中，时任美联储主席 Bernanke 指出，美联储所采取的支持信贷市场的政策与日本式的量化宽松政策是有区别的，美联储所采取的政策应被称为信贷宽松（Bernanke，2009）。二者的共同点在于，它们均包括中央银行资产负债表的大规模扩张（Bernanke，2009）。而关于二者的不同点，Fawley 和 Neely（2013）指出，信贷宽松的目的在于降低某些特定的利率水平并修复金融市场的功能，而数量宽松则意在增加中央银行的负债，即增加中央银行存款准备金账户的余额。欧洲央行执委会委员 Bini Smaghi 也指出，信贷宽松是通过对商业票据、企业债券、资产支持证券的购买来解决流动性短缺和某些市场的息差问题，而数量宽松则是扩大央行的资产负债表（Bini Smaghi，2009）。Bernanke（2009）也准确地指出，在数量宽松政策中，政策的焦点在于存款准备金的数量，央行资产负债表资产方贷款和证券的构成则无关紧要。例如，在日本央行实行的量化宽松政策中，政策的目标便是存款准备金的数量。与此相反，美联储的信贷宽松则主要关注其所持有的贷款和证券的构成，并通过贷款和证券的构成来影响信贷市场的状况。

## 9.1.2 量化宽松政策理论基础的演变

传统意义上，中央银行主要通过调节短期名义利率来影响经济活动。但是，在2008年金融危机中，短期名义利率水平已降至零附近，传统的利率政策已经难以发挥作用。在此情况下，美国、日本等国央行纷纷启用了量化宽松政策，而量化宽松政策的思想其实是起源于对1929~1939年大萧条时期货币政策的反思，Friedman、Schwarlz、White、Bernanke等学者对货币因素如何使经济摆脱萧条进行了开拓性的研究，相关研究成果奠定了量化宽松政策的思想基础。2001年，日本央行开始尝试推行量化宽松政策，以Krugman、Shiratsuka等为代表的一批学者对量化宽松政策的相关理论展开了进一步的研究。次贷危机之后，随着量化宽松政策的大规模实行，关于量化宽松政策理论基础的研究进一步增加。

### 9.1.2.1 早期的量化宽松政策思想

现有的宏观经济学建立在大萧条的历史基础之上。1929~1933年的大萧条是20世纪所发生的最为严重的经济危机，有关大萧条的历史事实很清楚，但对大萧条成因及其复苏的分析一直是宏观经济学领域最富争议性的问题之一，奥地利学派、凯恩斯主义、货币主义等经济学流派都对上述问题给出了各自的回答。而在1973年美国经济陷入通货膨胀与增长停滞的两难困境之后，货币主义与凯恩斯主义就大萧条的成因等问题更是展开了激烈的交锋，早期量化宽松政策的思想也在这些争议和交锋中产生。

凯恩斯主义认为大萧条的原因在于总需求水平的大幅下降，因此，应从需求管理的角度，利用财政政策来应对危机。Keynes（1936）认为，投资不足所导致的有效需求不足是1929~1933年大萧条爆发的根本原因，而投资不足的原因则在于资本边际效率的下降。Keynes之后，美国经济学家Hansen进一步指出，美国经济存在长度约为8年的主周期，而美国的建筑业也存在长度约为18年的周期，具体到大萧条时期，建筑业的投资在1929年急剧收缩，而美国经济的主周期也步入萧条期，建筑周期与主周期的重合造成了史无前例的大危机

(Hansen，1941)。Hansen 的观点与凯恩斯的观点基本一致，但是 Hansen 的观点更强调建筑业投资锐减在大萧条中的独特作用。此后，经济史学家 Temin 对大萧条的成因做了进一步的分析，他指出，大萧条的原因的确在于总需求的下降，但他并不认同凯恩斯过分强调投资支出下降的说法，在详细研究了美国的历史数据之后，他认为，投资支出的下降不是大萧条的主要原因，消费支出的下降导致了总需求的下降，而总需求的下降最终引发了大萧条（Temin，1976）。继 Temin 之后，Romer 对大萧条的成因做了进一步归纳，他指出，1929 年美国股市大崩盘导致了一系列国内支出的冲击，而这些国内支出冲击在 1929 年起了决定性的作用（Romer，1990）。在对大萧条的成因进行深入分析的基础上，凯恩斯主义者进一步指出，应对大萧条的政策途径是财政赤字，与此同时，他们也认为，货币政策与产出的变动无关，因此不应使用货币政策来推动经济复苏。

随着 1973 年美国经济陷入增长停滞和通货膨胀并存的两难境地，凯恩斯主义受到了严重挑战，而以弗里德曼为代表的货币学派则迅速崛起。与凯恩斯主义不同，货币学派对大萧条成因的研究更多的是从货币角度展开的。Friedman 和 Schwartz（1963）指出，大萧条之初货币存量的小幅收缩逐渐演变成 1930 年底的银行倒闭风潮，金融机构的大规模倒闭则使得货币存量和货币乘数急剧下降，而美联储错误地采取了提高贴现率的政策，这一政策使得货币存量进一步下降，从而使得一次普通的经济衰退最终演变为一场史无前例的大危机。据此，弗里德曼认为，出现大萧条的很大原因在于美联储错误的政策，如果美联储能采取宽松的货币政策，那么大萧条是可以避免的。Friedman 的观点为量化干预的可能性提供了理论支撑。

除了理论分析之外，货币主义还进行了一系列的实证分析。Friedman 和 Schwartz（1963）考察了世界主要国家在大萧条中的表现，结果发现，脱离金本位制较早的国家受大萧条的影响较小且经济复苏较快，而脱离金本位制较晚的国家受大萧条的影响较大且复苏进程缓慢，这表明摆脱金本位制并增加货币供应量是推动经济复苏的重要原因。Eichengreen 和 Sachs（1985）考察了英国、法国、意大利等十个国家在 1929～1935 年的经济表现，结果发现，那些较早放弃金本位制并实施货币贬值的国家（如英国）工业产出恢复较快，反之，那些坚持实施金本位制且币值坚挺的国家（如法国）工业产出恢复缓慢。在此基础上，他们进一步指出，各国协调一致地采取宽松货币政策和货币贬值政策将推动各国经济复苏的进程。在此之后，Romer（1992）分析了货币政策和财政政策在促使美国摆脱大萧条中发挥的作用，他发现，财政政策对推动美国经济复苏所发挥的作用微乎其微，而货币政策在推动美国经济复苏方面则发挥了显著的作用。上述实证分析均支持货币因素在促进经济复苏方面所具有的积极作用。

### 9.1.2.2    流动性陷阱下量化宽松政策思想

"流动性陷阱"（Liquidity Trap）这一概念由 Keynes 提出。他认为，人们出于交易需求、谨慎需求和投机性需求而持有货币，但人们也可以选择持有债券（非货币资产的统称）。货币需求随着利率水平的下降而增加，随着利率水平的上升而减少，然而，当利率水平下降到非常低的水平时，即债券的价格足够高时（债券的价格与利率水平反方向变动），人们会认为债券的价格只会下降而不会上升，此时持有债券只会遭到损失。于是人们便不再购买债券，而宁肯保留货币。此时，货币供应量的增加便不能使利率水平进一步下降，这种情况便说明经济处于流动性陷阱之中。

Hicks（1937）在 IS – LM 模型的框架下进一步说明了凯恩斯的流动性陷阱理论。如图 9 – 1 所示，在 LM 曲线的左端，当名义利率水平很低时，货币需求的利率弹性会趋于无穷大，如果 IS 曲线与 LM 曲线在 E 点相交，则此时 LM 曲线的移动将不会对利率和产出水平产生影响，货币政策无效。LM 曲线左端的部分被视为流动性陷阱。

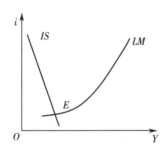

**图 9 – 1    IS – LM 模型下的流动性陷阱**

在 Keynes 和 Hicks 研究的基础上，结合日本经济在 20 世纪 90 年代的现实情况，Krugman（1998）进一步提出了广义流动性陷阱的概念，他将流动性陷阱定义为：在名义利率为零或接近于零，传统货币政策无效的情况下，由于私人部门将基础货币和债券视为完全可替代的，向经济中注入基础货币将不会产生效果。在他看来，日本经济在 20 世纪 90 年代便陷入了流动性陷阱。那么，流动性陷阱何以成为可能？对此，Krugman（1998）指出，人们预期不可持续的货币供应量的增加可能不会引起价格水平的上升。在 Krugman（1998）看来，流动性陷阱也包括信用问题，不论经济是否存在结构问题，市场预期将持续的货币供应量的增加会对经济发挥作用，而如果存在流动性陷阱，那一定是因为市场预期该政策不会持续。关于如何摆脱流动性陷阱，Krugman（2000）指出，央行作出可置信的在未来持续扩张性货币政策的承诺是摆脱流动性陷阱的关键，而量化宽松政策将在改变人们预期和增加央行承诺可置信性等方面发挥重要作用。

除了 Krugman 对量化宽松政策思想的丰富与发展之外，Bernanke 和 Reinhart（2004）讨论了零利率条件下央行刺激经济的三大策略：重塑利率预期；改变中央银行资产负债表的结构；扩大中央银行资产负债表的规模。本章将在第三节对这三种策略进行详细的解释说明。

### 9.1.2.3 次贷危机以后量化宽松政策思想的发展

2001 年，日本央行首次推行了量化宽松政策。2008 年 10 月，随着金融危机的全面爆发，量化宽松政策在美国、英国等发达国家得到全面推行。本次金融危机具有两个非常典型的特征：第一，金融中介大批破产；第二，中央银行采取量化宽松政策对市场进行干预，如美联储就采取了大量购买抵押贷款支持证券等方式对金融市场进行干预。Kiyotaki 和 Moore（2012）在考虑上述两个特征的基础上，借鉴 Bernanke、Fostel 等人的研究成果，构建了流动性冲击模型，进一步深化了对量化宽松政策理论基础的研究，本书前述理论部分也已经考虑到相关研究，进行了流动性冲击模型的详细研究和分析。

实际上，在 Kiyotaki 和 Moore（2012）之前，Bernanke 和 Gertler（1989）就注意到，金融危机会通过导致信用中介成本上升的非货币效应影响实际产出。在金融危机中，银行往往会面对较高的信用中介成本，这使得银行被迫提高对借款者的收费标准，但是，如果较高的费用标准增大了借款者的违约风险，银行的应对办法通常是不提供贷款。这样，信用中介成本的上升将通过以下两种方式对宏观经济产生不利影响：首先，它会影响总供给水平，如果信用中介成本上升，潜在借款者可能很难融到资金以从事投资，这会显著增加总供给；其次，它也会影响总需求水平，大部分在危机中幸存的企业不愿增加投资，因为较高的信用中介成本往往意味着较高的借款成本，较高的借款成本则意味着较高的投资成本，这大大降低了总需求的水平。另外，通过引入借贷双方之间的代理问题，Bini Smaghini（2008）、Fostel 和 Geanakoplos（2008）、Christiano et al.（2004）、Holmstrom 和 Tirole（1996）也构建了将金融摩擦内生化的模型。上述研究为 Kiyotaki 和 Moore 的进一步研究奠定了基础。

在充分借鉴 Bernanke、Gertler 等人研究成果的基础上，Kiyotaki 和 Moore（2012）构建了流动性冲击模型。他们首先假设货币的流动性高于其他所有资产，以此将货币引入到完全竞争框架当中，其模型的核心结论在于：企业的投资与股票市场的价格密切相关，一个外生的流动性冲击会导致资产价格的下跌，这会导致企业的融资约束加强，在此情况下，企业投资下降，产出也随之下降。因此，当面对一个类似于次贷危机那样的流动性冲击时，中央银行采取量化宽松政策，在金融市场上购买特定种类的资产，将可以改变私人部门持有资产的构成比例，稳定资产价格，缓解企业的融资约束，从而有利于企业投资的增加和经济增长的恢复。Kiyotaki 和 Moore 的流动性冲击模型为央行采取量化宽松政策干预金融市场的行为奠定了坚实的理论基础。

## 9.1.3   量化宽松政策的传导机制

量化宽松政策的最终目标是一些很重要的宏观经济变量，如日本央行将通货膨胀率设为其量化宽松政策的最终目标，美联储将失业率和通货膨胀率设为其量化宽松政策的最终目标。但是，量化宽松政策通过什么渠道影响到诸如通胀率之类的宏观经济变量，是量化宽松政策传导机制理论研究的核心内容，对此，以美联储前主席 Bernanke 为代表的一批学者展开了大量的研究。这里我们在归纳传统货币政策传导机制理论的基础上，对量化宽松政策传导机制理论的相关文献进行详细梳理。

### 9.1.3.1   传统货币政策传导机制理论

货币政策传导机制主要研究货币政策如何通过各种金融变量对实际经济产生影响的问题（戚自科，2004）。在具体实践中，中央银行一般通过买卖短期债券来实施货币政策，比如，中央银行可以在公开市场上卖出短期国债，那么这将增加私人部门对债券的持有并减少基础货币的数量。这种常规性的货币政策主要通过利率、资产价格以及汇率等渠道对实际经济产生影响。

1. 利率渠道

维克塞尔较早关注了利率对实际经济的影响，在其著名的货币均衡论中，他指出，货币利率与自然利率相等（金融市场决定的利率为货币利率，储蓄和投资所决定的利率为自然利率）对于实现经济均衡而言至关重要。在维克塞尔所提出理论的影响下，英国著名经济学家凯恩斯在其所提出的货币理论中十分强调利息的作用。凯恩斯主义认为，中央银行可以通过控制货币供应量的变化来影响利率水平，利率水平的变化会引起投资的变化，投资的变化会引起总需求的变化，总需求的变化最终会导致社会产出水平发生变化。关于凯恩斯主义的货币政策传导机制可以表示为

MS↑（↓）→MS＞（＜）MD→r↓（↑）→I↑（↓）→AD↑（↓）→AD＞（＜）AS→Y↑（↓）

例如，中央银行如果增加货币供应量（MS↑），则货币供给会大于货币需求（MS＞MD），利率水平会下降（r↓），投资水平上升（I↑），进而，总需求增加（AD↑），总需求大于总供给（AD＞AS），最终，产出水平也会增加（Y↑）。

随着时间的推移，传统凯恩斯主义货币政策传导机制理论不断完善。20世纪80年代，凯恩斯主义者明确提出，在货币政策传导机制理论中真正重要的是实际利率水平，这一说法将传统凯恩斯主义中抽象的利率概念进一步具体化了。20世纪90年代，新凯恩斯学派进一步发展了传统凯恩斯主义的货币传导机制理论。新凯恩斯学派从市场结构出发为传统凯恩斯主义寻求微观基础，并将模型分析从局部均衡扩展到一般均衡。具体地，新凯恩斯学派在 Dixit 和 Stiglitz（1997）、Beaudry 和 Devereux（1995）、Chari et al.（2000）等人发展的垄断竞争模型的框架下，使用名义价格黏性的假设（Calvo，1983），采用动态随机一般均衡模型（DSGE），得到了代表性居民的需求曲线和代表性厂商的供给曲线。在此基础上，新凯恩斯主义强调了货币政策通过实际利率影响投资（Christiano et al.，2001）和消费，并进而影响到实际产出水平。以扩张性货币政策为例，扩张性货币政策导致正向货币冲击，名义利率下降，在价格黏性条件下，实际利率水平也随之下降，进而，投资和消费增加，实际产出水平上升，这可以简单表示为：

扩张性货币政策→名义利率↓（价格黏性）→实际利率↓→消费和投资↑→实际产出↑

2. 资产价格渠道

除了凯恩斯主义者对货币政策传导机制的分析以外，Tobin、Modigliani 等学者沿着一般均衡分析的思路，结合美国资本市场及其发达的现实，将资本市场中的金融资产价格纳入了货币政策的传导机制当中。

（1）Tobin 的 q 理论

Tobin（1969）采用一般均衡的分析方法，提出了著名的关于货币政策通过股票价格并进而影响投资的传导机制理论：q 理论。他认为，各经济主体的实际资产结构取决于当期各种资产的利率结构、预期报酬率等因素，在一定时点上，这种资产结构会处于均衡状态。此时，若央行采取扩张性货币政策，增加货币供应量，商业银行的现金资产便会增加，为恢复原有的资产结构，商业银行会增加对企业的贷款，如此，企业的资产结构均衡也会被打破，为恢复合意的资产结构，企业也将对其资产结构做进一步调整，这样，扩张性货币政策便经由银行影响到了企业等实际部门。Tobin 指出，银行增加贷款会引起利率下降和债券价格上涨，而企业会用其多余的货币购买股权资产，这会引起股权资产价格的上升，而这又导致企业增加股票发行以扩大投资，投资的增加将引起产出水平的增加。

在前述思想的基础上，Tobin 的 q 理论可正式表述如下：q 为企业市场价值与其重置成本的比值，如果 q > 1，则企业的市场价值大于重置成本，这说明新建企业比买旧企业便宜，投资支出会增加，而如果 q < 1，则企业的市场价值小于重置成本，这说明买旧企业比新建企业便宜，这样，投资支出便不会增加。央行的货币政策将通过影响股价对 q 值产生影响，q 值的变化会引起投资和产出水平的变化。关于此，可以简单表示为（以扩张性货币政策为例）

$$M \uparrow \to P \uparrow \to q \uparrow \to I \uparrow \to Y \uparrow [1]$$

（2）Modigliani 的财富传导机制

20 世纪 50 年代，Modigliani 在 Fisher 消费模型的基础上提出了生命周期理论，并进而依据生命周期理论提出了货币政策的财富传导机制。Modigliani（1954）认为，消费者总是依据效应最大化原则，从其整个生命周期的角度来安排各个不同时期的消费。消费者一生的收入包括劳动收入和实际财富两部分，其在每一时期的消费可表示为

$$C = \frac{W_R + (W_L - T) \times Y_L}{(N_L - T)}$$

其中，$C$ 表示消费额，$W_R$ 表示实际财富，$W_L$ 表示工作年限，$Y_L$ 表示年收入水平，$N_L$ 表示消费者预期寿命。

由于股票资产往往是实际财富的重要组成部分，因此，当中央银行紧缩性货币政策引起股价下跌时，消费者所拥有的实际财富减少，其消费支出下降，进而产出水平也会下降，当央行执行扩张性的货币政策时，情况恰好相反。关于此，可以简单表示为（以扩张性货币政策为例）

$$M \uparrow \to P \uparrow \to W_R \uparrow \to C \uparrow \to Y \uparrow$$

3. 汇率传导渠道

在布雷顿森林体系解体后，随着牙买加体系下浮动汇率制度的确立，越来越多的学者开始关注货币政策的汇率传导渠道。

一般而言，在浮动汇率条件下，央行货币政策的改变会引起本国利率水平

---

① P 表示股票价格。

的变化,利率水平的变化会造成本国货币汇率的变化,汇率的变化会引起净出口的变化,而净出口的变化会导致总需求的变化并最终影响到总产出水平。比如,当央行实施扩张性货币政策,本国货币供应量增加,利率水平下降,由于以本币计价资产的收益率下降,所以本币的需求下降,这使得本币贬值,本币贬值降低了本国商品在国外的相对价格,本国的出口增加,与此同时,本币的贬值也减少了本国的进口,这样,本国的净出口增加,外部需求的增加将提升本国的产出水平,如果以 $M$ 表示货币供应量,$i$ 表示利率,$e$ 表示汇率,$NX$ 表示净出口,$Y$ 表示产出,则上述传导机制可概括为

$$M\uparrow \rightarrow i\downarrow \rightarrow e\downarrow \rightarrow NX\uparrow \rightarrow Y\uparrow$$

除了对浮动汇率制度下货币政策的汇率传导机制进行研究以外,一些学者还对固定汇率制度下货币政策的汇率传导机制进行了研究。一般而言,在固定汇率制度下,如果资本项目是开放的,则货币政策的汇率传导渠道是不存在的,但如果资本项目是被管制的,则货币政策的汇率传导渠道依然存在且有效(刘伟、张辉,2012)。

4. 货币学派的传导机制

20 世纪 70 年代,西方发达国家的经济普遍陷入滞胀,在此情况下,以弗里德曼为代表的货币学派迅速崛起。该学派十分强调货币对经济运行的重要性,反对 Keynes 的利率传导机制理论,他们虽不否认货币供应量变化会引起实际利率变化的观点,但他们并不认同把利率变化作为引起总需求变化的关键。早在 1963 年,Friedman 和 Schwartz(1963)就实证检验了货币供应量和产出水平的相关关系,并据此突出了货币供应量在货币政策传导机制中的关键作用。

Friedman(1989)在修正凯恩斯灵活偏好理论的基础上,提出了新的货币需求函数:

$$\frac{MD}{P} = f\left(Y, W; r_m, r_b, r_e, \frac{dp}{Pdp}; U\right)$$

其中,$MD$ 表示个人货币需求,$P$ 表示一般价格水平,$W$ 表示物质财富与总财富的比值,$r_m$、$r_b$、$r_e$ 分别表示货币(Money)、债券(Bond)、股票(Equity)的预期收益率,$U$ 表示其他因素。

Friedman 认为,上述货币需求函数是稳定的。当中央银行实施扩张性货币政策,增加货币供应量之后,公众手持的货币量将会增加,这使得公众手中的货币量超过了他们所希望的货币量,此时公众将增加货币支出用于购买金融资产和实物资产(如各种投资品和消费品),对实物资产需求的增加将最终导致产出水平的增加,如果用 $MS$ 表示货币供给,$E$ 表示支出水平,$Y$ 表示产出水平,

则上述传导机制可简要表示为

$$MS\uparrow \rightarrow MS > MD\uparrow \rightarrow E\uparrow \rightarrow Y$$

对于 Friedman 的货币政策传导机制理论，Brunner 和 Meltzer（1972）认为它忽视了利率和证券存量变动的短期效应，有鉴于此，他们对 Friedman 的理论进行了修正。Brunner 和 Meltzer（1972）认为，整个经济体系可以分为产品、货币、证券以及资本品四个市场，其中，产品市场中的变量是流量，货币市场、证券市场和资本品市场中的变量是存量，央行货币政策的传导机制可分为存量调整和流量效应两个阶段。以扩张性货币政策为例，当央行采取扩张性货币政策，在公开市场上买入国债以后，其货币政策的传导可分为如下两个阶段：首先，公众手中的货币量增加而证券量减少，这使得利率水平下降，资本品和证券存量的价格上升，此为存量调整阶段；其次，随着资本品和证券价格的上升，在财富效应的作用下，公众会增加对产品市场上各种商品的需求，产出水平也随之增加，此为流量效应阶段。Brunner 和 Meltzer 的观点与 Friedman 基本一致，所不同的是，Brunner 和 Meltzer 的理论更强调财富调整以及相对价格的变动效应。

### 9.1.3.2　量化宽松政策传导机制理论——非常规流动性注入政策的传导机制

当短期名义利率下降至零时，常规性货币政策已经无效。在此情况下，中央银行依然可以通过购买特定种类资产、直接向金融机构提供贷款等非常规手段来向市场注入流动性实施货币政策。而关于非常规货币政策的传导机制，很多学者对此进行了深入的研究。总体上来说，可将非常规的流动性注入政策的传导机制分为以下几类：（1）资产组合再平衡效应的传导机制；（2）告示效应的传导机制；（3）信贷渠道的传导机制；（4）财政支出或税收渠道的传导机制；（5）汇率渠道的传导机制。

1. 资产组合再平衡效应的传导机制

资产组合再平衡效应是量化宽松政策得以影响实际经济的一个重要传导机制。资产组合再平衡是指当资产组合偏离目标配置时，投资者会及时改变各类资产在其投资组合中所占的比例，以实现目标资产组合的策略。

资产组合再平衡效应的发挥需要两个条件：（1）投资者的效用函数依赖于其所持有的投资组合（Eggertsson、Woodford，2003）；（2）货币与其他种类的金融资产之间存在不完全替代的关系（Bernanke et al.，2004）。在满足上述两个条件的前提下，资产组合再平衡效应的作用机制如下：量化宽松政策推出后，央行会大规模地购买特定种类的资产（如美联储就大量购买了抵押贷款支持债券等资产），向市场注入流动性，这样，投资者组合中的现金比例增加，其他种类资产的占比下降，为了恢复合意的资产配置状况，投资者会用多余的现金购买其他种类的资产，这种购买行为会使相应种类资产的收益率下降（Gagon et al.，2010），如此在投机因素的作用下，市场上各类资产的收益率会普遍下降，而其价格则会升高，这将产生以下两方面的影响：第一，企业的融资成本下降（姚斌，2009）；第二，在财富效应的作用下，消费者的消费会增加。上述两方面因素的作用会使得总需求增加，最终，产出水平提高，一般价格水平也会随之上升。

2. 告示效应的传导机制

告示效应也是量化宽松政策得以影响实际经济的一个重要渠道。通过明确告示公众央行未来的政策走向，量化宽松政策可以完成对公众预期的管理（Bernanke et al.，2004）。例如，中央银行可以实施量化宽松政策，在债券市场上大量购买国债，这样，央行便可以使公众普遍预期其零利率政策将会持续，因为如果央行改变零利率政策，那么央行便会因为国债价格的变动而遭受巨额损失。

潘成夫（2009）进一步指出，在告示效应的作用下，量化宽松政策使人们对经济的恢复产生期待，促使人们走出悲观预期，促进消费和投资的增加。而消费和投资的增加将使得总需求增加，最终，产出水平增加，一般价格水平也会上升。

告示效应对于量化宽松政策的成功实施非常重要。美国经济在1934年左右的表现和日本经济在2001年左右的表现为我们提供了正反两方面的说明。1934年，美国开始摆脱大萧条的阴影，经济增长状况也不断复苏。由于此时的短期利率维持在零附近，所以1934年美国经济的复苏背视为量化宽松政策的成功实践。而关于量化宽松政策之所以能够发挥作用的根本原因，Temin和Wigmore（1990）指出，美国政府通过一系列的政策调整，向公众发出了一个清晰的信号，即美国经济将彻底好转。而这才是政府政策得以成功的关键。而反观日本，在2001年日本央行大胆尝试推行量化宽松政策之后，其政策效果并不理想，如Shirakawa（2002）就指出，该政策对日本经济只产生了很小的影响。而造成这一结果的原因就在于，日本央行并未向公众发出明确的信号，使得公众并未形成日本央行会维持低利率的普遍预期。

3. 信贷渠道的传导机制

信贷渠道是量化宽松政策得以影响实际经济的一个重要传导机制。Bernanke

和 Gertler（1995）在对大萧条进行详细研究后，结合 20 世纪 80 年代的信息不对称理论指出，由于信贷市场上广泛存在的信息不对称现象，商业银行会根据它们所观察到的借款者的状况来分配贷款资源，但由于逆向选择和道德风险的广泛存在，商业银行必须花费一定成本来评估企业的贷款申请，这就导致了信贷中介成本（Cost of Credit Intermediation）的发生，信贷中介成本主要包括甄别成本、监督成本等，该成本的大小与借款者的资产净值状况密切相关（Bernanke et al.，1999）。在金融危机期间，企业所拥有的资本品的价格下降，其资产负债表状况会严重恶化，企业净值下降，此时，商业银行的信贷中介成本会增加，企业贷款成本增加，这会使得企业投资成本上升和企业投资水平的下降。除了企业投资水平下降之外，在金融危机期间，随着商业银行资产负债表状况恶化，商业银行往往会出现惜贷行为，这使得消费者的贷款获得能力下降，其消费支出水平也会下降，而最终，产出水平也会下降。但是，中央银行的量化宽松政策可以通过以下途径来缓解这一状况。

首先，中央银行通过大量收购金融资产（如美联储就大量购买了抵押贷款支持债券和美国长期国债等金融资产），提高金融资产的价格，压低实际利率水平，而利率水平的下降将提高企业所拥有的资本品的市场价值，改善企业资产负债表的状况，这将降低商业银行的信贷中介成本，提高企业获得贷款的能力。与此同时，中央银行大量收购金融资产的行为还可以向商业银行注入大量流动性，缓解商业银行资金紧张的状况，增加商业银行的准备金数量，这样，商业银行的可贷资金，贷款能力提高。上述两方面因素的综合作用，将改善企业的信贷获得能力，增加企业的投资，投资的增加将拉动总需求水平的上升，而总需求水平的上升会带动产出水平的增加和一般价格水平的上升。

其次，中央银行通过大量收购资产，商业银行注入大量流动性，缓解商业银行资金紧张的状况，增加商业银行的准备金数量，提高了消费者获得贷款的机会。与此同时，中央银行还可以通过购买特定种类的资产（如美联储购买抵押贷款支持债券），稳定住房等市场的价格，减轻消费者的负债水平，改善消费者资产负债表的状况，这将提高消费者获得贷款的能力。上述两方面因素的综合作用，将改善消费者获得贷款的机会和能力，提高消费者的消费水平，消费水平的提高会使得总需求水平上升，最终，产出水平会提高，一般价格水平也会上升。

4. 财政支出或税收渠道的传导机制

Obstfeld 和 Auebach（2003）指出，在长期利率为正或人们预期短期利率在将来为正的情况下，中央银行大规模购买政府债券可以减轻政府的债务利息负担并进而减轻公众未来的税收负担，并且，在流动性陷阱等特殊情况下，中央银行大规模购买政府债券可以用于某些财政目的，市场预期的持续的货币供应量的增加将会影响价格和产出（价格黏性条件下）。

在 2008 年金融危机中，以美联储为代表的中央银行就大规模地在公开市场上买入国债。在第一轮量化宽松政策中，美联储就购买了约相当于 GDP 的 1.2% 的美国国债，在第二轮量化宽松政策中，美联储购买了约相当于 GDP 的 4.2% 的美国国债，在随后的扭曲操作中，美联储又购买了约相当于 GDP 的 4.7% 的美国长期国债。中央银行的这些购买行为降低了政府债券的收益率，降低了政府在债务方面的利息支出，这其实是将政府的债务货币化了（Swain，2011）。较低的利息支出使得政府可以在当前减税或在未来不增税。由于消费者的收入和税收之间是负相关关系，税收的减少将使得消费者的收入增加，在财富效应的作用下，消费者的支出增加，进而总需求增加，最终产出水平增加，一般价格水平上升。此外，较低的利息支出也可以使得政府增加支出，政府支出的增加将使得总需求增加，而总需求的增加将带来产出水平的提高和一般价格水平的上升。

Bernanke et al.（2004）进一步指出，如果公众认为当通货紧缩刚显现结束的迹象时，中央银行就会退出量化宽松政策，那么，公众就会普遍预期未来的税收会增加，而这种预期会使量化宽松政策影响经济的税收渠道难以发挥作用。因此，很关键的一点是，中央银行向公众作出可信的承诺，即在经济复苏的状况下仍维持一定规模的量化宽松，则量化宽松政策的税收渠道就可以发挥作用。而增强央行承诺可信性的办法有两种：一是央行公开表示，央行愿意忍受一定幅度的通货膨胀（Obstfeld、Auerbach，2003）；二是央行向公众表明，如果央行违背承诺，则央行将承担一定的成本。

5. 汇率渠道的传导机制

在全球经济日益一体化的时代，量化宽松政策也会通过汇率渠道对实体经济产生影响。量化宽松政策的实施会导致本国货币的贬值（Chen et al.，2013）。本国货币的贬值将对本国的消费、投资和出口产生重要影响：就消费而言，本国货币的贬值使得外国商品的相对价格上升，在其他条件不变的情况下，消费者将更多地购买本国商品，这使得本国所面临的总需求增加；就投资而言，本国货币的贬值使得本国企业进行国外投资的成本上升，在其他条件不变的情况下，本国企业将增加在国内的投资，这同样会提高本国的总需求水平；就出口而言，在短期内，本国货币的贬值将降低本国商品在国外的相对价格，提高本国商品的竞争力，本国的出口会增加，与此同时，由于外国商品的竞争力下降，本国对外国商品的进口减少，在上述两方面因素的作用下，本国的净出口会增加，本国所面临的总需求水平也会提高。综上所述，本国货币贬值会提高本国的总需求水平，进而产出水平增加，一般价格水平上升。

### 9.1.4 量化宽松政策的影响

自 2001 年日本央行首次推行量化宽松政策以来，一些学者就研究了该政策对日本经济的影响。2008 年全球金融危机爆发以后，美国、欧元区、英国等国纷纷推行量化宽松政策以挽救经济，随着时间的推移，这些政策所产生的影响不断显现，在此背景下，大量学者更是对量化宽松政策所产生的影响进行了详细而深入的研究。总的来说，现有的关于量化宽松政策影响的研究主要可分为以下两类：第一类研究主要关注该政策对国内经济所产生的影响，如 Gagnon et al.（2010）就研究了美联储量化宽松政策对美国长期债券收益率的影响；第二类研究主要关注该政策的溢出效应，如 Fratzscher 和 Duca（2012）就研究了美联储量化宽松政策对新兴市场国家的溢出效应。

9.1.4.1 量化宽松政策的国内影响

自量化宽松政策推出以来，很多学者就对该政策的国内影响进行了深入分析。如 Oda 和 Ueda（2005）、Kamada 和 Sugo（2006）、Shiratsuka（2009）就分析了日本央行量化宽松政策对日本经济的影响，Gagnon et al.（2010）、Lenza et al.（2010）、Krishnamurthy 和 Vissing – Jorgensen（2011）等学者就美联储量化宽松政策对美国经济特别是美国金融市场所产生的影响进行了实证分析，Meier（2009）、Joyce et al.（2010）等人分析了英格兰银行量化宽松政策对英国经济所产生的影响。

1. 日本央行 QE 政策的国内影响

日本央行于 2001 年 3 月至 2006 年 3 月首次推行了量化宽松政策（Quantitative Easing Policy，QEP），很多学者从不同角度就该政策对日本经济所产生的影响进行了分析。

Okina 和 Shiratsuka（2004）经过实证检验认为，日本央行量化宽松政策显著降低了日本的长期利率水平。Shiratsuka（2010）认为，日本央行的量化宽松政策产生了以下三方面的影响：（1）该政策显著降低了东京同业拆借利率（TIBOR）与日本央行隔夜拆借利率之间的息差水平，这反映出该政策间接降低了日本金融市场的流动性风险；（2）该政策降低了3月期大额存单与3月期国债之间的利差；（3）该政策的实施稳定了金融市场，但由于金融部门与非金融部门之间的传导机制不通畅，该政策并未推动日本实体经济的复苏。

除了Shiratsuka之外，Ugai（2007）也分析了日本央行量化宽松政策对日本金融市场产生的影响。Ugai（2007）发现，日本央行的量化宽松政策产生了以下三个方面的影响：（1）通过重塑市场的利率预期，该政策显著降低了日本的短期利率水平和中期利率水平；（2）日本央行资产负债表的调整及日本货币基础的扩张带来的组合再平衡效应并不明显，即投资者并未因手中现金的增多而调整自身的投资组合；（3）该政策的推行降低了金融机构的融资成本，与此同时，企业的融资环境也得到改善。

除了分析日本央行量化宽松政策对金融市场的影响外，Ugai（2007）还指出，由于零利率下限的约束以及企业仍在调整其自身的资产负债表，日本央行量化宽松政策对总需求和价格水平的刺激作用有限。这一结果部分地得到了Schenkelberg和Watzka的支持。Schenkelberg和Watzka（2011）研究发现，在长期内，日本央行量化宽松政策并没有推动价格水平的上升，但是，与Ugai（2007）不同的是，Schenkelberg和Watzka（2011）认为，在短期内，日本央行的量化宽松政策推动了总需求的增加以及价格水平的上升。

总之，相关研究大多认为，日本央行量化宽松政策改善了金融市场的流动性状况，促进了金融机构资产负债表的修复，降低了利率水平并进而降低了企业的融资成本，而关于量化宽松政策是否推动了总需求的增加和价格水平的上升，不同的研究所给出的答案也不尽相同。

2. 美联储QE政策的国内影响

Krishnamurthy和Vissing-Jorgensen（2011）采用事件研究的方法，选取长期国债收益率、机构债券收益率、机构抵押贷款支持债券收益率、公司债券收益率、信用违约掉期（CDS）等若干金融变量，分析了美联储前二轮量化宽松政策对这些金融变量的影响，结果发现：（1）第一轮量化宽松政策使得长期国债、机构抵押贷款支持债券等金融资产的收益率大幅下降（这一发现与Gagon et al.的研究结论一致），而第二轮量化宽松政策只使得长期国债等金融资产的收益率小幅下降；（2）当美联储购买抵押贷款支持债券时，该类金融资产的收益率会出现大幅下降；（3）第一轮量化宽松政策使得公司债券的违约风险溢价下降进而使得公司债券的收益率下降；（4）前两轮量化宽松政策提高了人们的通胀预期，这使得实际利率水平出现了更大幅度的下降。

D'Amico 和 King（2012）使用 CUSIP 层面的面板数据，分析了美联储第一轮量化宽松政策对美国国债收益率所产生的影响，研究发现，平均来看，美联储的每次购买行为使得美国国债收益率下降了 3.5 个基点，总体来看，美联储第一轮量化宽松政策使得美国国债收益率下降了 30 个基点，与此同时，D'Amico 和 King（2012）还发现，较之于未购买的美国国债类别，美联储所购买的特定种类美国国债的收益率出现了更大幅度的下降。

除了上述文献之外，Hancock 和 Passmore（2011）认为，美联储的资产购买行为通过向市场注入流动性，使得市场风险溢价水平明显下降，Neely（2010）也研究发现，美联储第一轮量化宽松政策显著降低了美国债券的收益率。总之，相关研究大多认为，通过大规模的资产购买，美联储量化宽松政策提高了金融市场的流动性，降低了债券的收益率并改善了人们的通胀预期，债券收益率的下降和人们通胀预期的改善则压低了实际利率水平，而这无疑对美国实体经济和金融部门的复苏产生了积极影响。

3. 英格兰银行 QE 政策的国内影响

自英格兰银行于 2009 年 3 月推行量化宽松政策以来，很多学者从不同角度就该政策对英国经济所产生的影响进行了分析。

Meier（2009）运用事件研究的方法，分析了英格兰银行量化宽松政策对英国金融市场的影响，他发现，该政策使得英国中期和长期国债收益率下降了大约 20 个到 40 个基点，使得英国高等级公司债券的收益率下降了 75 个基点，除此之外，该政策还使得英国的股价水平升高了 18%。继 Meier（2009）的研究之后，Joyce et al.（2011）同样运用事件研究的方法，分析了英格兰银行量化宽松政策对英国金融市场的影响，研究发现，通过资产组合平衡效应的渠道，该政策使得英国中期和长期国债的收益率下降了 100 个基点，除此之外，该政策还使得英国投资级公司债和高收益公司债的收益率分别下降了 70 个和 150 个基点。

在 Meier（2009）和 Joyce et al.（2011）之后，Kapetanios et al.（2012）进一步分析了英格兰银行量化宽松政策对英国的产出和通胀所造成的影响。在 Kapetanios et al.（2012）的研究中，他们首先选取了 3 月期国债利率、10 年期国债与 3 月期国债的利差、国内生产总值增长率、消费者价格指数、$M_4$ 增长率以及股价指数等变量，然后运用贝叶斯向量自回归模型、突变点结构向量自回归模型、时变参数向量自回归模型等方法，估计了英格兰银行量化宽松政策对英国的产出和物价的影响，结果发现，平均来看，量化宽松政策使得英国的 GDP 增长率和通胀率分别提升了 1.5% 和 1.25%。

总之，相关研究大多认为，英格兰银行量化宽松政策改善了英国金融市场的流动性状况，降低了英国金融市场的整体利率水平，抑制了通货紧缩的发生，推动了英国经济的复苏。

### 9.1.4.2 量化宽松政策的溢出效应

除了关注量化宽松政策的国内影响，很多学者还对发达国家特别是美国量化宽松政策的溢出效应进行了研究。综合来看，关于美国量化宽松政策溢出效应的研究主要可分为两类：第一类研究主要关注美国量化宽松政策对新兴市场国家的溢出效应，如上文提到的 Fratzscher 和 Duca（2012）的研究；第二类研究则主要关注美国量化宽松政策对我国的溢出效应，如李建伟、杨琳（2011）等。

1. 美国量化宽松政策对新兴市场国家的溢出效应

作为全球最大的经济体和国际储备货币的发行国，美国货币政策对新兴市场国家的巨大溢出效应是不言而喻的，很多学者也早就对这种溢出效应进行了研究。Shin（2000）研究了美国货币政策对韩国经济的溢出效应，结果发现，美国扩张性的货币政策对韩国的产出水平构成了负向冲击。Canova（2005）研究了美国货币政策对拉美国家的溢出效应，结果发现，美国的货币政策显著影响了拉美国家的利率水平，同时，美国的货币政策也是造成拉美国家宏观经济波动的一个重要原因。Mackowiak 和 Bartosz（2006）运用结构向量自回归模型，系统地研究了美国货币政策对新兴市场国家的溢出效应，他们发现，外部冲击是造成新兴市场国家宏观经济波动的重要原因，并且，美国的货币政策冲击会显著影响到新兴市场国家的利率水平和汇率水平，更有意思的是，他们还发现，美国货币政策对新兴市场国家产出和价格水平的冲击要大于对美国自身的冲击。2008 年金融危机爆发后，为挽救美国经济，美联储开始大规模推行量化宽松政策，大量学者就这一政策对新兴市场国家的溢出效应进行了深入研究。

Neely（2010）采用事件研究的方法，就美联储量化宽松政策对全球资本市场的影响进行了分析，在其研究中，他选取了加拿大十年期债券收益率、德国十年期债券收益率、日本十年期债券收益率、英国十年期债券收益率、澳大利亚十年期债券收益率等若干金融变量，然后观察这些金融变量在八个重要时间点前后（如 2008 年 11 月 25 日美联储公布 LSAPs 的当天）的变化，结果发现，加拿大、德国、日本、英国、澳大利亚的十年期债券收益率累计下降了 56 个、38 个、18 个、43 个、65 个基点。而发达国家长期债券收益率的普遍下降有效降低了全球资本市场上长期债券的收益率。继 Neely（2010）之后，Fratzscher 和 Duca（2012）考察了美联储第二轮量化宽松政策对新兴市场国家股票市场的影响，结果发现，由于组合再平衡效应的影响，第二轮量化宽松政策导致了投资者在全球范围内重新配置资产，而这导致了大量资金从美国流入新兴市场国家，这些流入新兴市场国家的资金大部分进入到了股票市场，推高了当地股票价格水平。

除上述研究外，陈磊、侯鹏（2011）指出，美国量化宽松政策造成美元流动性泛滥，大量投机资本进入新兴市场国家，使得这些国家的货币普遍面临升值压力。陈磊、侯鹏（2011）的这一研究结果也得到了 Eichengreen（2013）、Glick 和 Leduc（2011）的支持。

刘克崮、翟晨曦（2011）认为，美国量化宽松政策的推行加剧了美元的贬值，美元的贬值则推动了以美元计价的国际大宗商品价格的上涨。而国际大宗商品价格的上涨则给新兴市场国家带来了较大的通胀压力（陈磊、侯鹏，2011）。但也有学者持不同看法。Glick 和 Leduc（2011）考察了美国量化宽松政策对国际大宗商品价格的影响，在其研究中，他们选取了十一个关于美国量化宽松政策的重要时间窗口，然后观察国际大宗商品价格在这些时间窗口前后的变化，结果发现，美国量化宽松政策并未推高国际大宗商品价格，对此，Glick 和 Leduc（2011）认为，出现上述现象的原因在于：市场参与者将量化宽松政策的推出视为美国经济即将减速或市场风险增大的信号，而不是将此视为通胀压力即将增大的信号。

总之，相关研究大多认为美国量化宽松政策显著降低了长期债券的收益率，稳定了全球金融市场，与此同时，该政策也促使资本和信贷向经济快速增长的新兴市场国家流动，推高了这些国家的资产价格水平，使得这些国家普遍面临汇率升值和通货膨胀的压力。而关于该政策是否经由推高国际大宗商品价格这一渠道影响到新兴市场国家的通货膨胀水平，不同的研究给出的答案也不尽相同。

2. 美国量化宽松政策对我国的溢出效应

有关美国量化宽松政策溢出效应的第二类研究主要关注该政策对我国经济的影响。毫无疑问，随着我国经济总量跃居世界第二位以及全球经济一体化的迅猛发展，美国量化宽松政策会通过多种渠道对我国经济产生影响。综合来看，相关研究主要认为，美国量化宽松政策会通过以下三种渠道对我国经济产生影响。首先，国际短期资本流动渠道，如刘克崮和翟晨曦（2011）等的研究；其次，大宗商品价格渠道，如陈磊和侯鹏（2011）、李建伟和杨琳（2011）等的研究；最后，对外贸易渠道，如谭小芬（2010）等的研究。

（1）国际短期资本流动渠道

潘成夫、刘刚（2012）指出，美国量化宽松政策对全球资本流动产生了重要影响。首先，美联储的量化宽松政策使美国国内利率维持在极低水平，而美国国内资本为寻找高收益，不断地将资金配置到境外的风险资产；其次，新兴市场国家较快地摆脱了金融危机的影响，其经济先于发达国家而复苏，这导致新兴市场国家的通胀率和利率水平较高，在资金流入和进出口保持顺差的情况下，这些国家货币的升值预期强烈，加剧了国际投机资本的流入；再次，由于美国等国持续将利率维持在低水平，且新兴市场国家为了抑制通胀而将利率水平维持在高位，这导致发达国家与新兴市场国家的利差不断加大，较高的利差吸引了资金不断流入新兴市场国家。在此情况下，由于中国经济持续保持高速增长，成为了新兴市场国家的典型代表，而这则使得我国成为美元"溢出"的首选之地（刘克崮、翟晨曦，2011），在我国现行的外汇管理体制下，投机资金的持续流入使得外汇占款的规模不断扩大，进而基础货币供应量也不断增加，而这则使得我国面临极大的通胀压力。

（2）大宗商品价格渠道

何全正（2012）指出，美国量化宽松政策的推行引起了美元的贬值，而美元贬值则通过以下两方面影响了大宗商品的价格：首先，由于国际大宗商品（石油、铁矿石等）大多以美元定价，因此，美元的贬值自然会推动国际大宗商品价格的上涨；其次，就避险功能而言，美元和国际大宗商品之间存在一定的替代性，量化宽松政策的推行使得美元供给增多，这使得市场产生大宗商品价格上升的预期，而这种预期将会加剧市场对国际大宗商品的投机，进而需求增加，国际大宗商品价格上升。因此，综合以上两方面，量化宽松政策会推动国际大宗商品价格的上涨。陈玉财（2011）指出，国际大宗商品价格的上涨会通过预期渠道、联动渠道等对我国的通货膨胀产生影响，在此基础上，他选取产出缺口、货币供应量、实际利率、消费者价格指数、进口国际大宗商品价格等变量，运用协整分析、自回归分布滞后模型等方法考察了国际大宗商品价格变动对我国通货膨胀水平的具体影响，结果发现，国际大宗商品价格的上涨会引起我国通胀水平的上升，且国际大宗商品价格的上涨对通胀的影响有一个累积的过程，而这一结果也部分得到李建伟、杨琳（2011）研究结论的支持。

（3）对外贸易渠道

除了国际短期资本流动渠道和大宗商品价格渠道外，美国量化宽松政策还会通过对外贸易渠道对我国经济产生影响，一般来说，这种影响可以分为两个方面：首先，美国量化宽松政策会推动美国经济的复苏，提高美国的国民收入水平，由于边际进口倾向的存在，美国国民收入的提高将会增加美国的进口需求，而这将增加我国所面临的外部需求，改善我国的出口环境，我国的贸易顺差也会增加（谭小芬，2011），进而我国的产出水平也会增加，但与此同时，不应忽略的一点是，贸易顺差的增加会使更多的美元流动性输入我国，使得我国的外汇储备增加，而这会增加我国的货币投放并使得我国面临更大的通胀压力。其次，美国量化宽松政策的推行会导致美元的贬值（Neely，2010；Glick、Leduc，2011），美元贬值会提高我国产品在美国市场的相对价格水平，降低我国产品在美国市场的竞争力，减少了我国的出口，进而我国产出水平也会下降，但与此同时，贸易顺差的减少也会减少美元流动性的输入，缓解我国的通货膨胀压力，而美国量化宽松政策通过对外贸易渠道对我国经济产生的最终影响，则是上述两方面因素综合作用的结果。

## 9.2　量化宽松货币政策实践的分析——基于美国和日本两国的案例分析

在本章中我们对美联储推出量化宽松政策的背景、过程及结果等方面进行了深入的描述，并在此基础上对美国、日本两国央行的量化宽松政策进行了详细的比较分析，以更加深入地刻画美国量化宽松政策，即流动性宏观管理政策的相关特征。

### 9.2.1　第一轮量化宽松政策

作为对金融危机的政策回应，截至目前，美联储共推出了四轮量化宽松政策。第一轮量化宽松政策的时间范围为 2008 年 11 月至 2010 年 3 月，其目的是直接向金融机构和企业注入流动性并阻止危机的蔓延。第二轮量化宽松政策的时间范围为 2010 年 11 月至 2011 年 6 月，其目的是推动房地产和就业市场的改善。第三轮量化宽松政策于 2012 年 9 月启动，其目的是压低长期利率以推动经济的持续复苏。第四轮量化宽松政策的推出时间为 2012 年 12 月，其政策目的与第三轮量化宽松政策基本一致。下面首先对第一轮量化宽松政策进行详细的分析。

#### 9.2.1.1　政策实施的背景

毫无疑问，2008 年的金融危机是美联储推出量化宽松政策的背景。在美联储推出其首轮量化宽松政策之前，由次贷危机所引发的华尔街金融风暴不断发展，重创了美国的金融体系。

次级房屋抵押贷款是指银行等金融机构向信用程度较差的购房借款人提供的贷款。从 2002 年开始，伴随着美国经济的复苏，房屋价格不断攀升，住房市场持续繁荣，加之美联储将利率维持在较低的水平，美国的次级抵押贷款市场迅速发展。2002～2006 年，次级抵押贷款新增贷款数额的年平均增速超过了 30%。但从 2006 年后半年开始，随着美国住房市场的降温，住房抵押贷款者通过抵押住房再融资变得困难，且美联储连续 17 次上调联邦基金利率，次级抵押贷款的还款利率也不断上升。这些原因导致次级抵押贷款的违约率急剧上升，大批银行贷款难以收回。2007 年 2 月，汇丰银行披露了其与次贷相关的损失高达 105 亿美元，4 月，美国新世纪金融公司（美国第二大次级抵押贷款机构）宣布申请破产，"次贷危机"开始爆发。

随着次贷危机的爆发，大批抵押贷款机构破产。在次贷危机发生之初，受影响的似乎只是美国金融体系的一部分。但是，由于在危机之前，大批金融机构使用杠杆融资和表外融资方式来为自己融资，这些融资方式通过短期资金的循环滚动来为风险较低的长期资产提供融资。而随着与次级抵押贷款相关的损失不断扩大，上述融资方式变得难以为继，市场不得不转向银行寻求资金，于是，危机开始向银行间市场扩散。与此同时，受投资者恐慌性心理因素的影响，美国股市大幅下跌，债券市场也陷入萧条，2008 年第一季度的债券发行量下降了 28%。在上述因素的影响下，市场上出现了严重的流动性短缺。2008 年 3 月中旬，美国第五大投资银行贝尔斯登因无法克服流动性危机而被摩根大通银行低价收购。在贝尔斯登被收购后，市场形势一度变得较为平稳，金融资产的价格也出现了一定的上涨。到了 6 月，美国的两大债券保险商 MBIA 和 Ambac 的信用评级遭到下调，随后，又有多家债券保险公司的信用评级遭到下调。同时，投资银行的盈利状况不断恶化。这样，从 6 月中旬开始，各种指数纷纷下挫，金融资产的价格普遍大幅下挫，在这当中，受压力最大的便是房利美（Fannie Mae）和房地美（Freddie Mac），较之于 2008 年 3 月，"两房"的股价下跌幅度超过 70%。7 月 13 日，美国财政部决定购买两房的股票，9 月 7 日，美国政府宣布接管两房，但整个市场对金融业的忧虑仍在不断加深。

历史性的一刻在 2008 年 9 月 15 日来临。当天由于迟迟无法获得注资，美国第四大投资银行雷曼兄弟控股公司宣布申请破产保护，全球金融市场的混乱突然加剧。9 月 16 日，持有信用违约掉期合约总值逾 4000 亿美元的美国国际集团

（AIG）因无法得到资金注入而向美联储寻求帮助，当晚纽约联邦储备银行向美国国际集团提供了 850 亿美元的紧急注资，这使得该集团避免了陷入破产的命运。然而就在同一天，美国货币市场基金 Reserve Primary 的每份净值跌破了 1 美元，这随即引发了大规模的基金赎回潮，全球金融市场的动荡进一步加剧，金融危机全面爆发。

### 9.2.1.2 第一轮量化宽松货币政策（QE1）的实施

面对严峻的经济形势，从 2008 年 11 月开始，美联储陆续推出了第一轮量化宽松货币政策（如表 9 - 1 所示）。在政策实施过程当中，美联储不断创新货币政策工具，向金融机构注入了大量的流动性。通过第一轮量化宽松政策的实施，美联储的资产负债表急剧扩大，基础货币也大幅增加，住房信贷市场趋于稳定，短期资金市场也逐渐恢复，美国经济呈现复苏迹象。

表 9 - 1                                  美国第一轮量化宽松货币政策

| 日期 | 事件 |
|------|------|
| 2008.11 | 美联储推出了大规模资产购买计划（LSAPs），即购买 1000 亿美元的两房债券和 5000 亿美元的住房抵押贷款债券（MBS）。 |
| 2008.12 | 美联储表示将把资产购买的对象扩大到美国国债，同时将联邦基金利率从 1% 削减到 0 ~ 0.25% 的超低利率区间。 |
| 2009.3 | 美联储表示将扩大 LSAPs 的规模，即在原有规模的基础上，追加购买 3000 亿美元长期国债、750 亿美元住房抵押贷款债券和 1000 亿美元两房债券。 |
| 2009.9 | 美联储放缓了对 LSAPs 的执行，并表示将在 2010 年第一季度结束对住房抵押贷款债券和两房债券的购买。 |
| 2009.11 | 美联储表示将把两房债券的购买规模由原来的 2000 亿美元调整为 1750 亿美元。 |

资料来源：美联储网站。

1. 量化宽松政策的政策工具

随着美联储将联邦基金利率降至零，传统货币政策的工具已经用尽。在此情况下，美联储大量创新货币政策工具，这些工具主要可分为融资工具、票据市场工具和机构救助类项目三类。

（1）融资工具。融资工具主要包括：期限拍卖工具（TAF），该工具的期限分为 28 天和 84 天两类，在具体操作中，美联储事先公布拍卖总金额，各个参与竞标的银行通过拍卖机制获得资金，该政策工具可以有效缓解短期融资市场的资金短缺状况；短期证券借贷工具（TSLF），该工具的期限为 28 天，在具体操作中，美联储事先公布拍卖国债的平价，一级交易商以其所持有债券为抵押，参与竞拍并融得国债，可作为抵押品的债券包括可用于公开市场操作回购协议的债券、市政债券以及住房抵押贷款债券，该政策工具可以有效缓解证券拥有者面临的融资约束问题；一级交易商信贷工具（PDCF），该工具的期限为隔夜，在具体操作中，一级交易商通过清算银行向美联储申请融资，美联储依据一级交易商的抵押品状况向其提供短期融资，抵押品的范围包括市政债、住房抵押贷款债券等，该政策工具可以有效缓解投资银行的流动性短缺状况，防止其因清偿能力不足而倒闭。

（2）票据市场工具。票据市场工具主要包括：资产支持商业票据货币市场共同基金流动性工具（AMLF），该工具的期限分为 120 天和 270 天两类，在具体操作中，储蓄机构和银行可以以再贴现率从美联储融资，所获资金将用于向货币市场共同基金购买资产支持商业票据，该政策工具可以有效缓解票据市场的流动性短缺状况；货币市场投资者融资工具（MMIFF），该工具主要通过五个特殊目的机构（SPV）来实现，在具体操作中，由私人部门设立五个 SPV，SPV以在再贴现率的利率水平向美联储融资，而后将所获得的资金用于购买商业票据等金融资产，其目的仍在于为票据市场注入流动性；商业票据融资工具（CPFF），该政策工具的期限为 3 个月，在具体操作中，由美联储设立 SPV，SPV 通过一级交易商购买那些评级较高的资产抵押商业票据和无抵押商业票据，以向商业银行和大型企业提供紧急流动性。

（3）机构救助类项目。这类机构救助项目以 Maiden Lane Ⅱ LLC 及 Maiden Lane Ⅲ LLC 为代表。美联储成立这些机构的主要目的在于防止具有系统重要性的金融机构破产，以阻止金融危机的扩散。例如，为了防止美国国际集团（AIG）的破产，推动 AIG 的重组进程，Maiden Lane Ⅱ LLC 及 Maiden Lane Ⅲ LLC 就大量购买了 AIG 的 MBS 和 CDO。

2. 第一轮量化宽松政策的影响

通过第一轮量化宽松政策的实施，美联储购买了 1.25 万亿美元的抵押贷款支持债券，再加上购买的其他债券，累计向市场注入了约 1.7 万亿美元的流动性，对金融市场产生了广泛的影响，这主要体现在以下三方面。

美联储资产负债表的规模与结构发生了显著变化（见表 9-2）。首先，从规模上看，美联储资产负债表的规模急剧扩张，在第一轮量化宽松政策实施之后，美联储的资产负债表较危机前扩张了约 2.5 倍；其次，从结构上看，美联储资产负债表的构成更加多元化，资产负债表的资产方新增了联邦机构债券、抵押贷款支持证券以及 LLC 商业票据融资工具净额等科目，且国债占资产负债表的比例下降，各种创新类资产所占的比例增加，其中美国国债所占的比例由 2007 年 6 月的约 90% 下降至 2009 年 6 月的约 32%。

表 9 - 2　　　　　　　　　美联储资产负债表　　　　　单位：10 亿美元

| 项目 | 2007/6 | 2008/6 | 2009/6 | 2010/6 | 2011/6 | 2012/6 | 2013/6 |
|---|---|---|---|---|---|---|---|
| 资产 | | | | | | | |
| 黄金 | 11.04 | 11.04 | 11.04 | 11.04 | 11.04 | 11.04 | 11.04 |
| 特别提款权 | 2.20 | 2.20 | 2.20 | 5.20 | 5.20 | 5.20 | 5.20 |
| 硬币 | 0.94 | 1.33 | 1.78 | 1.99 | 2.11 | 2.14 | 1.98 |
| 证券，回购协议，定期拍卖便利等 | 810.68 | 773.95 | 1632.51 | 2139.62 | 2655.46 | 2617.85 | 3409.04 |
| 　证券持有 | 790.50 | 478.80 | 1684.27 | 2071.24 | 2642.62 | 2612.99 | 3207.19 |
| 　回购协议操作 | 20.00 | 129.75 | 0.00 | 0.00 | 0.00 | 0.00 | 0.00 |
| 　TAC | 0.00 | 150.00 | 282.81 | 0.00 | 0.00 | 0.00 | 0.00 |
| 　其他贷款 | 0.18 | 15.40 | 132.63 | 68.38 | 12.84 | 4.86 | 0.38 |
| 持有证券的未摊销溢价 | | | | | | | 203.78 |
| 持有证券的未摊销折价 | | | | | | | -2.31 |
| LLC 商业票据融资便利净额 | | | 124.03 | 0.00 | 0.00 | 0.00 | 0.00 |
| 通过 MMIFF 持有的 LLCs 资产净额 | | | 0.00 | 0.00 | 0.00 | 0.00 | 0.00 |
| Maiden Lane LLC 资产净额 | | | 25.89 | 28.42 | 23.85 | 2.42 | 1.42 |
| Maiden Lane II LLC 资产净额 | | | 15.96 | 15.71 | 12.54 | 0.02 | 0.06 |
| Maiden Lane III LLC 资产净额 | | | 20.16 | 23.20 | 24.24 | 12.59 | 0.02 |
| 持有的 TALF LLC 资产的净额 | | | | 0.51 | 0.76 | 0.85 | 0.28 |
| 持有其他资产的资产优先权益 | | | | 25.42 | 0.00 | 0.00 | 0.00 |
| 在收款过程中的项目 | 4.53 | 1.21 | 0.48 | 0.24 | 0.24 | 0.17 | 0.11 |
| 银行房产 | 2.04 | 2.15 | 2.20 | 2.24 | 2.21 | 2.36 | 2.30 |
| 中央银行流动性互换 | 0.00 | 0.00 | 119.43 | 1.25 | 0.00 | 27.06 | 1.48 |
| 其他资产 | 38.29 | 102.33 | 71.65 | 93.12 | 131.52 | 184.01 | 45.75 |
| 总资产 | 869.72 | 894.21 | 2027.33 | 2347.94 | 2869.17 | 2865.70 | 3478.67 |
| 负债 | | | | | | | |
| 美联储票据净额 | 775.05 | 787.96 | 867.27 | 899.74 | 985.79 | 1067.92 | 1150.34 |
| 逆回购协议 | 30.13 | 42.05 | 71.94 | 60.31 | 66.61 | 83.74 | 88.69 |
| 存款 | 20.57 | 17.39 | 1031.27 | 1314.45 | 1741.70 | 1639.01 | 2177.55 |
| 递延入账现金项目 | 4.68 | 2.63 | 2.56 | 1.90 | 1.48 | 0.96 | 0.87 |
| 其他负债和应计股息 | 6.13 | 3.80 | 6.40 | 15.65 | 20.62 | 19.41 | 6.24 |
| 总负债 | 836.57 | 853.82 | 1979.43 | 2292.04 | 2816.19 | 2811.03 | 3423.70 |

续表

| 项目 | 2007/6 | 2008/6 | 2009/6 | 2010/6 | 2011/6 | 2012/6 | 2013/6 |
|---|---|---|---|---|---|---|---|
| 所有者权益 | | | | | | | |
| 实收资本 | 16.11 | 19.88 | 24.25 | 26.25 | 26.49 | 27.33 | 27.49 |
| 盈余 | 15.40 | 18.49 | 21.26 | 25.79 | 26.49 | 27.33 | 27.49 |
| 其他股本 | 1.64 | 2.02 | 2.39 | 3.86 | 0.00 | 0.00 | 0.00 |
| 负债和所有者权益总计 | 869.72 | 894.21 | 2027.33 | 2347.94 | 2869.17 | 2865.70 | 3478.67 |

资料来源：美联储网站所公布的联储各期资产负债表。

住房信贷市场趋于稳定，市场流动性状况显著改善。在第一轮量化宽松政策开始实施后，美联储大量购买了 MBS 以及两房的债券，这迅速稳定了信贷市场。与此同时，市场流动性状况也显著好转，3 月期的国债利率与 3 月期的大额存单利率分别由 2008 年 10 月的 0.67% 和 4.32% 下降到 2010 年 3 月的 0.15% 和0.23%（如图 9-2 所示）。

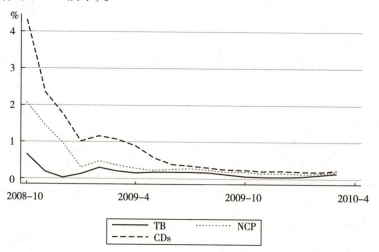

注：TB 代表 3 月期的国债利率，NCP 代表 3 月期非金融类机构 AA 级商业票据利率，CDs 代表 3月期大额存单利率。

数据来源：美联储网站。

**图 9-2  美国短期利率变动情况**

基础货币大幅增长，货币供应量增加相对温和。随着第一轮量化宽松政策的实施，美国的基础货币大幅增长，但货币供应量却没有大幅增长（见图 9-3）。从 2008 年 11 月到 2010 年 3 月，$M_1$ 仅增长了 14%，$M_2$ 仅增长了 7%。其原因在于，虽然美联储借助各种政策工具将大量流动性注入到了金融机构，但在经济形势不明朗的情况下，金融机构又将获得的流动性以超额准备金的形式存回到了美联储,致使货币供应量的增加并不尽如人意。上述迹象也表明,第一轮量化宽松政策并未有效改善信贷融资环境。

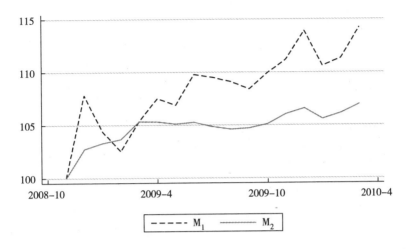

资料来源:中经网统计数据库。

**图 9-3 美国货币供应量扩张情况**

### 9.2.2 第二、第三、第四轮量化宽松政策

#### 9.2.2.1 第二轮量化宽松政策

第一轮量化宽松政策于 2010 年 3 月结束之后,美国的金融市场趋于平稳,但与此同时,美国经济依然面临着企业投资意愿不强、产出增长乏力、失业率居高不下、通货膨胀率过低等问题,因此,从 2010 年 8 月开始,美联储又陆续推出了第二轮量化宽松政策。

2010 年 8 月,联邦公开市场委员会(FOMC)表示将维持美联储资产负债表的规模,同时,美联储将把先前购买的到期抵押贷款支持证券转投资于美国长期国债。2010 年 11 月,美联储更进一步表示,为推动美国经济复苏进程并保证通货膨胀率处于合理的水平,美联储将购买额外的 6000 亿美元美国长期国债,平均每月购买 750 亿美元。两项合计,到 2011 年 6 月第二轮量化宽松政策结束时,美联储累计购买了约 8500 亿美元的美国长期国债。

总体而言,第二轮量化宽松政策的目标主要包括以下两点:一是通过大量购买美国国债,压低长期实际利率;二是缓解美国经济面临的通缩压力,将通货膨胀率拉升到一个合理区间。值得一提的是,由于市场普遍预计美联储会在 2010 年 11 月实施第二轮量化宽松政策,因此,等到预期兑现的时候,美国长期国债的收益率并没有出现大幅下降。这与第一轮量化宽松政策形成了鲜明的对比，2008 年 11 月第一轮量化宽松政策推出后，美国 10 年期国债的收益率出现了明显的下降。

### 9.2.2.2 第三轮量化宽松政策

第二轮量化宽松政策实施之后，美国的产出开始增长，但失业率仍然居高不下。到 2011 年 6 月第二轮量化宽松政策结束时，美国的失业率从其高峰时的 10.6% 下降到了 9.3%，仅仅回落了 1.3%，仍大大高于 6.5% 的可承受水平。因此，为了进一步推动劳动力市场复苏，降低美国的失业率水平，美联储推出了第三轮量化宽松政策。

2012 年 6 月，美联储表示将继续延长扭曲操作①的时间，即把本应于 2012 年 6 月结束的扭曲操作延长至 2012 年底，这样美联储将继续卖出期限在 3 年以内的美国国债，买入 6 年到 30 年期的美国长期国债，平均下来，美联储将每月购买 450 亿美元的美国长期国债。与此同时，美联储还表示，在其所持有的抵押贷款支持证券到期之后，所获收益将继续投资于抵押贷款支持证券。虽然美联储作出了上述努力，但美国就业增长依旧乏力。于是，2012 年 9 月，美联储正式推出了第三轮量化宽松政策，即美联储将每月购买 400 亿美元的抵押贷款支持证券，直到美国的劳动力市场出现显著的改善。此外，美联储还表示，目前的超低利率政策至少会维持到 2015 年上半年。

总体而言，第三轮量化宽松政策以降低美国的失业率为政策目标。本轮量化宽松政策与前两轮量化宽松政策的区别在于，美联储并未对购买抵押贷款支持证券的总额作出承诺，相反，美联储仅仅规定了每月 400 亿美元的采购规模，并且将政策结束的时间与失业率相挂钩，这种做法其实反映了 Bullard 的观点，即量化宽松政策应同传统的利率政策一样，随着经济情况的变化而变化（Bullard，2010）②。

### 9.2.2.3 第四轮量化宽松政策

2011 年 9 月，美联储推出了扭曲操作，2012 年 6 月，美联储表示扭曲操作将在 2012 年 12 月结束。随着时间推移，美国经济复苏状况仍不够理想，因此，在 2012 年底，为了替代已经到期的扭曲操作，美联储推出了第四轮量化宽松政

---

① 扭曲操作（Operation Twist）：它是指买入期限较长的国债，同时卖出期限较短的国债，以压低长期国债的收益率。从国债收益率曲线来看，这样的操作会把国债收益率曲线的远端向下压低（正常情况下，随着期限的变长，国债的收益率也会变大），"扭曲操作"即得名于此。

② Bullard J. Three lessons for monetary policy from the panic of 2008 [J]. Federal Reserve Bank of St. Louis Review, 2010, 92（3）: 155 – 163.

策，即每月采购 450 亿美元的美国长期国债，并且，与 2011 年 9 月美联储所推出的扭曲操作不同，在第四轮量化宽松政策的执行过程中，美联储将不再通过出售短期国债来为长期国债的购买筹集资金。此外，联邦公开市场委员会还明确表示，除非失业率低于 6.5% 且通货膨胀率高于 2.5%，否则现行的超低利率政策将一直执行。

总体来看，本轮量化宽松政策以降低失业率和拉升通货膨胀率为目标。本轮量化宽松政策与前几轮的区别在于，美联储将不再通过出售短期国债来为长期国债的购买筹集资金。

#### 9.2.2.4　第二、第三、第四轮量化宽松政策的影响

在第一轮量化宽松政策退出之后，美联储于 2010 年 11 月重启了量化宽松政策的进程，这产生了相当广泛的影响。

美联储资产负债表的规模与结构发生了显著变化。首先，美联储资产负债表的规模继续扩张，2010 年 3 月第一轮量化宽松政策结束时，美联储资产负债表的规模为 2.3 万亿美元，而截至 2013 年 6 月，这一数字已经变为 3.5 万亿美元，扩张了 1.5 倍；其次，美联储资产负债表的结构也发生了显著变化，定期拍卖信贷、LLC 商业票据融资便利净额等创新性金融科目消失，短期国债的持有量下降至零，长期国债的持有量上升，其占总资产的比重由 2010 年 3 月的 34% 上升到 2013 年 6 月的 55%。

长期实际利率持续走低。从第二轮量化宽松政策开始，美联储大量购入了美国长期国债，5 年期和 10 年期的美国国债收益率均出现了显著下降，这反映了美联储希望通过压低长期实际利率来进一步推动美国经济的复苏进程。但是，不可忽视的是，长期实际利率的持续走低，损害了金融机构的盈利能力，这有可能使金融机构开始新一轮的高风险经营并衍生出新的金融风险。

失业率缓慢下降。在一系列政策的推动下，美国的失业率已经从其高峰时的 10.6% 回落到 2013 年 5 月的 7.6%（见图 9 - 4），但这与美联储的 6.5% 的政策目标仍有一定差距。如果建筑业、房地产业和金融业的复苏进程能够延续，美国的失业率有望在未来继续下降。

### 9.2.3　日本量化宽松政策实践

从广义上讲，日本的量化宽松政策可以分为两个时期：2001 ~ 2006 年的量化宽松政策和 2008 年金融危机之后的量化宽松政策。我们将对上述两个阶段量化宽松政策的背景、过程及结果等方面进行深入地描述。

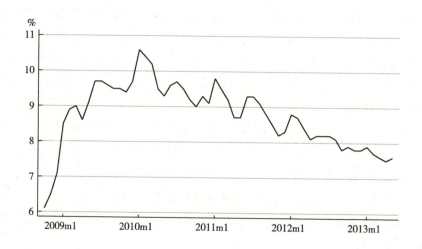

资料来源：中经网统计数据库和中国金融信息网。

**图 9 - 4　美国失业率变动情况**

### 9.2.3.1　2001～2006 年的量化宽松政策

**1. 政策背景**

2001～2006 年的量化宽松政策是日本央行的一次大胆尝试。在这种尝试的背后，是日本经济所面临的增长停滞与通货紧缩、低利率政策以及信贷规模萎缩等一系列严峻的问题。

（1）增长停滞与通货紧缩。1985 年，日本政府同美英等国签署了"广场协议"，日元大幅升值，日本的出口随之大幅下滑，经济增速也不断下降。为提振本国经济，日本央行从 1986 年开始大幅下调利率。然而，与日本央行的预期相反，低利率政策并没有促进日本实体经济的复苏，在市场资金面充裕的情况下，日本经济的泡沫化现象反而越来越严重。随着 1990 年日本泡沫经济的破灭，日本经济陷入了长期的萧条之中，经济增长停滞，1999 年第三季度，日本经济增长率更是创下了 -1% 的新低。与此同时，通货紧缩问题也日益浮现，2000 年，日本的通货膨胀率也创下了 -0.7% 的历史新低。这种长期的增长停滞与通货紧缩严重打击了日本经济。

（2）低利率政策问题。传统意义上，一国的中央银行主要通过调整短期名义利率来影响经济活动，日本也不例外。1990 年，当日本的经济泡沫破灭以后，面对经济增长停滞、通货紧缩等一系列问题，日本央行不断降低利率。1991～1995 年，经过 9 次调整再贴现率，日本的短期名义利率已经下降到了 0.5%，1998 年 9 月，日本央行又将再贴现率从 0.5% 调整至 0.25% 的超低水平。但是，日本的信贷总规模依旧萎靡，通货紧缩状况依旧如故，经济增长依旧乏力。由于低利率政策收效甚微，日本央行转而于 1999 年开始推行零利率政策。很快，从 1999 年下半年开始，日本经济重拾增长势头，出口形势也不断向好。2000 年 8 月，日本央行结束了零利率政策。但是，在零利率政策结束后，日本经济形势急转直下，再次陷入了衰退的泥潭。

（3）信贷规模萎缩。1990 年，在日本的泡沫经济破灭后，经济环境恶化，大批企业破产。伴随着企业的大批破产，金融机构出现了大面积的呆坏账，商业银行的不良贷款率快速增长。根据日本官方统计，截至 1998 年，日本全体金融机构的不良贷款总规模高达 88 万亿日元，占总贷款余额的 11%。在此情况下，一些呆坏账问题极其严重的金融机构不断破产，例如，仅从 1997 年到 1998 年，就有日本长期信用银行、德阳城市银行、三洋证券等数家金融机构破产。与此同时，尚未破产的金融机构为防止新的不良贷款出现，纷纷减少了对企业的贷款。此外，由于不良债权问题，在国际金融市场上，日本金融机构的信用评级也被调低，这进一步增加了这些机构的融资成本，并进而抬升了这些机构的贷款成本。在上述因素作用下，日本商业银行惜贷现象严重，信贷规模急剧萎缩，金融市场也出现了严重的流动性短缺。

2. 政策内容与实施

面对严峻的经济形势，2001 年 3 月，日本央行正式推出了量化宽松货币政策。该政策主要由以下三部分组成：第一，日本央行明确宣布量化宽松货币政策的目标是缓解通货紧缩压力，此后，日本央行进一步作出承诺，只有满足消费者价格指数长时间正增长且在未来依旧保持正增长这两个条件，日本央行才会考虑退出量化宽松政策。第二，转换货币政策的中介指标和操作指标，在宣布实施量化宽松政策之后，日本央行将货币政策的中介指标由利率改为货币供应量，将操作指标由无担保隔夜利率调整为商业银行在日本央行的经常账户余额（CAB，即 Current Account Balances）。第三，大量购买日本长期国债、金融机构的股票以及其他有担保的证券，以此向整个金融市场提供充足的流动性。

在量化宽松政策的具体实施上，日本央行首先分别将无担保隔夜利率和再贴现率由 0.25% 和 0.5% 下调为 0.15% 和 0.1%，重新恢复零利率政策。随后，日本央行不断提高经常账户余额的目标，在实施量化宽松政策的 5 年间，日本央行将经常账户余额的目标由 5 万亿日元一路提高到 35 万亿日元。为达到政策目标，日本央行实施了一系列的操作：首先，大量购买长期国债。仅从 2001 年 1 月到 2004 年 3 月，日本央行持有的国债余额便增加了 44 万亿日元。其次，提高短期货币供给操作的期限。在量化宽松的初始阶段，日本央行进行短期货币供给操作的平均期限为 2 个月，而到了 2004 年第四季度，这一期限已经达到了 5 个月。再次，大量购买外汇汇票。在量化宽松政策的执行过程当中，日本央行大量从商业银行购进外汇汇票，通过此举，日本央行增加了货币投放量。另外，商业银行在获得日本央行支付的资金后，会将其中一部分作为超额准备金存入日本央行，而这非常有利于日本央行实现其经常账户余额的目标。最后，积极干预外汇市场。2003～2004 年，日本央行不断在外汇市场上买进美元、卖出日元，其所卖出日元的一部分会滞留在市场上，而这同样有助于日本央行实现其所制定的经常账户余额的目标。

3. 政策效果

2001～2006 年日本央行所推行的量化宽松政策产生了以下四个方面的影响：首先，日本央行资产负债表的规模与结构发生了显著变化。从规模上看，日本央行的总资产由 2001 年的 117.5 万亿日元增长到 2006 年的 155.6 万亿日元，5 年间增长了 32%；从结构上看，资产方新增设了"资产抵押证券"和"作为信托资产持有的股票"两个科目。其次，短期利率与长期利率均出现了下降，其中，1 月期 TIBOR 利率降到了 0.1%，3 月期国债的收益率接近于 0。再次，基础货币供应量大幅增加，信贷总规模持续萎靡。随着大规模量化宽松政策的推行，基础货币总量由 2001 年的 72.5 万亿日元快速增长到 2005 年的 115 万亿日元，然而，限于货币乘数下降等因素的阻碍，信贷总规模依旧持续萎靡。最后，通货紧缩现象得到遏制，消费者价格指数重现正增长。

9.2.3.2  2008 年金融危机之后的量化宽松政策

1. 政策背景

2008 年，发端于美国的金融危机严重打击了世界经济，日本的经济也深受其害，这主要体现在日元汇率升值、外需锐减和经济衰退、通货紧缩三个方面。

（1）日元汇率升值。在金融危机之前，日元汇率基本上保持了贬值趋势，2007 年 6 月 22 日，日元兑美元汇率更是创下了 1∶124 的年内新低，2007 年 7 月，日元兑欧元汇率也创下了 1∶169 的历史新低。然而，随着美国金融形势的恶化以及美联储不断降息的行动，美元资产抛售压力大增，美元对世界主要货币全线贬值，日元兑美元的汇率也大幅升值了约 30%。与此同时，欧元区的危机不断加深，欧元也不断贬值，日元兑欧元的汇率也大幅升值了 30% 左右。日元的大幅升值，不仅加剧了日本国内金融市场的动荡，也严重打击了日本的出口。

（2）外需锐减和经济衰退。在世界经济形势恶化以及日元不断升值的状况下，日本的出口下滑，尤其是面向美国、欧盟的出口更是急剧减少，从 2008 年下半年开始，日本的出口出现了连续四个季度的下滑。在外部需求下降的同时，日本经济又陷入了衰退的泥潭，从 2008 年下半年开始，日本的国内生产总值出现了连续四个季度的环比负增长。2009 年，日本实际 GDP 的增长率为 - 2%，历史上第一次出现了实际 GDP 连续两年负增长的局面（2008 年的实际 GDP 增长率为 - 3.7%）。外需锐减和经济衰退的叠加，严重影响了日本经济的发展。

（3）通货紧缩。20 世纪 90 年代泡沫经济破灭之后，日本经济陷入了通货紧缩的怪圈。从 2001 年起，为了摆脱通货紧缩，日本央行推行了 5 年的量化宽松政策，到 2006 年量化宽松政策退出时，日本的消费者价格指数由负转正，日本经济基本摆脱了通货紧缩的怪圈。然而，2008 年全球金融危机爆发以后，世界经济形势不断恶化，原油、铁矿石等大宗商品的价格一路下滑，企业的生产成本下降，加之外部需求下降以及经济衰退等因素的影响，日本的物价水平再度陷入了低迷状态，2009 年，日本的消费者价格指数同比增长 - 1.3%，生产价格指数同比增长 - 5.3%，为有统计数据以来的最大降幅。

2. 政策内容与具体实施

2008 年的全球金融危机严重打击了日本经济，面对严峻的经济形势，日本央行紧随美联储的步伐，于 2008 年 12 月 2 日再度推出量化宽松政策。在深入总结 2001 ~ 2006 年量化宽松政策实施经验的基础上，结合日本经济发展实际，日本央行对其新一轮量化宽松政策作出了一系列的调整。到目前为止，日本的量化宽松政策主要分为两个阶段：第一阶段为流动性注入阶段（2008 年 4 月至 2010 年 10 月）；第二阶段为资产购买和结构调整阶段（2010 年 10 月至今）。

（1）流动性注入阶段。2008 年全球金融危机爆发以后，日本金融市场一度动荡。为改善市场流动性状况，缓解金融机构的资本约束，日本央行于 2008 年 12 月 2 日创立了特别资金供给操作（SFSOs），以极低利率向日本的银行提供不设上限的流动性。2008 年 12 月 19 日，日本央行进一步采取行动，宣布将无担保隔夜利率从 0.3% 下调为 0.1%，与此同时，日本央行还宣布其将购买政府债券和企业融资工具。2009 年 1 月，在经过协商之后，日本央行便将购买 2 万亿日元的商业票据。2009 年 2 月，日本宣布将购买 1 万亿日元的企业债券，3 月，面对不断恶化的经济环境，日本央行表示将日本国债的月度购买额从 1.4 万亿日元提高到 1.8 万亿日元。2009 年 12 月，日本央行宣布将引入固定利率操作（即 FROs），以取代将于 2010 年第一季度到期的特别供给操作。在初始阶段，日本央行将固定利率操作的规模设定在 10 万亿日元，但此后，经过不断修改设定规模，固定利率操作的总规模最终达到了 30 万亿日元。

（2）资产购买和结构调整阶段。在第二阶段量化宽松政策的实施中，日本央行的政策目标是维持低利率水平并刺激投资和消费的增加。2010 年 10 月 5 日，日本央行宣布了"全面宽松计划"，这项计划主要包括以下三方面内容：第一，将无担保隔夜拆借利率由 0.1% 下调至 0~0.1% 的超低利率区间，在实质上重新恢复了零利率政策；第二，设立通货膨胀的目标，向市场明确承诺了零利率政策的退出条件；第三，设立专项的"资产购买计划"（APP），该项计划的购买范围主要包括日本政府债券、企业债券以及日本不动产投资信托（J - RE-ITs）等。在初始阶段，日本央行将资产购买计划的规模设定为 35 万亿日元，2011 年 3 月，日本央行又增加了 5 万亿日元的购买额度，新增的 5 万亿日元额度仍将用于购买日本政府债券、企业债券以及日本不动产投资信托等。此后，为促进国内需求复苏，日本央行又一再扩大资产购买计划的额度。这样，随着时间的推移，日本央行资产负债表的规模不断的膨胀（见表 9 - 3）。

**表 9 - 3　　　　　　　　　日本央行资产负债表　　　　　　单位：百亿日元**

| 项目 | 2008/6 | 2009/6 | 2010/6 | 2011/6 | 2012/6 | 2013/06 |
|---|---|---|---|---|---|---|
| 资产 | | | | | | |
| 黄金 | 44.13 | 44.13 | 44.13 | 44.13 | 44.13 | 44.13 |
| 现金 | 20.55 | 26.09 | 34.25 | 39.93 | 35.02 | 31.23 |
| 正回购协议 | 408.32 | 967.52 | 200.73 | | | |
| 政府债券 | 6520.84 | 6684.44 | 7746.19 | 7871.18 | 9198.53 | 14578.47 |
| 财产信托 | 134.35 | 114.69 | 151.45 | 147.76 | 141.00 | 136.05 |
| 贷款 | 2361.58 | 2861.38 | 2925.41 | 4136.80 | 3626.73 | 2529.25 |
| 外币资产 | 541.28 | 720.70 | 541.33 | 506.95 | 494.15 | 509.93 |
| 代理商存款 | 3.98 | 4.97 | 11.46 | 4.34 | 2.23 | 2.11 |
| 其他 | 79.76 | 59.21 | 57.03 | 58.41 | 57.83 | 46.82 |
| 总资产 | 10114.78 | 11527.37 | 11724.38 | 13043.61 | 14133.72 | 18589.55 |
| 负债及所有者权益 | | | | | | |
| 现钞 | 7510.07 | 7575.06 | 7625.56 | 7833.67 | 7997.49 | 8265.49 |
| 活期存款 | 946.48 | 1360.62 | 1549.94 | 3456.18 | 4179.23 | 8334.35 |
| 其他存款 | 2.57 | 176.33 | 3.35 | 3.12 | 58.29 | 40.91 |
| 政府存款 | 529.13 | 205.82 | 222.71 | 163.17 | 175.27 | 149.27 |
| 回购协议下应付款项 | 506.01 | 1585.80 | 1695.53 | 936.38 | 1103.30 | 1196.22 |
| 其他 | 36.36 | 34.85 | 36.34 | 58.83 | 25.16 | -24.78 |
| 备抵金 | 322.65 | 322.87 | 323.11 | 323.64 | 323.70 | 353.93 |
| 资本 | 0.01 | 0.01 | 0.01 | 0.01 | 0.01 | 0.01 |
| 法定和特别准备金 | 261.50 | 266.00 | 267.84 | 268.62 | 271.26 | 274.14 |
| 负债及所有者权益 | 10114.78 | 11527.37 | 11724.38 | 13043.61 | 14133.72 | 18589.55 |

说明：资料来源于日本央行网站，有删减。

3. 政策效果

截至目前，日本央行所推行的量化宽松政策产生了以下几个方面的影响：首先，日本央行资产负债表的规模与结构均发生了显著变化。从规模上看，日本央行的总资产由 2008 年 3 月的 110 万亿日元增长到 2012 年 10 月的 152 万亿日元，4 年间快速增长了 38%；从结构上看，日本央行资产负债表的资产方新增设了"商业票据"和"公司债券"两个科目，国债占总资产的比重由 2008 年 3 月的 61% 增加到 2012 年 10 月的 69%。其次，利率水平出现了明显的下降，而大规模的流动性注入则有效缓解了金融市场资金紧张的状况，票据市场和债券市场也得到一定程度的修复，这在相对程度上解决了企业的融资问题，促进了日本经济的复苏。最后，通货紧缩现象未得到有效遏制，消费者价格指数依旧萎靡（见图 9 – 5）。

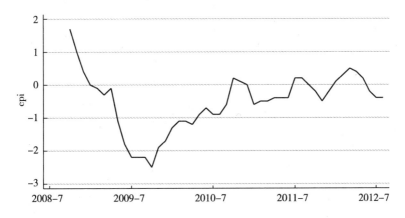

注：上述图示为 CPI 月度同比变化率。

资料来源：中经网统计数据库。

**图 9 – 5　日本消费者价格指数变动情况**

## 9.2.4　美国和日本两国量化宽松政策比较分析

近年来，随着量化宽松政策的不断实施，主要发达国家的中央银行逐渐形成了以美国联邦储备为代表的"信贷宽松"（Credit Easing）货币政策和以日本央行为代表的"定量宽松"货币政策。这两类量化宽松政策之间存在很多区别和联系，而对这二者的联系和区别进行详细地分析，将有助于我们更加深入地理解美国量化宽松政策的相关特征。

9.2.4.1 美、日两国量化宽松政策的相同点

同样作为非常规货币政策，美、日两国量化宽松政策之间存在很多相同点，主要包括：将抑制通货紧缩作为重要的政策目标；大量购买国债，压低长期利率；基础货币快速增长，但货币供应量（$M_2$）增长缓慢。

1. 将抑制通货紧缩作为重要的政策目标

抑制通货紧缩是美、日两国实施量化宽松政策的重要目标之一。对美国而言，次贷危机以后，经济增长率大幅下滑，物价总水平也不断下降。2009 年第三季度，消费者价格指数同比下降 1.6%，创下近年新低，此后，随着经济的温和复苏，物价水平的变化仍不容乐观。因此，抑制通货紧缩是美国量化宽松政策的重要目标之一。2012 年 12 月，美联储公开市场委员会发表声明称："除非通货膨胀率高于 2.5% 且失业率低于 6.5%，否则低利率政策会一直维持。"对日本而言，抑制通货紧缩更是其量化宽松政策的重要目标。在 2001 年日本央行首次实行量化宽松政策的时候，日本央行就明确宣布量化宽松货币政策的目标是缓解通货紧缩压力，且只有满足消费者价格指数长时间正增长且在未来依旧保持正增长这两个条件时，日本央行才会考虑退出量化宽松政策。2008 年次贷危机爆发后，日本消费者价格指数再度由正转负，2009 年 10 月，日本消费者价格指数的同比增长率更是创下了 -2.5% 的新低，因此，抑制通货紧缩自然再度成为日本量化宽松政策的重要目标。

2. 大量购买国债，压低长期利率

在量化宽松政策的实施过程当中，美联储和日本央行均大量购买本国政府的长期国债，以向市场注入流动性，压低长期利率水平，促进经济的复苏进程。就美国而言，在第一轮量化宽松政策的实施中，美联储就购买了 3000 亿美元的长期国债，在第二轮量化宽松政策的实施中，美联储在卖出短期债券的同时，共购买了 6000 亿美元的长期国债，在第四轮量化宽松政策的实施中，美联储每月买入 450 亿美元的长期国债。美联储的上述操作，极大地压低了长期利率水平。就日本而言，在 2001 年首次推行量化宽松政策时，日本央行就开始每月购入 4000 亿日元的长期国债，此后，这一限额不断提高，到 2002 年底时，日本央行每月购买国债的数额达到了 1.2 万亿日元的规模。随着次贷危机的爆发，日本央行开始第二轮推行量化宽松政策，其对国债的购买限额由 1.2 万亿日元提升为 1.4 万亿日元，而后又提高为 1.8 万亿日元。从 2008 年 3 月到 2010 年 10 月，日本央行持有长期国债的数额由 67 万亿日元提高到 105 万亿日元。日本央行的上述一系列操作，使日本的长期利率保持在极低的水平，促进了日本经济

的复苏。

3. 基础货币快速增长，但货币供应量（M₂）增长缓慢

在量化宽松政策实施过程中，随着美联储和日本央行大规模向市场注入资金，美国和日本的基础货币都出现了快速增长，但货币供应量的增长却十分缓慢（见图9-6）。就美国而言，从2008～2012年，基础货币增长了3倍多，但是货币供应量却只增长了约32%。就日本而言，从2008～2012年，基础货币也大幅增长，但是货币供应量也只是小幅增长了约13%。造成上述现象的原因在于，在复苏前景不明确的情况下，商业银行出现了严重的惜贷行为，货币乘数下降，央行通过资产购买计划所创造的流动性，很大一部分作为存款准备金又回到了央行，所以，在此情况下，货币供应量并没有迅速扩大。

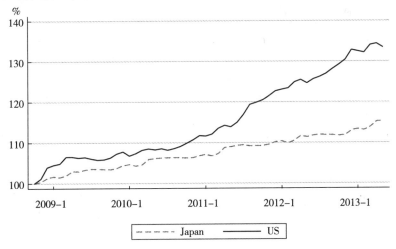

注：为便于比较，将2008年10月的数值设为100。

数据来源：中经网统计数据库。

**图9-6 美、日两国货币供应量增长率**

9.2.4.2 美、日两国量化宽松政策的不同点

虽然美、日两国的量化宽松政策存在很多相同点，但是，由于金融体系的差异以及其他种族原因，美、日两国的量化宽松政策也存在很多不同之处。Bernanke（2009）将美联储的量化宽松称为信贷宽松，因为美联储的目的在于改善长期债券市场的状况并降低长期利率，而不仅仅是增加基础货币。反之，对于数量宽松而言，政策的关注点在于存款准备金的数量（央行的负债），央行资产负债表资产方的贷款和证券的构成是不被重视的。在具体操作中，美、日两国量化宽松政策在操作侧重点以及操作方法上均存在一些差异。

1. 操作侧重点不同

在量化宽松政策的操作过程中，美联储盯住的是各类资产的购买，如表 9 - 2 所示，在四轮量化宽松政策之后，从美联储的资产负债表可以看出，抵押贷款支持证券和美国长期国债是美联储所持有资产的重要组成部分，截至 2012 年 9 月，抵押贷款支持证券和美国长期国债这两部分占总资产的比重高达 88%，远高于日本央行所持有资产中的相应部分。在很大程度上，美联储操作的侧重点不在于通过商业银行来影响企业，而是通过市场直接对企业进行救助，这也是伯南克在其演讲中将美联储的量化宽松政策称为信贷宽松的原因。而同样作为量化宽松政策，日本央行盯住的则是金融机构在日本央行的经常账户余额。在量化宽松政策推出伊始，日本央行就明确指出其政策重心是央行的经常账户余额，力图通过基础货币的增加来提高货币供应量。在具体操作上，日本央行通过购买日本长期国债、企业债券、日本不动产投资信托等措施来增加央行的经常账户余额，在这些操作中，日本央行资产负债表资产方的贷款和证券的构成是不被重视的。造成美、日两国央行操作侧重点不同的一个重要原因在于：美国和日本的金融体系存在巨大差异，美国是以直接融资为主的金融体系，金融市场的作用十分巨大，而日本的金融体系则以银行为主导，商业银行对经济的影响十分巨大。

2. 操作方法存在差异

美、日两国在量化宽松政策的操作方法上存在显著的差别。就美国而言，在量化宽松政策执行过程中，先后采用了期限拍卖工具、短期证券借贷工具、一级交易商信贷工具、资产支持商业票据、货币市场共同基金流动性工具、资产抵押证券贷款工具等创新性政策工具。就日本而言，在量化宽松政策执行过程中，创新性政策工具较少，但是，日本央行也有自己的一些特殊方法，其中一个明显的例子便是买入汇票的操作，日本央行买入商业银行汇票便相当于对其进行融资，这样，商业银行会将所获资金的一部分作为超额准备金存入日本央行，这进而增加了日本央行的经常账户余额，有助于日本央行实现其货币政策的目标。造成美、日两国央行操作方法存在差异的一个重要原因在于：美国金融市场十分发达，金融体制完善，金融产品丰富，这非常有助于美联储实现货币政策工具的创新；而在日本经济中，金融体系以商业银行为主导，金融市场不够发达，金融产品也不如美国那样丰富而健全，这些因素都阻碍了日本央行在货币政策工具方面的创新。

通过以上对美国量化宽松政策的实践情况进行深入的描述，并将美国的量化宽松政策与日本的量化宽松政策进行详细地比较，可以使我们更加深入地理解美国量化宽松政策的相关特征。

首先，作为对全球金融危机的政策回应，到目前为止，美联储共推行了四轮量化宽松政策。第一轮量化宽松政策的时间范围为 2008 年 11 月至 2010 年 3 月，其政策目标是直接向金融市场注入流动性以阻止危机的扩散，所运用的政策工具主要包括短期证券借贷工具、一级交易商信贷工具、商业票据融资工具等。而从第二轮量化宽松政策开始，美联储的政策目标逐渐转为降低失业率并推动美国经济的持续复苏，其所运用的政策工具主要是大量购买长期国债以及抵押贷款支持证券等。

其次，从广义上讲，日本的量化宽松政策可以分为两个时期：2001～2006 年的量化宽松政策和次贷危机之后的量化宽松政策。第一轮量化宽松政策以抑制通缩为目标，运用的政策工具包括大量购买长期国债以及买入汇票等。第二轮量化宽松政策的初始目标为向银行等机构注入流动性以阻止危机蔓延，随后，政策目标逐渐调整为抑制通缩并促进经济增长，所运用的政策工具包括直接向银行贷款以及购买长期国债等。

最后，虽然美、日两国的量化宽松政策存在一些相同之处，但是，由于金融体系结构不同等原因，美联储关注的焦点在于其资产负债表的规模及其所持有资产的构成比例，意在通过改善长期债券市场的状况来降低利率，而日本央行关注的焦点则在于存款准备金的数量。在具体操作中，美联储的操作侧重于不同种类资产的购买，在操作过程中大量创新货币政策工具，而这与日本央行的操作均存在一定差异。

（本章作者：张云、李宝伟、李自磊、陈瑞华）

# 10    流动性管理政策研究
## ——量化宽松货币政策的实证研究

作为对全球金融危机的政策回应，美联储于 2008 年 10 月开始推行非常规的量化宽松政策。截至 2012 年末，美联储共推行了四轮的量化宽松政策，该政策的初始目标为挽救美国濒临崩溃的金融系统，随着时间的推移，该政策的目标又逐渐包括了刺激经济复苏、降低失业率等。然而，不可否认的是，美国仍然为世界上最大的经济体，美元又是国际本位货币，在此情况下，美联储量化宽松政策对包括中国在内的世界经济产生了广泛影响。在本章中，我们将运用相应计量方法，深入分析美联储量化宽松政策的相关影响。本章的具体内容共分为三部分：第一部分对美联储量化宽松政策的美国国内影响进行了实证分析；第二部分就美联储量化宽松政策对我国通胀的影响进行了实证分析；第三部分就美联储量化宽松政策对我国产出的影响进行了实证分析。

## 10.1    美联储量化宽松政策的美国国内影响

自量化宽松政策推出以来，美联储大量购买了抵押贷款支持债券、长期国债等金融资产，其资产负债表也急剧扩张了 2 倍多，在这些大规模行动的背后，美联储的核心逻辑在于：通过购买特定种类的金融资产，向金融市场注入流动性以修复金融机构的资产负债表，压低名义利率并增强人们的通胀预期，进而实际利率水平也会下降，投资和消费也会增加，而美国经济最终也会不断复苏。然而，美联储量化宽松政策对美国国内影响到底如何？很多学者对此进行了实证研究，总的来看，这些研究偏重于考察美联储相关政策对金融市场的影响，但随着时间的推移，运用相关计量方法考察美联储量化宽松政策对宏观经济核心变量（产出与通胀等）的影响已成为可能。在本节中，我们运用 VAR 模型，考察了美联储量化宽松政策对美国产出和通胀的影响。

### 10.1.1　美联储量化宽松政策的传导机制分析

从美联储量化宽松政策的实施，到其对美国经济产生影响，中间需要一定的传导机制。总的来看，这些传导机制主要包括以下三个方面：第一，通过利率渠道的传导机制；第二，通过汇率渠道的传导机制；第三，通过信号渠道的传导机制。

利率渠道。美联储量化宽松政策会通过利率渠道对美国经济产生影响。自次贷危机爆发以来，美联储大量购买了美国长期国债，这些购买行为提高了美国长期国债的价格，降低这些债券的利率水平。同时，由于国债收益率的下降，为了追求一定的收益率，投资者将会增加对其他金融资产的购买，由此，其他金融资产的收益率也会下降。在上述两方面因素的作用下，美国的名义利率水平会出现大幅下降。另外，美联储量化宽松政策使得美元发行量猛增，美元的滥发则提高了人们的通胀预期。而根据费舍尔公式，实际利率等于名义利率与预期通胀率之差，因此，美联储量化宽松政策会显著地降低美国的实际利率水平。实际利率水平的下降会对美国的投资和消费产生积极影响：首先，投资方面，实际利率水平的下降会降低企业的融资成本，增加企业的投资水平；其次，消费方面，实际利率水平的下降会提高不动产、股票等资产的价格，在财富效应的作用下，消费者的消费会增加。投资和消费的增加会使得总需求增加，总需求的增加会带动产出水平的增加，而一般价格水平最终也会上升。

汇率渠道。美联储量化宽松政策会通过汇率渠道对美国经济产生影响。自2008年下半年以来，通过大量购买长期国债等金融资产，美联储释放了大量的流动性，美元逐渐呈现泛滥之势，这使得美元不断贬值，美元贬值对美国经济产生了重要影响。首先，出口方面，美元贬值会降低美国产品的相对价格，提升美国产品在国际市场上的竞争力，增加美国的出口。其次，进口方面，美元贬值会通过支出转换效应和收入吸收效应对美国经济产生影响。就支出转换效应而言，美元贬值会使美国居民增加对本国产品的需求，提升美国的总需求水平；就收入吸收效应而言，美元贬值会使美国居民增加对本国产品的需求，净出口下降，降低美国的总需求水平。而美元贬值对美国经济的影响，最终取决于上述几方面因素的综合作用。

信号渠道。信号渠道也是美联储量化宽松政策得以影响美国经济的一条重要渠道。为了应对2008年的金融危机，美联储不仅将联邦基金利率下调到零附近，还大量购买了抵押贷款支持证券、长期国债等金融资产。美联储的这些购买行为向公众发出了一个清晰的信号，即美联储将会维持其低利率政策，并且这一信号是可信的，因为如果美联储提高利率水平，那么美联储便会因为其持有大量证券而遭受损失。由于公众预期美联储将维持低利率政策，市场整体的利率水平将得以有效降低，而利率水平的下降将会加速美国经济的复苏进程。

### 10.1.2 实证分析

（一）实证分析的前提

本节的实证分析建立在 Gagon et al.（2010）和 Neely（2013）实证分析的基础之上。

Gagon et al.（2011）采用事件研究的方法，就美联储量化宽松政策对美国长期债券收益率的影响进行了分析。在其研究中，他们选取了二年期国债收益率、五年期国债收益率、十年期国债收益率、十年期机构债券收益率、十年期掉期利率、三十年期机构抵押贷款支持债券收益率、三十年期国债收益率七个金融变量，然后观察这七个金融变量的收益率在八个重要时间点前后（如2008年11月25日美联储公布量化宽松政策的当天）的变化，结果发现，七个金融变量的累计收益率均出现了明显下降，总体上看，美联储大规模资产购买计划使得美国长期利率水平下降了150个基点。

Neely（2013）同样运用时间研究的方法，考察了美联储量化宽松政策对美元汇率的影响。在其研究中，Neely 分析了美元对澳元、加元、欧元、日元以及英镑的汇率变动，结果发现，在量化宽松政策的作用下，美元对澳元、加元、欧元、日元以及英镑的汇率分别变动了 −5.73%、−6.16%、−7.76%、−6.7%、−3.54%。总体上看，Neely 认为，美联储量化宽松政策有效推动了美元的贬值。

Gagon et al. 和 Neely 的实证分析证实了美联储量化宽松政策引起了美国长期利率的下降和美元的贬值，后文分析中，我们将在此基础上分析美国长期利率下降和美元贬值对美国产出水平的影响，更进一步，我们还将分析美国产出的变动对通货膨胀的影响。

（二）变量选取和数据来源

在后文的分析中，我们选取的变量主要包括美国十年期国债利率水平、美元名义有效汇率以及美国工业生产指数（不变价格计算）。美国十年期国债利率可以较好地反映美国的长期利率水平；美元名义有效汇率可以综合地反映美元汇率水平的变化；由于目前缺乏月度 GDP 的数据，我们参照 Schenkelberg 和

Watzka（2011）的做法，将美国工业生产指数作为反映美国产出水平的指标。本书采用 2008 年 10 月至 2013 年 10 月的月度数据进行计量分析，美国十年期国债利率水平和美国工业生产指数来自美联储数据库，美元名义有效汇率来自国际清算银行网站。

（三）变量的统计分析

下文对美国十年期国债利率、美元名义有效汇率及美国工业生产指数的特征及其与美联储量化宽松政策的关系进行简要分析。

图 10－1 显示了美国十年期国债利率在近几年的变动状况。可以看出，在金融危机之前，十年期国债利率水平维持在 4% 左右，金融危机爆发后，美联储于 2008 年 10 月推出首轮量化宽松政策，这显著降低了十年期国债利率水平。从 2010 年 3 月开始，由于欧洲主权债务危机的影响，出于规避风险的考虑，大量资金流入美国并购买了美国长期国债，在强劲的需求下，美国十年期国债利率开始持续下降。2010 年 11 月，第二轮量化宽松政策推出。到 2011 年 9 月，第四轮量化宽松政策推出，这使得十年期国债利率继续保持了低水平，但从 2013 年 6 月开始，十年期国债利率水平出现了回升势头。综上所述可以看出，美联储量化宽松政策显著降低了美国长期利率水平。

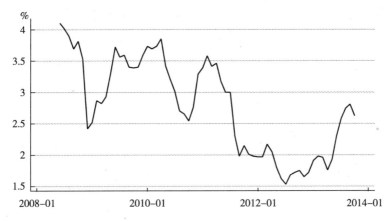

资料来源：美联储数据库。

**图 10－1　美国十年期国债利率**

图 10－2 显示了美元名义有效汇率在近几年的变动状况。可以看出，在金融危机之前，美元名义有效汇率不断上升，但在金融危机后，随着美联储量化宽松政策的推行，美元名义有效汇率从其前期高点一路下滑。从 2010 年初开始，受欧洲主权债务危机影响，一些资金出于安全考虑而回流美国，这使得美

元名义有效汇率出现了短暂的回升。此后，2010 年 11 月，美联储推出了第二轮量化宽松政策，随着美元在国际金融市场中的泛滥，美元名义有效汇率又开始不断下降。随着 2011 年 9 月"扭转操作"以及 2012 年 9 月第四轮量化宽松政策的执行，美元名义有效汇率始终维持在低位。

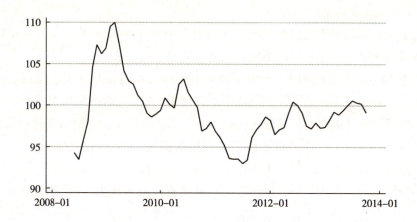

资料来源：国际清算银行网站。

**图 10 - 2　美元名义有效汇率**

图 10 - 3 显示了美国工业生产指数在近几年的变动状况。可以看出，较之于长期利率和美元名义有效汇率对美联储量化宽松政策的反应速度，美国工业生产的变动存在很长的滞后期。在 2008 年 10 月第一轮量化宽松政策推出后，美

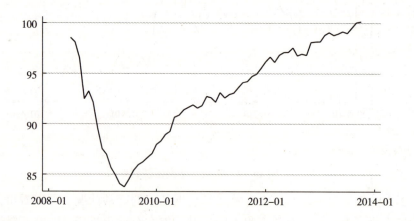

资料来源：美联储数据库。

**图 10 - 3　美国工业生产指数**

国工业指数仍在一路下滑，并于 2009 年 7 月达到最低点 83.76。此后，随着量化宽松政策的不断推出，美国国内经济形势不断好转，美元贬值也使得美国的出口增加，在此情况下，美国工业生产也不断恢复，到 2013 年 10 月，美国工业生产已恢复到危机前的水平。

（四）数据检验

由于在现实中遇到的宏观经济数据大多是非平稳的时间序列，所以在使用向量自由回归模型之前，要首先检验美国十年期国债利率、美元名义有效汇率和美国工业生产指数三个时间序列的平稳性。为保持可比性，我们首先对上述变量均进行定基处理，然后这三个变量取对数以消除其可能存在的异方差性，并把取对数之后的变量分别定义为 rate，neer 和 ip。ADF 检验结果显示，美国十年期国债利率、美元名义有效汇率和美国工业生产指数三个时间序列均是非平稳的，但它们的一阶差分序列都是平稳时间序列（限于篇幅，此处未列出具体的检验结果）。

除了单位根检验，在使用向量自回归模型之前，还必须确定最佳滞后阶数。结构向量自回归模型对最佳滞后阶数的选择比较敏感：滞后期太长，将会增加待估系数，缩小样本容量，估计误差变大，模型的预测能力下降；滞后期太短，则有可能出现被估参数非一致性的问题，影响模型的结果。我们采用 LR、FPE、AIC、HQIC、SBIC 五个信息准则对向量自回归模型的滞后阶数进行检验，结果如表 10 - 1 所示。

表 10 - 1　　　　　　　　　　最佳滞后阶数检验结果

| 滞后阶数 | LR | FPE | AIC | HQIC | SBIC |
|---|---|---|---|---|---|
| 0 | NA | 7.8e - 08 | - 7.84973 | - 7.80794 | - 7.7422 |
| 1 | 466.04 | 3.0e - 11 | - 15.7101 | - 15.5429 | - 15.2799 * |
| 2 | 28.83 | 2.5e - 11 | - 15.9001 | - 15.6075 * | - 15.1474 |
| 3 | 15.691 | 2.6e - 11 | - 15.8596 | - 15.4417 | - 14.7843 |
| 4 | 29.828 * | 2.2e - 11 * | - 16.0671 * | - 15.5238 | - 14.6692 |

注：* 表示每一列标准中选择滞后阶数。

从表 10 - 1 中可以看出，根据 SBIC 准则确定的滞后阶数为 1，根据 HQIC 准则确定的滞后阶数为 2，根据 LR，FPE，AIC 准则确定的滞后阶数为 4。为谨慎起见，我们将向量自回归模型的滞后阶数确定为 4。在确定最佳滞后阶数之后，便可将美国十年期国债利率、美元名义有效汇率、美国工业生产指数放在一起构建向量回归模型，并估计相关参数。最后，还应检验向量自回归模型的稳定性，就本模型而言，AR特征多项式的根均落在单位圆之内，这说明本模型是稳定的。完成上述步骤之后，便可进入脉冲响应分析。

（五）脉冲响应分析

脉冲响应函数分析的是对向量自回归模型的随机误差项施加一个标准冲击后，该冲击对其他变量当前及未来值的影响。它可形象地刻画模型中各变量间的动态交互作用。如图10-4、图10-5所示，给予美国长期利率一个正向冲击后，美国的产出会产生先正后负的响应，给予美元汇率一个正向冲击后，美国的产出会产生先正后负的响应。下面将详细分析图10-4和图10-5的内容，以解释上述三个变量间的动态交互关系。

如图10-4所示，从美国产出对美国长期利率一个标准差新息产生的脉冲响应函数可以看出，在本期对美国长期利率施加一个正向冲击后，美国产出在第1期开始产生正响应，第3期达到最大正响应点，从第8期开始由正转负，之后，负响应不断加强，在第14期达到最大负响应点，在第20期以后，这种负响应趋于稳定。这表明，在一开始，美国长期利率的下降并未促进美国产出水平的提高，但随着时间的推移，美国长期利率下降会对美国产出水平提高起到显著的促进作用。造成上述现象的原因在于，虽然美联储量化宽松政策在短期内使长期利率水平下降，但由于经济总体形势的恶化，美国产出水平仍不断下降，而后，随着时间的推移，美国长期利率水平下降的积极效应不断显现，投资与消费均会增加，美国产出水平也开始增加。

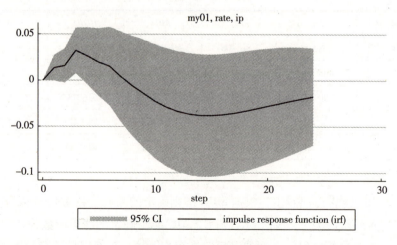

图10-4　脉冲响应函数

如图 10 - 5 所示，从美国产出对美元汇率一个标准差新息产生脉冲响应函数可以看出，在本期对美元汇率施加一个正向冲击后，美国产出在第 1 期开始产生正响应，但从第 5 期开始由正转负，之后，负响应不断上升，在第 13 期达到最大负响应点，并在第 20 期之后趋于稳定。这表明，从长期来看，美元贬值对美国产出水平的提高具有促进作用。造成上述现象的原因在于，随着 2008 年底美联储量化宽松政策的陆续出台，美元开始对世界其他主要货币贬值，货币贬值降低了美国产品在国际市场上的相对价格，提高了美国产品的竞争力，提升了美国经济所面临的外部需求水平，与此同时，美元贬值还提高了外国产品在美国国内市场的价格，削弱了外国产品的竞争力，美国居民会将更多的支出用于国内消费，这会增加美国经济的国内需求水平，在上述两方面因素的作用下，美国经济所面临的总需求增加，而产出水平最终也会增加。

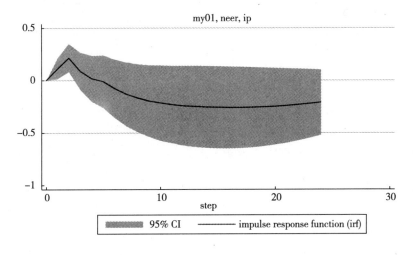

**图 10 - 5 脉冲响应函数**

（六）进一步的分析与讨论

前文已经指出，Gagon et al. （2010）和 Neely（2013）的实证分析证实：美联储的量化宽松政策降低了美国的长期利率并促进了美元的贬值。在此基础上，上一部分的脉冲响应分析表明：长期利率水平下降和美元贬值促进了美国产出水平的提高。本部分将集中分析美国产出水平的变动对通胀水平的影响。

为探求美国产出水平变动对物价水平的影响，我们按照相关经济学理论，构建了包括产出、通胀、货币供应量三个变量的向量自回归模型。具体来讲，以实际 GDP 代表产出，CPI 代表通胀，$M_2$ 代表货币供应量，数据来自美联储网站，时间范围从 1960 年到 2012 年。首先，我们对上述变量取对数并做一阶差分

（分别称为 $\Delta\ln GDP$、$\Delta\ln CPI$、$\Delta\ln M_2$），如此，就可以讨论这三个变量增长率的关系（1961~2012 年），同时，经检验，$\Delta\ln GDP$、$\Delta\ln CPI$、$\Delta\ln M_2$ 均为平稳时间序列；其次，在使用向量自回归模型之前，还应进行最佳滞后阶数检验，结果如表 10-2 所示，经检验，我们将向量自回归模型的滞后阶数确定为 2；最后，经过上述两步，我们便可估计向量自回归模型的参数，并且经过检验，AR 特征根的多项式均落在单位圆内，这说明模型是稳健的。经过上述步骤，便可用脉冲响应函数分析产出和通胀的关系。

**表 10-2**                  **最佳滞后阶数检验结果**

| 滞后阶数 | LR | FPE | AIC | HQIC | SBIC |
|---|---|---|---|---|---|
| 0 | NA | 2.1e-10 | -13.7735 | -13.7293 | -13.6566 |
| 1 | 108.77 | 3.2e-11* | -15.6647* | -15.4879* | -15.1969* |
| 2 | 17.743* | 3.2e-11 | -15.6593 | -15.3499 | -14.8407 |
| 3 | 2.0404 | 4.5e-11 | -15.3268 | -14.8849 | -14.1573 |
| 4 | 16.32 | 4.8e-11 | -15.2918 | -14.7173 | -13.7715 |

注：＊表示每一列标准中选择滞后阶数。

如图 10-6 所示，从通胀率对产出增长率一个标准差新息产生的脉冲响应函数可以看出，在本期对产出增长率施加一个正向冲击后，通胀率在第 1 期产生正响应，之后，响应幅度不断增大，并在第 5 期之后趋于平稳。这表明，产出增长率的提高对通胀率有正向促进作用，而且这一关系也是非常稳定的。因此，美联储量化宽松政策降低了美国长期利率并促进了美元贬值，美国长期利

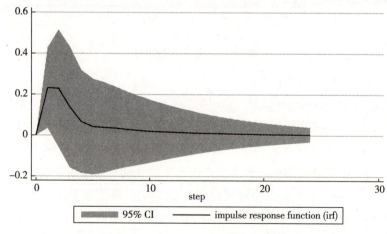

**图 10-6   脉冲响应函数**

率下降和美元贬值促进了产出水平的增长，产出水平的增长则促进了通胀率的提高。

### 10.1.3  结论

Gagon et al.（2010）和 Neely（2013）的研究证实，美联储量化宽松政策降低了美国长期利率并促使了美元贬值。本节则在此基础上，运用向量自回归模型，分析了美国长期利率下降和美元贬值对美国产生的影响。结果表明，美国长期利率下降和美元贬值对美国产出的增长起到了正向促进作用，且进一步的分析表明，产出的增长促进了通胀率的提高。具体而言，美国长期利率下降促进了产出的增长，其原因在于，长期利率下降促进了消费和投资的增加，进而促进总需求增加，产出水平也会随之增加；美元贬值促进了产出的增长，其原因在于，美元贬值促进了美国净出口的增长，净出口的增长带动总需求的增加，总需求的增加则带动了产出的增长；美国产出的增长促进了通胀率的提高，其原因在于，产出增长以后，在良好的预期之下，投资和消费都会增长，总需求水平也会上升，进而通胀率也会提高。

## 10.2  美联储量化宽松政策对我国通胀影响的实证分析[①]

2012 年 12 月 12 日，美联储公开市场委员会（FOMC）宣布美联储将推行第四轮量化宽松政策，每月购买 450 亿美元长期国债，以继续压低长期利率并进而推动美国经济强势复苏。至此，自 2008 年金融危机爆发以来，美联储共推出了四轮量化宽松政策。但是在经济全球化深入发展的今天，各国的经济联系非常紧密。美国作为全球最大的经济体，美元又是国际本位货币，美联储的这种"直升机撒钱"（Helicopter Money）势必给其他国家尤其是新兴市场经济国家带来严重冲击。图 10-7 描述了美国量化宽松政策前后，美元名义有效汇率、国际原油以及金属价格指数的变动趋势。从图 10-7 中可以看出，量化宽松政策推出以后，美元不断贬值，国际原油和金属价格不断走高，这些变动对于新兴市场国家通胀水平的走势是非常不利的。作为新兴市场国家的典型代表，美国的量化宽松政策也对中国的通货膨胀水平产生了影响，而测度这种影响的机制和大小正是本节所要实证研究的。

---

① 本节大量引用了笔者发表于《国际金融研究》的文章。

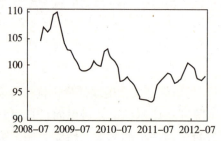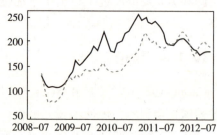

注：左边为图1A，右边为图1B。图1A描述了美元名义有效汇率的变动趋势。图1B描述了国际原油和金属价格指数的变动趋势，其中实线代表国际金属价格指数，虚线代表国际原油价格指数。

资料来源：BIS，IMF。

**图10－7　美元汇率、原油及金属价格指数变动趋势**

## 10.2.1　量化宽松政策影响我国通胀水平的传导机制分析

从量化宽松政策的实施，到其影响到我国的通货膨胀水平，中间需要一定的传导机制。传导机制主要分为：（1）通过国际大宗商品价格渠道的传导机制；（2）通过汇率渠道的传导机制。

（一）大宗商品价格渠道

就国际大宗商品价格这一传导机制来说，存在两个重要的传导阶段：首先，价格上涨阶段，量化宽松政策引发美元贬值，全球流动性泛滥，导致国际大宗商品价格上升；其次，国内传导阶段，国际大宗商品价格上升，会通过生产渠道、消费渠道和其他渠道引发国内通胀水平的上升。

1. 价格上涨阶段

美国量化宽松政策会从两个层面导致国际大宗商品价格上涨。首先，就目前来说，美元仍是全球通用的计价货币，全球大部分的商品和服务贸易仍通过美元进行定价和结算，在其他因素不变的情况下，美元币值的变动自然会影响到国际大宗商品的标价，美元币值与国际大宗商品价格之间存在负相关关系，而自美联储推出量化宽松政策以来，美元总体上呈现不断贬值的局面，并由此带来了国际大宗商品价格的不断上涨；其次，从2008年11月第一轮量化宽松政策推出以来，美联储释放了天量的流动性，市场上流动性泛滥，由此导致国际大宗商品市场游资充斥，投机盛行，这也间接助推了国际大宗商品价格的上涨。

2. 国内传导阶段

国际大宗商品主要包括能源、基本金属、有色金属和农产品。近年来，随着我国制造业的不断发展，我国在某种程度上已成为了"世界工厂"，而这导致了我国对初级商品进口量的迅速增长，在事实上成为了国际市场上的原材料进口大国之一。因此，国际大宗商品价格的上涨会引发国内通胀水平的上升，而其具体的传导渠道则包括生产渠道、消费渠道和其他渠道。

生产渠道。这是国际大宗商品价格上涨对国内通胀水平传导的主要渠道。为了实现利润最大化，企业往往会将进口大宗商品价格上涨所带来的额外成本转嫁到产品价格中，并沿着产业链向下游传导至最终消费品价格。对于我国来说，商品价格明显有上下游之分，处于产业链上游的企业多为国有企业，由于处于垄断地位，这些企业议价能力较强，而处于产业链下游的企业多为民营企业，它们为数众多，彼此之间竞争激烈且议价能力较弱。国际大宗商品价格上涨时，上游企业便会将成本转嫁到下游企业，而下游企业只能接受并被迫提价，这一过程的外在表现便是国际大宗商品价格上涨会引发 PPI 的上涨，PPI 的上涨引发 CPI 的上涨。

消费渠道。一些国际大宗商品本身就具有最终产品的性质，如玉米、大豆等农产品，这些国际大宗商品的价格上涨会直接引发国内相关产品价格的上涨，并最终引发通胀水平的上升。

其他渠道。其他渠道主要包括引致渠道和工资渠道。第一，引致渠道。当国际大宗商品价格上涨时，国内同类商品的价格往往也会跟风涨价，二者的价格不会相差太多，否则便会引发套利交易。第二，工资渠道。当国际大宗商品价格上涨引发通胀水平上涨之后，国内工人的工资待遇往往也会被迫提高，而这会导致企业生产成本的进一步上升，从而引发进一步的通货膨胀，这有可能导致螺旋式通货膨胀。

（二）汇率渠道

根据无抛补的利率平价理论（UIRP），大量投资者的套利交易会使得国际金融市场上以不同币种计价的相似资产的收益率趋于一致，即 $(1 + r) = (1 + r*)S^e/S$，其中，$r$ 表示以本币计价的资产收益率，$r*$ 表示以外币计价的相似资产收益率，$S^e$ 和 $S$ 分别表示预期汇率和即期汇率。自金融危机以来，美联储已推出了四轮量化宽松政策，美元贬值趋势明显，加之金融危机后，中国的基准利率远高于美联储的联邦基金利率，即 $(1 + r) > (1 + r*)S^e/S$，这引发国际投机资金不断流入中国，大量资金流入加大了人民币升值压力，更进一步增强了人民币升值的预期，因此，人民币汇率不断上升。

汇率上升导致投机资本流入中国。从 2008 年 11 月美联储推出量化宽松政策以来，美元不断贬值，而人民币则呈现不断升值的趋势，与此同时，美联储一直将联邦基金利率维持在 0～0.5% 的超低区间，这造成国际短期资本源源不断地以各种方式进入中国，这些短期资本无非有两个去处：第一，进入虚拟经济领域进行炒作，如炒股票、炒房地产等，以博取短期高额收益；第二，进入实体经济领域进行炒作，虽然我们无法准确估计进入实体经济领域的热钱数量，但可以肯定的是，进入实体经济领域的短期资本将会推高我国的物价水平。

汇率上升降低了国际大宗商品的进口价格。国际大宗商品多以美元进行定价和结算，人民币对美元不断升值降低了国际大宗商品的进口价格，国内相关企业的生产成本会相应下降，这有利于抑制通胀，但是，有必要指出的是，较之于国际大宗商品价格在近几年的涨幅，这种抑制效应所起的作用并不大。

汇率上升抑制了出口贸易。毫无疑问，中国是出口贸易大国，汇率上升抬高了出口产品的价格，削弱了"中国制造"的竞争优势，大量出口企业形势严峻，生产状况恶化，导致企业投资需求不足，而国内市场的竞争优势也会更加激烈，进而会对通货膨胀形成抑制。

### 10.2.2 实证分析

（一）变量选择和数据来源

美联储的量化宽松政策会影响国际大宗商品价格和人民币的汇率水平，并进而对我国的物价水平产生影响。根据这一传导机制，我们选择美联储资产负债表规模、国际大宗商品价格指数、人民币名义有效汇率、消费者价格指数（CPI）以及工业生产者价格指数（PPI）作为实证分析的变量。在后文的实证分析中，为了更深入地分析美国量化宽松政策影响我国物价水平的传导机制、程度及滞后时间，我们把美国量化宽松政策对我国 PPI 和 CPI 的影响分别进行了实证分析。此外，为了控制美国实体经济层面的影响，我们还将美国的实际工业产出作为控制变量。

美联储资产负债表规模可以较好地反映联邦储备的量化宽松政策；国际大宗商品价格指数是加权指数，可以综合反映大宗商品价格的变化；名义有效汇率是加权汇率，较双边汇率能更真实地反映人民币汇率水平的变动；CPI 和 PPI 可以较好地反映一国的物价水平；由于目前缺乏月度 GDP 数据，参照 Mackowiak（2006）的做法，将美国的实际工业产出作为反映美国实体经济的指标。

本书采用 2008 年 10 月至 2012 年 11 月的月度数据进行计量分析，美联储资产负债表规模及美国实际工业产出数据来自美联储网站（www. fede ralreserve. gov)，国际大宗商品价格指数来自国际货币基金组织数据库（www. imf. org），人民币名义有效汇率来自国际清算银行数据库（www. bis. org），消费者价格指数和工业生产者价格指数来自中经网统计数据库，我们对该指数进行了定基处理。

（二）SVAR 模型设定

由于宏观经济变量大多是非平稳的，所以需要对相关经济变量的时间序列的平稳性进行检验。我们首先对各变量取对数以消除其可能存在的异方差特性，并把相关变量定义为 FR（代表美联储资产负债表规模）、ICPC（代表国际大宗商品价格指数）、NEER（代表人民币名义有效汇率）、PPI（代表工业生产者价格指数）、CPI（代表消费者价格指数）、RE（代表美国的实际工业产出）。表 10－3 列出了各时间序列及其一阶差分序列的 ADF 检验结果。

表 10－3　　　　　　　　　各序列 ADF 检验结果

| 变量 | 检验类型（$c$, $t$, $n$） | ADF 统计量 | $P$ 值 | 结论 |
|---|---|---|---|---|
| $FR_t$ | (0, 0, 0) | 1. 658034 | 0. 9749 | 不平稳 |
| $\Delta FR_t$ | (0, 0, 0) | －6. 897552 | 0. 0000＊＊＊ | 平稳 |
| $ICPC_t$ | (0, 0, 0) | 0. 619255 | 0. 8468 | 不平稳 |
| $\Delta ICPC_t$ | (0, 0, 0) | －6. 036367 | 0. 0000＊＊＊ | 平稳 |
| $NEER_t$ | (0, 0, 1) | 1. 370068 | 0. 9553 | 不平稳 |
| $\Delta NEER_t$ | (0, 0, 0) | －6. 897552 | 0. 0000＊＊＊ | 平稳 |
| $PPI_t$ | ($c$, 0, 1) | －2. 533081 | 0. 1142 | 不平稳 |
| $\Delta PPI_t$① | (0, 0, 0) | －4. 194008 | 0. 0001＊＊＊ | 平稳 |
| $CPI_t$ | (0, 0, 1) | 3. 131749 | 0. 9994 | 不平稳 |
| $\Delta CPI_t$ | (0, 0, 0) | －4. 689719 | 0. 0000＊＊＊ | 平稳 |
| $RE_t$ | (0, 0, 1) | 0. 603028 | 0. 8432 | 不平稳 |
| $\Delta RE_t$ | (0, 0, 1) | －3. 333474 | 0. 0013＊＊＊ | 平稳 |

注：＊＊＊、＊＊、＊分别表示在1%、5%、10%显著水平上显著。

ADF 单位根检验结果表明，六个变量的时间序列均表现出非平稳的特性，但是，它们的一阶差分序列均是平稳的。在 SVAR 模型设定之前，还必须确定最佳滞后阶数。我们采用 LR、FPE、AIC、SC、HQ 五个评价标准对 SVAR 模型的滞后期进行选择，检验结果如表 10－4 所示，根据检验结果，我们将滞后期的长度确定为 2。

①　下文的 SVAR 模型是笔者针对 FR、ICPC、NEER、CPI、RE 五个变量所构建的。

表 10 – 4                                          最佳滞后阶数

| 滞后阶数 | LR | FPE | AIC | SC | HQ |
|---|---|---|---|---|---|
| 0 | NA | 3. 09e – 13 | – 17. 45357 | – 17. 13554 | – 17. 33443 |
| 1 | 251. 7045 | 1. 15e – 15 | – 23. 05053 | – 22. 09645 * | – 22. 69313 |
| 2 | 44. 79344 * | 6. 81e – 16 * | – 23. 59914 * | – 22. 00901 | – 23. 00347 * |
| 3 | 19. 42942 | 7. 84e – 16 | – 23. 51065 | – 21. 28448 | – 22. 67672 |
| 4 | 21. 72149 | 7. 97e – 16 | – 23. 59077 | – 20. 72855 | – 22. 51856 |

注：* 表示每一列标准中选择滞后阶数。

SVAR 模型设定为如下形式：

$$AX_t = B_0 + B_1 X_{t-1} + B_2 X_{t-2} + CY_t + B\varepsilon_t \tag{1}$$

其中，$X_t$ 为包含 4 个内生变量的列向量，$Y_t$ 为外生变量，B 矩阵为各内生变量对当前冲击的反应系数，$\varepsilon_t$ 为白噪声且为 SVAR 模型的扰动项。与此同时，为了使模型能够被估计，需要对式（1）进行变换，并且要对 A 和 B 矩阵进行约束：

$$X_t = A_0 + A_1 X_{t-1} + A_2 X_{t-2} + DY_t + u_t \tag{2}$$

其中，$u_t$ 为结构式冲击，$u_t$ 为 $\varepsilon_t$ 的线性组合（$u_t = A^{-1}B\varepsilon_t$）。

我们采用 Johansen（1995）基于向量自回归模型的协整检验方法对本章的五个变量的长期稳定关系进行检验。由于已经确定 SVAR 模型的滞后阶数为 2，则 Johansen 检验的滞后阶数为 1，检验结果表明存在 1 个协整关系 r，如表 10 – 5 所示，这说明变量之间存在长期稳定关系。此外，VAR 模型特征根的倒数均落在单位圆内，说明模型是稳定的。

表 10 – 5                                     Johansen 协整检验结果

| 原假设 | 迹统计量 | 5% 临界值 | P 值 | 最大特征根统计量 | 5% 临界值 | P 值 |
|---|---|---|---|---|---|---|
| None | 67. 35020 | 54. 07904 | 0. 0021 * | 32. 20575 | 28. 58808 | 0. 0165 * |
| At most 1 | 35. 14446 | 35. 19275 | 0. 0506 | 20. 02478 | 22. 29962 | 0. 1008 |
| At most 2 | 15. 11968 | 20. 26184 | 0. 2196 | 12. 16804 | 15. 89210 | 0. 1764 |
| At most 3 | 2. 951636 | 9. 164546 | 0. 5898 | 2. 951636 | 9. 164546 | 0. 5898 |

注：* 表示在 5% 的显著性水平下拒绝原假设。

（三）SVAR 模型的识别条件

在进行 SVAR 模型估计时，最为重要的是设定结构参数可识别的约束条件。根据相关经济学理论及本书对量化宽松政策传导机制的分析，我们设定的识别条件如下：假设美联储的资产负债表在当期只受自身影响，$a_{12}$、$a_{13}$、$a_{14}$ 为 0；

假设汇率水平和物价不会对国际大宗商品价格产生即期影响，$a_{23}$ 和 $a_{24}$ 为 0；假设物价水平不会对汇率水平产生即期影响，$a_{34}$ 为 0。SVAR 扰动项与结构冲击项的关系如下：

$$\begin{bmatrix} 1 & 0 & 0 & 0 \\ a_{21} & 1 & 0 & 0 \\ a_{31} & a_{32} & 1 & 0 \\ a_{41} & a_{42} & a_{43} & 1 \end{bmatrix} \begin{bmatrix} u_t^{FR} \\ u_t^{ICPC} \\ u_t^{NEER} \\ u_t^{CPI} \end{bmatrix} = \begin{bmatrix} b_{11} & 0 & 0 & 0 \\ 0 & b_{22} & 0 & 0 \\ 0 & 0 & b_{33} & 0 \\ 0 & 0 & 0 & b_{44} \end{bmatrix} \begin{bmatrix} \varepsilon_t^{FR} \\ \varepsilon_t^{ICPC} \\ \varepsilon_t^{NEER} \\ \varepsilon_t^{CPI} \end{bmatrix} \tag{3}$$

（四）脉冲响应分析

脉冲响应函数可分析模型受到某种冲击时，随机扰动项一个标准冲击对其他变量现在及未来取值的影响轨迹，它可以形象地描绘出变量间的动态交互作用及效应。由于前文的分析已经表明美联储量化宽松政策会推动国际大宗商品价格的上涨和人民币汇率的上升，因此，在下面的分析中，我们将主要分析国际大宗商品价格和人民币汇率的变动对我国物价的影响。如图 10 - 8 所示，给予国际大宗商品价格和汇率一个正向冲击，物价水平分别会产生正向和先正后负的响应。下面将具体分析图 10 - 8 的内容，以揭示变量间的动态关系。

1. 国际大宗商品价格与通胀

如图 10 - 8 所示，从通胀对国际大宗商品价格的一个标准差新息的冲击产生的脉冲响应函数可以看出，在当期给国际大宗商品价格一个正的冲击后，通货膨胀从第 1 期开始产生响应，之后逐渐上升，在第 8 期达到了最大正响应点，然后下降并在第 16 期以后趋于稳定。这表明，国际大宗商品价格在受到一个正的冲击后，它会推动通胀水平的上升，但这种推动作用会随着时间的推移而减弱。之所以形成这一现象，是因为我国对石油等国际大宗商品存在很强的进口依赖，当这些初级产品的价格普遍上涨时，国内处于产业链上游的相关企业便会提价，之后价格的上涨会沿着产业链不断向下游传导直至到最终消费品的价格，并进而形成通胀，这一分析结果与陈玉财（2011）的研究成果基本一致。

2. 汇率与通胀

如图 10 - 8 所示，在当期给汇率一个正的冲击后，通货膨胀从第 1 期就达到最大正响应点，之后逐渐下降，并在第 2 期由正转负，在第 14 期以后趋于稳定。这表明，当汇率受到一个正的冲击后，它在一开始会推动通胀水平的上升，然而，经过一段时期后，它反而会对通胀产生抑制作用。造成这一现象的原因在于，量化宽松政策导致美元流动性泛滥，而中国等新兴市场国家由于经济增长快，市场利率高，由此造成大量资金涌入，使中国等国的货币不断升值（黄益平，2011），为了避免货币过快升值，央行又不得不买入美元，卖出人民币，从而给本国带来通胀压力。但是，随着时间的推移，汇率升值使国内产品的相对价格提升，这会导致出口受阻，总需求低于潜在产出水平，国内物价水平下降。由于短期名义工资黏性，实际工资水平会提高，产出水平将会暂时降低。当然，经过调整后，实际工资会恢复到当初的水平，此时，生产成本下降，价格水平也会随之下降。最终，汇率升值导致了国内价格水平的下降（纪敏、伍超明，2008）。

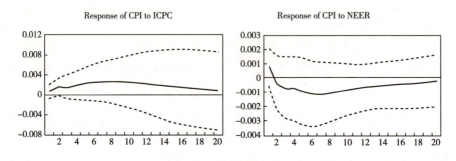

**图 10 - 8　脉冲响应函数**

（五）稳健性检验

SVAR 模型的结果在很大程度上取决于内生变量的顺序，为了检验基于上述识别条件估计所得结果的代表性，对 SVAR 模型进行稳健性检验是十分必要的。为此，可将式（3）中内生变量调整为如下顺序：$FR \rightarrow NEER \rightarrow ICPC \rightarrow CPI$。经过检验，这种假设下的脉冲响应所反映的各变量之间的动态关系与前文很相似，这表明我们的模型是稳健的。

（六）进一步的讨论

为了更深入地分析美国量化宽松政策影响我国物价水平的传导机制、程度及滞后时间，笔者将上述计量分析中的 CPI 指标替换为 PPI 指标，重新进行了计量检验。结果发现，较之于上文的计量结果，PPI 对于国际大宗商品结果变动的响应更加迅速，响应幅度也更大。这一结论也从侧面说明，PPI 的变化会导致 CPI 同方向的变化，但其传递效果是不完全的。其原因在于，国内的商品价格具有上下游之分，处于上游的企业多为大型国企，属于寡头市场，而处下游的企业为数众多，属于完全竞争型市场。这样，当国际大宗商品价格上涨时，上游企业有能力把增加的成本转移给下游企业，而下游企业转嫁成本的能力有限，必须自己吸收一部分，因此其传递效果是不完全的（闫姣娇，2009）。

### 10.2.3　结论

本书此节通过构建 SVAR 模型，以 2008 年 10 月至 2012 年 11 月的经济数据为样本，在控制了美国实体经济层面的影响因素后，把美国量化宽松政策对我国 PPI 和 CPI 的影响分别进行了实证分析，结果表明，量化宽松政策通过汇率和国际大宗商品价格渠道对我国的通胀水平形成了冲击。具体而言，量化宽松政策的实施推动了国际大宗商品价格的上涨和人民币汇率的上升，进而第三部分的分析表明，国际大宗商品价格的上涨推高了国内的通胀水平，且其对 PPI 的影响大于对 CPI 的影响。其原因在于，伴随着经济规模的快速扩张，我国对国际大宗商品的进口依赖比较严重，国际大宗商品价格的上涨推高了上游企业的生产成本，但上游企业有能力把增加的成本转移给下游企业，而下游企业由于面临激烈的竞争，成本转嫁能力有限，必须自己吸收一部分。因此，国际大宗商品价格的上涨推高了国内的通胀水平，且其对 PPI 的影响大于对 CPI 的影响。汇率上升对通胀形成了先正后负的冲击，其原因在于，人民币升值虽然在短期内助推了通胀，但随着时间的推移，人民币升值使国内产品出口受阻，总需求低于潜在产出水平，物价水平也随之下降。

## 10.3　美联储量化宽松政策对我国产出的影响

上一节就美联储量化宽松政策对我国通胀的影响进行了实证分析，本节将分析美联储量化宽松政策对我国产出的影响。毫无疑问，作为世界经济强国和国际本位货币的发行国，美国的量化宽松政策对新兴市场国家产生了广泛的溢出效应。巴西财长曼特加就曾含蓄指出，美联储为抵御金融危机所采取的量化宽松政策是以邻为壑的，这些政策使大量资金涌入新兴市场国家，并使得这些国家出现货币升值、竞争力下降等一系列令人担心的问题。而作为新兴市场国家的典型代表，中国受到的影响则又是首当其冲。例如，美联储量化宽松政策会通过支出转换效应和收入吸收效应对中国的产出产生影响。就支出转换效应而言，美联储相关政策将使人民币升值，这将影响美国居民对我国产品的购买并进而使我国的外需减少；就收入吸收效应而言，美联储相关政策将提高美国居民收入，在边际进口倾向作用下，美国对我国进口会增加。在此节中，我们将运用向量自回归模型，分析美联储量化宽松政策对我国产出的影响。

### 10.3.1　变量选取及其统计性分析

关于变量的选取，在参考相关经济理论并结合已有研究的基础上，我们将美联储资产负债表规模、人民币实际有效汇率、中国工业增加值指数、中国消费者价格指数四个变量作为实证分析的主要变量，此外，为使分析更加精确，我们还将美国实际工业产出和国际大宗商品价格指数作为控制变量。美联储资产负债表可以较好地反映美联储量化宽松政策；人民币实际有效汇率是加权指数，可以综合反映人民币汇率水平的波动；由于缺乏月度 GDP 的数据，参照 Schenkelberg 和 Watzka（2011）的做法，我们将工业增加指数作为反映我国产出水平的指标；在一般的实证分析中，消费者价格指数普遍作为反映通胀的指标，在本节的实证分析中，我们遵循了这一做法。

本节采用 2008 年 10 月到 2012 年 11 月的月度数据进行计量分析。美联储资产负债表规模及美国实际工业产出数据来自美联储数据库；人民币实际有效汇率来自国际清算银行网站；国际大宗商品价格指数来自国际货币基金组织数据库；中国工业增加值指数和消费者价格指数数据来自中经网统计数据库。

下文对本节的主要实证分析变量进行简要的统计性分析。

图 10 - 9 显示了美联储资产负债表规模在近几年的变动状况。可以看出，随着量化宽松政策的实施，美联储资产负债表的规模不断扩大。从 2008 年 10 月到 2008 年 11 月，美联储资产负债表规模快速上升，其原因在于，在金融危机刚扩大时，美联储采取了多种创新工具干预金融市场，这使得美联储资产负债表规模快速上升。此后，随着危机的缓解，一些创新性干预工具开始陆续推出，这使得美联储资产负债表规模略有下降。

2009 年 3 月，美联储宣布将购买 3000 亿美元长期国债、7500 亿美元抵押贷款支持债券以及 1000 亿美元的两房债券，在这些购买行动的作用下，美联储资产负债表规模在此后数月内缓慢扩大。到 2010 年第一季度，美联储停止了大规模的购买行动，这使得美联储资产负债表的规模维持在 2.3 万亿美元左右的规模。2010 年 11 月，美联储推出了第二轮量化宽松政策，每月购买 600 亿美元的长期国债，美联储资产负债表规模又开始了快速上升，到 2011 年 6 月第二轮量化宽松政策退出时，美联储资产负债表的规模已由 2.3 万亿美元扩张至 2.9 万亿美元。此后 3 个月内，美联储资产负债表的规模保持了稳定。2011 年 9 月，美联储又推出了"扭转操作"（Operation Twist），但美联储资产负债表规模并未扩张，其原因在于，美联储用出售短期国债来为购买长期国债提供资金。2012 年

9 月，第四轮量化宽松政策出台，美联储资产负债表规模又开始了扩张。

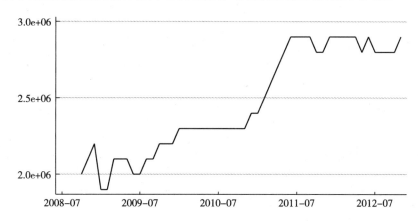

资料来源：美联储数据库。

**图 10 - 9　美联储资产负债表规模**

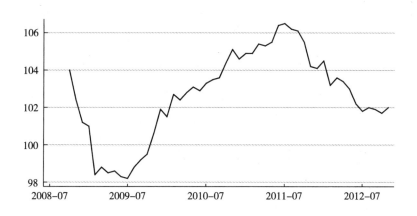

资料来源：中经网统计数据库。

**图 10 - 10　中国消费者价格指数**

中国消费者价格指数。图 10 - 11 显示了中国消费者价格指数在近几年的变动状况。可以看出，我国消费者价格指数的走势，总体呈现"先抑后扬"的格局。2008 年金融危机之前，我国的消费者价格指数一直在高位运行。金融危机爆发之后，虽然美联储开始推行大规模的量化宽松政策，但由于国际经济形势的恶化，加之国内前期宏观经济调控的影响，我国的经济增长开始减速，消费者价格指数也从 2008 年 10 月的 104 一路下滑至 2009 年 7 月的 98.2。此后，随着世界经济形势的好转，我国消费者价格指数开始逐渐走高，在这一现象的背后，一个不容忽视的因素是，美联储量化宽松政策所引起的美元流动性泛滥及初级产品价格的上涨极大地推高了我国的物价水平。自 2011 年底开始,在美联储量化宽松政策助推人民币升值等因素的作用下,我国的消费者价格指数又呈现下跌的状况。

中国工业增加值指数。图 10 - 11 显示了中国工业增加值指数在近几年的变动状况。可以看出,中国工业增加值指数除在 2008 年底出现短暂下降之外,一直保持增长状况。2008 年底,在金融危机恶化的背景下,加之一些其他因素的影响,我国工业增加值指数出现了短暂的下降。从 2009 年上半年起,美联储量化宽松政策的效果不断显现,美国经济好转,我国出口开始回升,加之宏观调控政策的作用,我国的工业增加指数开始快速增长。但从 2010 年上半年起,美国量化宽松政策对我国经济负面溢出效应开始显现,其中的一个表现就是:美联储的这些政策推动了人民币不断升值,人民币升值削弱了我国出口工业的竞争力,降低了外需水平,再加之一些其他因素的影响,我国工业增加值指数的增速开始放缓。

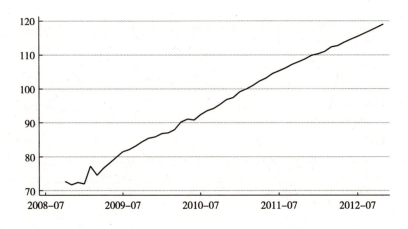

资料来源:中经网统计数据库。

**图 10 - 11　中国工业增加值指数**

### 10.3.2　数据检验

由于在现实中遇到的宏观经济数据大多是非平稳的时间序列,所以在使用向量自回归模型之前,要首先检验美联储资产负债表规模、人民币实际有效汇率、中国工业增加指数和中国消费价格指数四个时间序列的平稳性。为了保持可比性,我们首先对上述变量均进行了定基处理,然后对这四个变量取对数以消除其可能存在的异方差性,并把取对数之后的变量定义为 FR、CNEX、

CNRO、CNCPI。ADF 检验结果显示，美联储资产负债表规模、人民币实际有效汇率、中国工业增加值指数、中国消费者价格指数四个时间序列均是非平稳的，但它们的一阶差分序列都是平稳时间序列（限于篇幅，此处未列出具体检验结果）。

除了单位根检验，在使用向量自回归模型之前，还必须确定其最佳滞后阶数。向量自回归模型对最佳滞后阶数的选择比较敏感，滞后期太长，将会增加待估系数，缩小样本容量，估计误差变大，模型的预测能力下降，滞后期太短，则有可能出现被估参数非一致性的问题，影响模型结果。我们采用 LR、FPE、AIC、HQIC、SBIC 五个信息准则对向量自回归模型的滞后阶数进行检验，结果如表 10 - 6 所示。

表 10 - 6　　　　　　　　最佳滞后阶数检验结果

| 滞后阶数 | LR | FPE | AIC | HQIC | SBIC |
|---|---|---|---|---|---|
| 0 | NA | 1.7e - 14 | - 20.3282 | - 20.1495 | - 19.8511 |
| 1 | 251.39 | 1.5e - 16 | - 25.0976 | - 24.6806 | - 23.9845 |
| 2 | 109.15 | 2.9e - 17 | - 26.7746 | - 26.1194 * | - 25.0255 * |
| 3 | 31.931 | 3.1e - 17 | - 26.7731 | - 25.8796 | - 24.3879 |
| 4 | 44.633 * | 2.6e - 17 * | - 27.0478 * | - 25.916 | - 24.0265 |

注：* 表示每一列标准中选择滞后阶数。

表 10 - 6 的检验结果显示，LR、FPE、AIC、HQIC 以及 SBIC 五个检验准则给出的结果不尽相同，其中，根据 LR、FPE、AIC 三个准则确定的滞后阶数为 4，而根据 HQIC 及 SBIC 两个检验准则确定的滞后阶数为 2。在五个检验准则结果不一致的情况下，为谨慎起见，我们选择了较长的滞后阶数，即将向量自回归模型的滞后阶数确定为 4。在最佳滞后阶数确定之后，我们便可着手构建向量自回归模型。

### 10.3.3 向量自回归模型的构建

根据本书的研究目的及相关经济理论，向量自回归模型的构建如下：

$$FR_t = C + ICPC + USRO + \sum_{i=1}^{4} b_{11}^i FR_{t-i} + \sum_{i=1}^{4} b_{12}^i CNEX_{t-i}$$

$$+ \sum_{i=1}^{4} b_{13}^i CNRO_{t-i} + \sum_{i=1}^{4} b_{14}^i CNCPI_{t-i} + \varepsilon_t \qquad (1)$$

$$CNEX_t = C + ICPC + USRO + \sum_{i=1}^{4} b_{11}^i FR_{t-i} + \sum_{i=1}^{4} b_{12}^i CNEX_{t-i} + \sum_{i=1}^{4} b_{13}^i CNRO_{t-i}$$

$$+ \sum_{i=1}^{4} b_{14}^i CNCPI_{t-i} + \varepsilon_t \qquad (2)$$

$$CNRO_t = C + ICPC + USRO + \sum_{i=1}^{4} b_{11}^i FR_{t-i} + \sum_{i=1}^{4} b_{12}^i CNEX_{t-i}$$

$$+ \sum_{i=1}^{4} b_{13}^i CNRO_{t-i} + \sum_{i=1}^{4} b_{14}^i CNCPI_{t-i} + \varepsilon_t \qquad (3)$$

$$CNCPI_t = C + ICPC + USRO + \sum_{i=1}^{4} b_{11}^i FR_{t-i} + \sum_{i=1}^{4} b_{12}^i CNEX_{t-i}$$

$$+ \sum_{i=1}^{4} b_{13}^i CNRO_{t-i} + \sum_{i=1}^{4} b_{14}^i CNCPI_{t-i} + \varepsilon_t \qquad (4)$$

其中，$ICPC$ 为国际大宗商品价格指数，$USRO$ 为美国实际工业产出，$\varepsilon_t$ 为模型扰动项。

也可将上述模型用向量表示为

$$y_t = \Phi_1 y_{t-1} + \Phi_2 y_{t-2} + \Phi_3 y_{t-3} + \Phi_4 y_{t-4} + H + \varepsilon_t \qquad (5)$$

其中，$y_t = [FR_t, CNEX_t, CNRO_t, CNCPI_t]'$，$\Phi_t$ 为 4x1 维矩阵，$H$ 为常数项，$\varepsilon_t$ 为 4 维扰动列向量。至此，向量自回归模型构建完毕之后，便可估计模型的相关参数并进行脉冲响应分析。

### 10.3.4 脉冲响应分析

向量自回归模型的一大优点便是其可以分析随机扰动对变量系统的动态影响，更具体来讲，脉冲响应函数可以分析当一个随机误差项发生变动时，其对整个系统的动态冲击。如图 10 – 12、图 10 – 13 所示，给予美联储资产负债表规模一个正向冲击后，我国的产出会产生先负后正再负的响应，而我国的通胀则会产生先负后正的响应。下面将详细分析图 10 – 12 和图 10 – 13 的内容，以更进一步地揭示各变量间的动态交互关系。

如图 10 – 12 所示，从中国产出对美联储资产负债表规模一个标准新息产生的脉冲响应函数可以看出，在本期对美联储资产负债表施加一个正向冲击后，中国产出便迅速产生负响应，从第 3 期开始，美联储资产负债表规模对中国产出的冲击由负转正，但响应幅度较小，在第 5 期之后，这种冲击再度由正转负，并在第 10 期之后趋于稳定。造成上述现象的原因在于，美联储量化宽松政策推动了美元对人民币的持续大幅贬值，这提高了我国产品在美国市场的相对价格，削弱了我国产品的国际竞争力，减少了我国的外部需求，对我国产出水平的提高形成了负向冲击。随着时间推移，量化宽松政策稳定了美国金融市场并进而

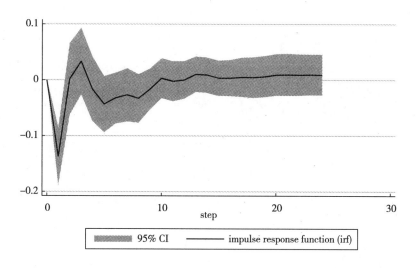

**图 10 - 12 脉冲响应函数**

稳定了美国经济，美国居民的收入开始提升，在收入吸收效应的作用下，美国居民对中国产品的需求增加，这增加了我国的外部需求，对我国产出水平的提高形成了正向冲击。但综合来看，美联储资产负债规模对我国产出的负向冲击幅度更大且持续时间更长，因此，美联储量化宽松政策总体上对我国产出水平的提高造成了负面影响。

如图 10 - 13 所示，从中国通胀对美联储资产负债表规模一个标准差新息产生的脉冲响应函数可以看出，在本期对美联储资产负债表施加一个正向冲击后，我国的通胀从第 2 期开始产生负响应，在第 3 期达到最大负响应点，之后，美联储资产负债规模对中国通胀的冲击由负转正，并在第 6 期达到最大正响应点，随后，这种冲击逐渐趋于稳定。造成上述现象的原因在于，在金融危机发生后，美联储虽然及时推行了量化宽松政策，但由于危机仍在恶化，大批资金从我国撤出并回流美国，在中国现行的外汇管理体制下，资金撤离减少了货币发行量，而货币发行量的减少则有助于抑制通胀。随着时间的推移，美联储量化宽松政策的大规模推行使得美元流动性泛滥，在人民币汇率不断升值的预期下，大量热钱通过各种渠道进入我国，使得我国的通胀压力不断增大。综合来看，美联储资产负债规模对我国通胀的正向冲击幅度更大且持续时间更长，因此，美联储量化宽松政策对我国的通胀起了助推作用。

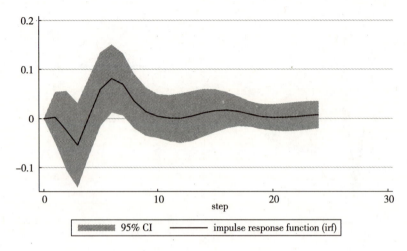

图 10 – 13 脉冲响应函数

## 10.3.5 结论

通过构建向量自回归模型，本节以 2008 年 10 月至 2012 年 11 月的数据为样本，选取美联储资产负债表规模、人民币实际有效汇率、中国工业增加值指数、中国消费价格指数四个变量，就美联储量化宽松政策对我国产出的影响进行了实证分析。结果表明，美联储量化宽松政策对我国产出水平的提高造成了负面影响。其原因在于，美联储量化宽松政策推动了人民币的持续升值，这减少了我国外部需求水平，抑制了我国产出的增加，因此，虽然收入吸收效应对我国产出水平的提高起到了一定程度的助推作用，但这种效应比较小，从总体上看，美联储量化宽松政策对我国产出水平的提升造成了负面影响。

本书此部分主要从不同角度对美联储量化宽松政策的影响进行了实证分析。在具体内容上，本章共分为三部分：第一部分对美联储量化宽松政策的国内影响进行了实证分析；第二部分就美联储量化宽松政策对我国通胀的影响进行了实证分析；第三部分就美联储量化宽松政策对我国产出的影响进行了实证分析。

关于美联储量化宽松政策的国内影响，Gagon et al. （2010）和 Neely（2013）的研究证实了美联储量化宽松政策降低了美国长期利率并促使美元贬值。本节则在此基础上，运用向量自回归模型，分析了美国长期利率下降和美元贬值对美国产生的影响。结果表明，美国长期利率下降和美元贬值对美国产出的增长起到了正向促进作用，且进一步地分析表明，产出的增长促进了通胀率的提高。

关于美联储量化宽松政策对我国通胀的影响，第二部分的分析结果表明，量化宽松政策通过汇率和国际大宗商品价格渠道对我国的通胀水平形成了冲击。具体而言，量化宽松政策的实施推动了国际大宗商品价格的上涨和人民币汇率的上升，进而第四部分的分析表明，国际大宗商品价格的上涨推高了国内的通胀水平，且其对PPI的影响大于对CPI的影响。其原因在于，伴随着经济规模的快速扩张，我国对国际大宗商品的进口依赖比较严重，国际大宗商品价格的上涨推高了上游企业的生产成本，但上游企业有能力把增加的成本转移给下游企业，而下游企业由于面临激烈的竞争，成本转嫁能力有限，必须自己吸收一部分。因此，国际大宗商品价格的上涨推高了国内的通胀水平，且其对PPI的影响大于对CPI的影响。汇率上升对通胀形成了先正后负的冲击，其原因在于，人民币升值虽然在短期内助推了通胀，但随着时间的推移，人民币升值使国内产品出口受阻，总需求低于潜在产出水平，物价水平也随之下降。

关于美联储量化宽松政策对我国产出的影响，第三部分的分析结果表明，美联储量化宽松政策对我国产出水平的提高造成了负面影响。其原因在于，美联储量化宽松政策推动了人民币的持续升值，这减少了我国外部需求水平，抑制了我国产出的增加，因此，虽然收入吸收效应对我国产出水平的提高起到了一定程度的助推作用，但这种效应比较小，从总体上看，美联储量化宽松政策对我国产出水平的提升造成了负面影响。

（本章作者：张云、李宝伟、李自磊、陈瑞华）

# 11　对流动性研究的总结

宏观流动性问题是金融脆弱性的一种具体表现，在金融化加深后对金融稳定产生重要影响，进而对宏观经济稳定具有不可忽视的影响。从造成金融脆弱性和宏观流动性问题的根源来说，解决宏观流动性问题的措施，不能仅仅依靠中央银行流动性支持。从根本上来说，要提高宏观经济的总体水平。从后凯恩斯主义货币金融理论和新马克思主义货币金融政治经济学的理论研究来看，央行仅仅提供流动性支持的政策不能从根本上消除宏观流动性风险，这种措施会为未来更大规模的金融危机创造条件。新古典经济理论的流动性支持政策，不能从根本上解决金融深化后的宏观流动性风险问题，只会延缓危机的爆发，成为未来金融危机更大的推手。

纵向来看，不同国家在金融危机后为阻止金融机构倒闭风潮和经济大幅衰退，实施流动性支持政策，其效果大为不同，这是因为各国货币和金融实力在国际货币金融体系中的地位是不同的，换句话说，各国实施流动性政策的外部条件是不同的。对美国来说，由于其历史上形成的货币金融优势地位，使其在很长一段时间可以有效使用流动性政策；相对来说，日本的流动性支持政策效果并不显著。而对中国等新兴市场国家，金融市场化程度还在发展，人民币国际货币地位还非常弱小，所以其流动性支持政策的使用要非常谨慎。

## 11.1　马克思主义货币金融理论的总结

基于马克思资本积累理论和货币金融政治经济学，对流动性的研究，是沿着宏观经济历史演化中的金融化趋势和主要发达国家经济结构变化的逻辑展开的，即实体经济和虚拟经济的长期变化。这部分总体的研究逻辑和研究观点是：

（1）金融信用关系和形式产生于社会生产过程，从根本上讲是为资本积累进行融资过程中形成的经济关系，而资本积累具有自身的运行规律，金融机构和金融市场自身也有自我膨胀的动力，因而金融信用发展常常出现偏离实体经济的趋势，表现为过度融资或金融抑制问题。复杂的金融交易技术和信息处理技术不能根本消除经济产生问题的根源，即资本积累未来收益的不确定性问题①，金融创新形成了复杂的金融信用链条，金融市场深度和金融机构规模扩大，使社会总体风险被很大程度上分散，风险暴露的时间被拉长，但不能消除内生于资本积累未来收益不确定和金融体系自我膨胀的系统性风险。

（2）在过去30年中，除了传统金融信用资产膨胀外，新金融信用形式以新虚拟资本形式涌现。从根本影响机制和长期来看，虚拟资本（股票、债券和金融衍生品）的价格波动依然是依赖与之相对应的实际资本积累的未来预期收益的。在短期，资金大规模持续流入或流出金融市场也对金融资产价格水平具有重要影响。过去30多年金融创新发展显示出金融机构之间的竞争。各国间金融机构的竞争，都会迫使金融机构通过融资创新，持续获取资金以追逐利润，从而使金融机构的资产负债结构越来越依赖于其获得资金流动性的能力。杠杆化融资的快速发展使从事虚拟资本交易的投资者的资产负债状况对市场信息变化异常敏感。

（3）金融化发展使金融市场频繁波动，当发展成金融危机时，中央银行因为担心金融信用崩溃造成不可收拾的经济危机，而不得不承担起最后贷款人职责。在信用货币时代，中央银行和财政部门可以不受约束地释放货币流动性，但从长期来看，最后贷款人政策最可能是刺激金融机构的投机行为，而不是生产部门的投资行为，最后贷款人行为和金融信用泛滥推动了未来金融过度膨胀和通胀。

（4）从国际层面来讲，过去30年来泡沫化和债务化等不同的经济金融化形式产生了日本泡沫经济、亚洲金融危机、美国次贷危机和欧洲债务危机，可以发现这些危机都与当代国际货币金融体系的不平衡发展密切相关，与国际货币制度变化、汇率机制变化和金融全球化相关联。1971年以来债务—美元主导的国际货币体系下，美国金融资产泛滥和美元泛滥对全球金融不稳定和通胀产生显著影响。因此，研究一国宏观经济的深刻变化和金融不稳定时，必须考虑该国在国际货币金融体系中的地位，以及与货币发行国家之间的国际经济金融关系。

---

① 20世纪90年代美国新经济时期，美国经济维持了"二战"后较长时期的低通胀和高增长，一些经济学家认为美国已经通过经济、金融自由化消除了经济周期规律，但现实证明经济周期依然存在。

## 11.2 后凯恩斯主义理论对全球金融危机和流动性问题的观点

后凯恩斯主义货币理论与新古典主义货币理论、新凯恩斯主义货币理论的关键分歧之一就是对货币和金融在宏观经济中的作用的认识上存在根本差异，后凯恩斯主义货币理论建立了非中性的货币理论和金融不稳定理论。新古典经济理论认为货币是中性的，货币在市场中所起的作用是名义上的，只影响名义价格，名义工资不会对经济增长、投资发展、就业水平等有任何实际影响。2008 年金融危机席卷全球，作为主流经济学的新古典宏观经济学①对于金融危机的爆发缺乏有效解释，只能就金融衍生品膨胀、金融监管不足、金融市场结构不完善等表面问题进行研究，没能深入揭示危机爆发的根源。后凯恩斯主义经济学主要是借鉴和发展了凯恩斯主义经济理论并吸收了马克思主义经济理论，以经济的不确定性认识为基础，建立了货币内生性供给、金融脆弱性等理论。在以上研究基础上，后凯恩斯主义货币金融理论阐述了流动性问题，即从货币内生、资本主义经济投融资机制、金融不稳定以及流动性问题，为当前的宏观流动性问题的研究提供了可信的理论解释。相对于马克思主义资本理论，后凯恩斯主义的理论揭示了金融危机和经济危机更深刻的根源问题。后凯恩斯主义货币金融理论在揭示金融危机和宏观流动性问题方面提供了很多有益的方法。

### 11.2.1 金融危机与宏观流动性风险的根源

我们借助当代后凯恩斯主义货币金融理论的代表人物 Wray 对美国次贷危机的研究，对后凯恩斯主义货币金融理论关于流动性的研究进行总结。Wray（2011）认为，把全球金融危机归咎于美联储确定的利率水平过低这种观点是错误的，同时认为全球金融危机仅仅是流动性危机这样的观点也是一种误解。Wray 认为，经过 30 多年的金融自由化和金融深化发展，发达国家金融系统已经变得非常脆弱，以至于不仅仅是出于流动性问题，任何其他事件都可能成为这次危机的触发器。相对于美国的 GDP，不到 2 万亿美元的次级房贷并不十分可

---

① 20 世纪 30 年代爆发的美国大萧条是 20 世纪资本主义世界最大规模的经济动荡，产出下降，企业倒闭，居民失业。为了解决大萧条，凯恩斯主义经济学应运而生，用国家干预经济的方法替代之前的自由放任政策。在 20 世纪六七十年代，凯恩斯主义经济学盛行。但是 1970 年开始出现的美国通货膨胀和产出下降即滞胀使得凯恩斯主义经济学面对诸多质疑，货币主义和新自由主义又再度回到人们的视野之中并占据主导地位。

怕，违约的数量本身也并不足以导致经济的崩溃。

那么，是什么使得这次事件最终演变成一场全球性的金融恐慌，导致的债务紧缩使经济在长期走向不稳定？从20世纪50年代开始，明斯基就开始追踪这种变动的轨迹。Wray基于明斯基的金融脆弱性理论，提出当前全球金融危机研究应该集中于经济金融化，即金融部门在GDP中所占的比例越来越高。美国的各种债务从"二战"后的GDP的150%上升到2008年的GDP的5倍。在这之前债务最高是在1929年，是GDP的3倍。金融化的特点是越来越高的杠杆率，债务累积、金融机构之间的联系越来越复杂——其实质是，金融分层不断激增，金融机构从一方借入资金，然后贷给另一方使用。这种复杂的联系导致了金融机构的破产，如贝尔斯登和雷曼兄弟的倒闭，最终会造成金融部门的多米诺骨牌效应。

后凯恩斯主义货币金融理论的代表人物明斯基从20世纪60年代中期就注意到债务分层的不断增加最终将会导致危机的发生。明斯基的"金融不稳定性假说"认为，在长期，经济将会转向一个被称为"货币管理资本主义"的阶段（Minsky 1986，1992a，1992b，1992c，1992d；Minsky and Whalen 1996；Wray 2008，2009）。"货币管理资本主义"的特点是，资金大规模集中，由专业人员负责寻找高回报的行业进行投资，因此在证券市场、不动产和商品市场产生连续的投资泡沫，这些都加大了金融市场深层次不稳定的可能性。例如养老基金、主权财富基金、共同基金和保险基金。仅养老基金一项的规模就达到了GDP的75%。这些规模巨大的资金，包括那些被高度杠杆化的"影子银行"监督的资金，大多数未受到管理，且能够与监管银行竞争。银行业放松管制，某种程度上就是与监管的"影子银行"进行竞争的一个体现。高度杠杆化和很大程度上是不受管理的特殊目的工具而出现的，可以归结为银行为了不落后于影子银行部门所做的努力，因为影子银行部门不受最低资本和存款准备金的限制。这些资产负债表外的项目的创造在这次经济崩溃中发挥了至关重要的作用，因为这些项目在不受监督的情况下承担了巨大的风险。当危机来临时，这些风险又回到了银行体系。很难想象，如果没有这些资金管理者和影子银行的风险，那么这次危机还会出现吗？

金融化的不断深入和货币管理资本主义不断发展而带来的后果，是实际工资的增长停滞和不公平加剧。生产力收益大部分流向了处在收入分配顶端的行业和部门。实际工资增长的停滞，使得普通家庭要想维持原来的生活水平，就必须进行举债消费（Wray，2005）。在短期，增加每个家庭工作者的数量能够帮助支撑家庭消费，但随着贷款标准的放松和房价的上涨，住房净值贷款极大地刺激了消费。事实上，大概一半的次级和次优级贷款，是将第二抵押权和现金不足的资产作为金融消费的抵押品，而不是资产的所有权。

换句话说，随着金融转移，实体经济中的大量杰出人才注入到金融业，实体经济正在萎缩。收入的高度不平等和工资增长的停滞，人们趋向于举债消费，因为消费者试图向富人和名人的生活方式看齐。再加上银行业管制和监督的放松，所以负债型消费不断增加。加之欺诈性的房地产泡沫，这种脆弱的金融环境使危机成为可能。

### 11.2.2 基本观点

基于明斯基金融脆弱性理论的视角，Wray 认为经济的转型和金融机构从稳健到脆弱，不是由于外部的市场因素，例如政府干预和管制，而是由于"正常的"操作和金融资本主义的激励。

1. 经济上的"成功"——积极向上的、令人陶醉的繁荣，才是真正危险的不稳定的原因，它使经济很有可能出现 1929 年那样的危机。

2. 不能仅仅依靠市场本身提供稳定的就业增长和普遍的收入增加。明斯基认为，不存在某种力量，使经济自动地达到充分就业的状态。尽管 2007 年全球金融危机引起了巨大的就业危机，但我们不能忽视长远的趋势。失业型复苏是过去几十年中被观察到的趋势中的一个极端例子：经济增长和就业被分离开来。

经济自身的增长不再是充分就业的保障。之前的战后经济衰退被称为稳健型复苏，因为它创造了就业机会。然而，在过去的几十年中，在经济衰退的余波中就业的复苏被延迟了。例如，1990~1991 年的衰退后，就业几乎花了 32 个月才回到衰退前的水平；而在 2001 年的经济衰退后，花了 36 个月。

3. 应该从这次 2007 年全球金融危机中吸取的教训。

（1）一些分析家认为美联储为了保持较低的利率，从而推动了投机，这种观点是错误的。正如 John Kenneth Galbraith（1961）在大崩盘的分析中指出的，低利率并不一定刺激投机。无论如何，2004 年美联储已经开始提高利率，并且大部分严重的房地产市场违规行为都是在这之后发生的。在泡沫经济中上调利率不会产生很大的影响，因为预期收益使 400 点的上调不太可能。这是一个相当大幅度的利率上调，当美联储在 20 世纪 90 年代中期采用了新货币共识（New Monetary Consensus）后，可能需要花费几年时间来逐步进行（因为美联储采用"渐进主义"政策，或者说是一系列小幅度的上调）。

（2）2007 年美国次贷危机和全球金融危机不仅仅是一场流动性危机，而是大型银行、影子银行大量倒闭。这些银行没有充足的优质资产作为贷款的抵押，只有无用的房地产衍生品，最终除了欺诈的烟雾，什么都没留下。这种欺诈行为，使投资银行濒临绝境。随着违约率上升，银行意识到不仅它们持有劣质抵押品，其他银行和金融机构也在这么做。因此，它们拒绝延缓短期负债的付款并停止贷款给他人，整个金融分层支持计划崩溃了。这不是"全球性无力付款"问题。事实上，主要银行可能仍然处于破产状态，它们仅靠美国财政部和美联储来支撑。

（3）"有效市场假说"——市场会发现证券化贷款的适当价格的说法被推翻了。也就是说，一个可靠的评定良好信誉的过程、为可预见的偿还创造激励的过程，以及一个可靠的经济担保，这些都是无可替代的。在过去的十年中，最大的金融机构参与房屋贷款，降低了提供担保的标准，或者说它们最终废除了这个标准，因此才有了荒谬的"忍者贷款"（无收入、无工作、无资产）。当它们仅仅依靠"市场纪律"时，提供担保标准将会被破坏，就像这次危机和之前的危机中它们所做的一样。当某一类资产大受欢迎时，出借者会期待这些资产的价格继续上升。他们会出借更多的资产和当前收入，期待未来的现金流入，因为资产在不断升值，使大多数贷款变得优质。如果情况不是这样，贷款将会进行再融资或对抵押品查封并出售。这种情况会一直持续下去，直到有人质疑这种繁荣，并开始出售资产或者拒绝债务的延期支付。人们发现资产可能被高估了，所以资产价格会下降，最终导致金融崩溃，借款人跌入深渊，银行破产了，对未经保险的负债的处置就开始了。

在 2007 年全球金融危机时，货币市场共同基金的"储户"开始担心"跌破一美元"（也就是说这些基金不能保证一美元的债务仍然价值一美元），这导致一场大规模的清偿活动。这些导致资产大量减价出售，资产价格下跌，最终成为普遍的流动性危机。更重要的是，它认识到资产已经被极大地高估。所以，即使是财政部扩展担保的资金（例如，货币市场共同基金）和美联储举行的"最后贷款人"（lender - of - last - resort activity）活动中数以万亿计的资金，也是一样被高估了的，没有人愿意再为银行和影子银行提供资金。那些依靠其他金融机构而不是储户提供资金的金融机构，发现了彼此关联的危险性。它们开始去杠杆化，把不良资产出售给美联储（在第一轮量化宽松的过程中），并放松其资金头寸。

银行当前提高贷款标准并不表明它们已经从危机中吸取了教训，只是它们对危机的一种自然反应。在缺少严格的管制措施的基础上，随着下一次令人陶醉的经济繁荣的出现，我们可以预见，提供担保的标准将会逐渐消失。例如，"市场规律"将会导致担保品不足，接着，担保时贷款不足，流动性不足（担保的热情高涨，但流动性只有经济萧条时的水平）。

最终，政策制定者必须意识到，导致危机的那些活动充满了欺诈性。欺诈，在很大程度上，成为了一种正常的商业行为——从贷款人欺诈和丧失抵押品赎回权欺诈到通过"诱售法"诱使投资者购买不良证券的欺诈行为，同时通过信用违约掉期来转移风险。房屋贷款食物链中的每一个层次，从房地产中介到高估财产价值、诱使借款人承担他们可能无法偿还的债务的估价人员和抵押经纪人，到将抵押贷款证券化的投资银行和信托机构，到那些确认资产价值的信用评级机构和会计师事务所，到那些允许银行窃取家庭财产的服务机构和法官，到那些赞同欺诈行为的 CEO 和律师，都是复杂且具有欺骗性的。一旦一家银行对一个"骗子"提供了贷款，这条关系链中的每一个机构都将受到影响。这意味着每一项交易、每一个证明、每一次信用评级，一直到投资银行 CEO 的每一次署名，都是这场骗局的一部分。

### 11.2.3 后凯恩斯主义货币金融理论提出的金融不稳定和金融危机的本质

Wray 认为明斯基对长期经济转型中的不稳定性的解释，能够帮助我们认清本次金融危机和流动性问题的实质。过去 30 多年主要发达国家经济的长期转型中的一个核心变化就是经济的"金融化"，在这个过程中，金融行业在 GDP 中所占的份额越来越大，金融分层也不断激增。随着金融机构资金的借入和贷出，金融的杠杆作用不断增大，使得企业间的关系越来越复杂，这种联系使得整个金融系统更加脆弱易受冲击。

除了金融行业过于庞大的问题，Wray 还指出实体经济发展停滞的问题，指出了经济增长和就业、工资增长相分离的问题。他还指出了工资停止增长与全球金融危机之间的联系。家庭不能指望收入增加从而增加金融方面的消费，所以他们最终只能转向负债，尤其是房屋净值贷款，来维持原来的生活水平或者与他人攀比。举债消费和房地产泡沫的双重影响导致了经济的最终崩溃。

事实上，2007 年全球金融危机的主要问题是许多主要金融机构的破产问题。从 2007 年全球金融危机中我们应该吸取的教训是，我们不能单纯地依靠市场来保证提供的经济担保。在经济繁荣发展、民众热情高涨的表象下，为他人提供经济担保的标准已经不断下降甚至完全不存在了，尽管现实中似乎是出现了更严格的贷款标准，但这只是对危机的一个暂时性的反应。除非我们采取措施，建立适当的激励，否则我们预期在下一个经济泡沫时这一标准将会继续下降。现实情况是，2007 年全球金融危机再一次地冲击了"有效市场假说"，因为市场未发现证券化贷款的适当价格。最后，Wray 认为，只有充分认识到整个证券化抵押贷款的金融食物链中深层次的、普遍的欺诈行为，我们才能真正理解2007 年全球金融危机。

### 11.2.4 如何治理金融危机和宏观流动性问题

Wray 建议我们重建金融机构，限制金融机构的规模和功能。银行业中，规模经济的作用相当地小，并且这些问题中，超大规模的银行为控制金融欺诈创造了机会。金融机构被迫必须选择是持有银行营业执照还是参与投机交易。若银行选择持有营业执照，那么银行被视为公共事业，禁止证券化。而对于投资银行，它们可以通过改革薪酬制度，来创造更好地进行承销的激励。最后，明斯基的 ELR 政策，为那些有工作意愿和能力的人提供了一份有保障的工作，这能够帮助复兴实体经济。通过在商业周期的所有阶段鼓励充分就业，ELR 计划能够通过增加收入而不是举债的方式，帮助减少不公平。在长期，这些措施能够使经济趋于稳定，提高人民生活水平，使经济远离金融化和脆弱。

## 11.3 对新古典的流动性理论做一个简单的总结和述评

首先，在新古典理论中对于流动性的定义就是在基本不影响金融资产价格的前提下，金融资产转变为现金资产的能力。在经济金融化的当代，金融资产正在进入加速度膨胀阶段，所以从整体上来看，各种金融资产的流动性成为一个重要问题。学术界在宏观流动性的研究问题上并不是很系统和完善的，本书在这方面进行了一系列初步的尝试研究。

其次，在新古典的流动性理论中，其关注于流动性冲击对宏观经济波动的影响，本书综述了这样一个模型，认为流动性冲击会影响到投资从而会影响到整体的经济波动。这个重要的流动性冲击模型将流动性这个定义纳入了新古典的理论研究范畴。

依据上述这个模型的逻辑，避免流动性大规模冲击就成为宏观经济政策之一，而避免宏观流动性冲击的重要政策之一就是目前在全球发达国家内部普遍实施的量化宽松货币政策，本书对量化宽松货币政策的定义、内涵、传导机制和案例都进行了详细的研究，得出了一些初步结论。

最后，在新古典的流动性理论研究中我们发现流动性冲击导致宏观经济波动这一研究是在新古典理论研究中一个更大的主题——金融摩擦如何导致经济波动这一主题下进行分析的，我们在此书中对此主题进行了初步的综述研究分析。

我们认为新古典的流动性冲击研究具有较强的逻辑基础和现实性，一定程度上推进了流动性理论的研究，但是和马克思主义以及后凯恩斯主义的流动性理论相比，我们发现其并没有从社会关系的演进角度对流动性演化的历史进行深度的剖析，所以新古典的流动性理论只是本书介绍的一个方面，本书全面综述了各种流动性演进的理论，希望能够为读者呈现流动性研究的全貌。

（本章作者：李宝伟、张云、陈瑞华）

# 参 考 文 献

[1] 奥村洋彦著，余熳宁译：《日本"泡沫经济"与金融改革》，北京，中国金融出版社，2000。

[2] 埃德加·E. 彼得斯：《分形市场分析》，北京，经济科学出版社，2002。

[3] 艾伦·加特：《管制、放松与重新管制》，北京，经济科学出版社，1998。

[4] 本·伯南克：《大萧条》，大连，东北财经大学出版社，2007。

[5] 本·伯南克：《通货膨胀目标制》，大连，东北财经大学出版社，2006。

[6] 保罗·威尔斯：《后凯恩斯经济理论》，上海，上海财经大学出版社，2001。

[7] 成思危：《虚拟经济探微》，载《南开学报》，2003 (2)。

[8] 成思危：《虚拟经济的基本理论及其研究方法》，载《管理评论》，2009 (1)。

[9] 崔光灿：《资产价格，金融加速器与经济稳定》，载《世界经济》，2006，29 (11)。

[10] 查理斯·P. 金德尔伯格：《经济过热、经济恐慌及经济崩溃》，北京，北京大学出版社，2000。

[11] 陈建奇：《破解"特里芬"难题——主权信用货币充当国际储备的稳定性》，载《经济研究》，2012 (4)。

[12] 杜长江：《信用深化、经济虚拟化与现代金融危机》，载《开放导报》，2009 (12)。

[13] 弗朗索瓦·沙奈：《资本全球化》，北京，中央编译出版社，2001。

[14] 兰德尔·雷著，郭金兴译：《货币的本质：后凯恩斯主义的观点》，载《政治经济学评论》，2012 (1)。

[15] 罗清：《金融的繁荣、危机与变革》，北京，中国金融出版社，2000。

［16］罗纳德·I. 麦金农：《经济市场化的次序》，上海，上海人民出版社，1997。

［17］雷蒙德·W. 戈德史密斯：《金融结构与金融发展》，上海，上海人民出版社，1994。

［18］刘骏民：《从虚拟资本到虚拟经济》，西安，陕西人民出版社，1998。

［19］刘骏民：《虚拟经济的经济学》，载《开放导报》，2008（12）。

［20］罗伯特·布伦纳：《繁荣与泡沫》，北京，经济科学出版社，2001。

［21］李宝伟：《美国金融自由化与经济虚拟化》，载《开放导报》，2010（1）。

［22］李宝伟：《现代金融危机的演进与政府干预深化》，载《经济学家》，2009（7）。

［23］李滨、杨蔚东：《虚拟经济中的信用进化与信用深化》，载《经济界》，2004（1）。

［24］李向阳：《国际金融危机与国际贸易、国际金融秩序的发展方向》，载《经济研究》，2009（11）。

［25］刘斌：《我国 DSGE 模型的开发及在货币政策分析中的应用》，载《金融研究》，2008（10）。

［26］李珂、徐湘瑜：《中国的金融加速器效应分析》，载《中央财经大学学报》，2009（7）。

［27］劳伦斯·H. 怀特：《货币制度理论》，北京，中国人民大学出版社，2004。

［28］麦金农：《麦金农文集》，北京，中国金融出版社，2006。

［29］米尔顿·弗里德曼：《货币数量论研究》，北京，中国社会科学出版社，2001。

［30］M·宾斯维杰：《股票市场，投机泡沫与经济增长》，上海，上海三联书店，2003。

［31］南开大学虚拟经济与管理研究中心课题组：《金融危机、美元危机和国际货币体系危机》，2010。

［32］韩文秀：《国际货币、国际语言与国家实力》，载《管理世界》，2011（6）。

［33］吉川元忠：《金融战败》，北京，中国青年出版社，2000。

［34］珀森德主编，姜建清译：《流动性黑洞》，北京，中国金融出版

社，2008。

［35］梅冬州、龚六堂：《货币错配，汇率升值和经济波动》，载《数量经济技术经济研究》，2011。

［36］彭兴韵：《金融发展的路径依赖与金融自由化》，上海，上海人民出版社，2002。

［37］彭兴韵：《流动性、流动性过剩与货币政策》，载《经济研究》，2007（11）。

［38］浦勇超：《基于资产价格影响的货币政策非对称性效应研究》，载《经济与管理》，2012（6）。

［39］石建民：《股票市场、货币需求与经济总量》，载《经济研究》，2001。

［40］史蒂芬·罗西斯：《后凯恩斯货币主义经济学》，北京，中国社会科学出版社，1991。

［41］陶君道：《国际金融中心与世界经济》，北京，中国金融出版社，2010。

［42］希法亭：《金融资本》，北京，商务印书馆，1999。

［43］徐滇庆：《泡沫经济与金融危机》，北京，中国人民大学出版社，2000。

［44］谢平、陈超：《论主权财富基金的理论逻辑》载《经济研究》，2009（2）。

［45］向松祚：《不要玩弄汇率》，北京，北京大学出版社，2006。

［46］王君斌、薛鹤翔：《扩张型货币政策能刺激就业吗？——刚性工资模型下的劳动力市场动态分析》，载《统计研究》，2010（6）。

［47］王立勇、张代强、刘文革：《开放经济下我国非线性货币政策的非对称效应研究》，载《经济研究》，2010（9）。

［48］袁申国、陈平：《资产负债表、金融加速器与企业投资》，载《经济学家》，2010（4）。

［49］袁申国、陈平、刘兰凤：《汇率制度、金融加速器和经济波动》，载《经济研究》，2011（1）。

［50］约瑟夫·斯蒂格利茨、布鲁斯·格林沃尔德：《通往货币经济学的新范式》，北京，中信出版社，2005。

［51］伊藤·诚、考斯达斯·拉帕维查斯：《货币金融政治经济学》，北京，

经济科学出版社，2001。

[52] 约翰·G. 格利、爱德华·S. 肖：《金融理论中的货币》，上海，上海人民出版社，1996。

[53] 张明：《流动性过剩的测量、根源和风险含义》，载《世界经济》，2007（11）。

[54] 张定胜、成文利：《"嚣张的特权"之理论阐述》，载《经济研究》，2011（9）。

[55] 张云、刘骏民：《经济虚拟化与金融危机、美元危机》，载《世界经济研究》，2009（3）。

[56] 张云、刘骏民：《关于马克思货币金融理论的探析》，载《南京社会科学》，2008（7）。

[57] 中国经济增长与宏观稳定课题组：《全球失衡、金融危机与中国经济的复苏》，载《经济研究》，2009（5）。

[58] 朱月：《全球经济失衡与全球金融危机》，载《管理世界》，2009（12）。

[59] 赵振全、于震、刘淼：《金融加速器效应在中国存在吗》，载《经济研究》，2007（6）。

[60] 大卫·S. 基德韦尔、大卫·W. 布莱克威尔、大卫·A. 韦德比、理查德·L. 彼得森著，李建军、章爱民译：《货币、金融市场与金融机构》，北京，机械工业出版社，2009。

[61] 艾伦·加特著，陈雨露、王智洁、蔡玲译：《管制、放松与重新管制》，北京，经济科学出版社，1999。

[62] 国际货币基金组织：《货币与金融统计手册》，2000。

[63] 彼得·纽曼、默里·米尔盖特、约翰·伊特韦尔：《新帕尔格雷夫货币金融大辞典（第二卷）》，北京，经济科学出版社，1999。

[64] Avinash D. Persaud 编，姜建清译：《流动性黑洞——理解、量化与管理金融流动性风险》，北京，中国金融出版社，2007。

[65] 卡门·M. 莱因哈特、肯尼斯·罗格夫著，綦相、刘晓峰、刘丽娜译：《这次不一样？800 年金融荒唐史》，北京，机械工业出版社，2010。

[66] 谢平、袁沁敔：《我国近年利率政策的效果分析》，载《金融研究》，2003（5）。

[67] 钱小安：《流动性过剩与货币调控》，载《金融研究》，2007（8）。

［68］张雪春：《流动性过剩：现状分析与政策建议》，载《金融研究》，2007（8）。

［69］张新泽：《关于流动性几个问题的研究》，载《金融研究》，2008（3）。

［70］北京大学中国经济研究中心宏观组：《流动性的度量及其与资产价格的关系》，载《金融研究》，2008（9）。

［71］李斌：《从流动性过剩（不足）到结构性通胀（通缩）》，载《金融研究》，2010（4）。

［72］谢平、邹传伟：《金融危机后有关金融监管改革的理论综述》，载《金融研究》，2010（2）。

［73］周小川：《金融政策对金融危机的响应——宏观审慎政策框架的形成背景、内在逻辑和主要内容》，载《金融研究》，2011（1）。

［74］兰德尔·雷，郭金兴译：《货币的本质：后凯恩斯主义的观点》，载《政治经济学评论》，2012（1）。

［75］李扬：《影子银行体系发展与金融创新》，载《中国金融》，2011（12）。

［76］谢平、邹传伟：《CDS 的功能不可替代》，载《金融发展评论》，2011（1）。

［77］李扬、张晓晶、常欣等：《中国主权资产负债表及其风险评估（上）》，载《经济研究》，2012（6）。

［78］巴曙松、吴博、刘睿：《金融结构、风险结构与我国金融监管改革》，载《金融监管》，2013（5）。

［79］Leonard Matz、Peter Neu 著，孙国申等译：《流动性风险计量与管理：通向全球最佳实践的从业指南》，北京，中国金融出版社，2010。

［80］Robert F. Engle, Joe Lange：< Measuring, Forecasting and Explaining Time Varying Liquidity in the Stock Market > ［J］. NBER Working Paper 6129, National Bureau of Economic Research, Inc, 1997.08.

［81］Nobuhiro Kiyotaki and John Moore：< Liquidity, Business Cycles, and Monetary Policy > ［J］. presented in the Annual Meeting of the Society for Economic Dynamics held in Stockholm（June 2001）.

［82］Nobuhiro Kiyotaki and Randall Wright：< On Money as a Medium of Exchange > ［J］. < Journal of Political Economy > Vol. 97, No. 4, 1989.08, pp. 927 – 954.

［83］ Nobuhiro Kiyotaki and John Moore：＜ Evil is the root of All Money ＞
［J］．＜ The American Economic Review ＞, Vol. 92, No. 2, Papers and Proceedings
of the One Hundred Fourteenth Annual Meeting of the American Economic Association
（May, 2002）, pp. 62 – 66.

［84］ Allan Greenspan （1999） "New Challenges for Monetary Policy", Opening
Remark, before a symposium sponsored by the Federal Reserve Bank of Kansas city in
Jackson Hole, Wyoming on 27 August 1999.

［85］ Adrian, T. and H. S. Shin （2006） \ Money, Liquidity and Financial Cy-
cles " paper prepared for the Fourth ECB Central Banking Conference, \ The Role of
Money：Money and Monetary Policy in the Twenty – First Century", Frankfurt, Novem-
ber 9 – 10, 2006.

［86］ Bernanke, Ben. 1993. "Credit in the macroeconomy" FRBNY Quaterly re-
view/spring 1992 – 93, 50 – 70.

［87］ Bernanke, Ben, Mark Gertler and Simon Gilchrist. 1996. "The Financial
Accelerator and the Flight to Quality. " Review of Economics and Statistics, 78 （1）：
1 – 15.

［88］ Bernanke B, Gertler M. Agency costs, Net worth, and Business fluctua-
tions ［J］．American Economic Review, 1989, 79 （1）：14 – 31.

［89］ Bernanke B S, Gertler M, Gilchrist S. The financial accelerator in a quantita-
tive business cycle framework ［J］．Handbook of macroeconomics, 1999, 1：1341 – 1393.

［90］ Bernanke B S, Kuttner K N. What explains the stock market's reaction to
Federal Reserve policy? ［J］．The Journal of Finance, 2005, 60 （3）：1221 – 1257.

［91］ Bernanke B S, Blinder A S. The federal funds rate and the channels of mo-
netary transmission ［J］．The American Economic Review, 1992：901 – 921.

［92］ Boone L, Giorno C, Richardson P. Stock market fluctuations and consump-
tion behaviour：some recent evidence ［R］．OECD Publishing, 1998.

［93］ Brunner K, Meltzer A H. Money, debt, and economic activity ［J］．The
Journal of Political Economy, 1972：951 – 977.

［94］ Brunnermeier M K. Deciphering the liquidity and credit crunch 2007 – 08
［R］．National Bureau of Economic Research, 2008.

［95］ Brunnermeier, Markus, and Llasse Pedersen. "Market Liquidity and Fun-
ding Liquidity. " Review of Financial Studies.

[96] Brunnermeier M K, Sannikov Y. A macroeconomic model with a financial sector [J]. 2012.

[97] Barry Eichengreen "From the Asian crisis to the global credit crisis: reforming the international financial architecture redux", Int Econ Econ Policy (2009) 6: 1 – 22 DOI 10. 1007/s10368 – 009 – 0124 – 5.

[98] Bernanke B S, Lown C S, Friedman B M. The credit crunch [J]. Brookings papers on economic activity, 1991: 205 – 247.

[99] Bernanke B S, Gertler M, Gilchrist S. The financial accelerator in a quantitative business cycle framework [J]. Handbook of macroeconomics, 1999, 1: 1341 – 1393.

[100] C. A. E. Goodhart Published online: 19 February 2008 At Springer – Verlag 2007.

[101] Christiano L J, Eichenbaum M, Evans C. The effects of monetary policy shocks: some evidence from the flow of funds [R]. National Bureau of Economic Research, 1994.

[102] Christiana L J, Eichenbaum M, Evans C L. Identification and the Effects of Monetary Policy Shocks [J]. Financial Factors in economic stabilization and growth, 1996: 36.

[103] Bernanke B S, Gertler M. Inside the black box: the credit channel of monetary policy transmission [R]. National bureau of economic research, 1995.

[104] Cooley T, Marimon R, Quadrini V. Aggregate consequences of limited contract enforceability [J]. Journal of Political Economy, 2004, 112 (4): 817 – 847.

[105] Caballero R J, Krishnamurthy A. International and domestic collateral constraints in a model of emerging market crises [J]. Journal of monetary Economics, 2001, 48 (3): 513 – 548.

[106] Cover J P. Asymmetric effects of positive and negative money – supply shocks [J]. The Quarterly Journal of Economics, 1992: 1261 – 1282.

[107] Christiano L, Motto R, Rostagno M. Financial Factors in Economic Fluctuations (Preliminary) [R]. Working Paper, 2009.

[108] Christiano L J, Eichenbaum M. Liquidity effects and the monetary transmission mechanism [R]. National Bureau of Economic Research, 1992.

［109］ Cassola N, Morana C. Monetary policy and the stock market in the euro area ［J］. Journal of Policy Modeling, 2004, 26 (3): 387 – 399.

［110］ Dib A. Banks, credit market frictions, and business cycles ［R］. Bank of Canada Working Paper, 2010.

［111］ Daniel Gros and Thomas Mayer, "How to deal with sovereign default in Europe: Towards a Euro (pean) Monetary Fund", CEPS POLICY BRIEF, No. 202/ February, 2010.

［112］ Diamond D W. Financial intermediation and delegated monitoring ［J］. The Review of Economic Studies, 1984, 51 (3): 393 – 414.

［113］ Dale S, Haldane A. Bank behaviour and the monetary transmission mechanism ［J］. Bank of England Quarterly Bulletin, 1993, 33 (4): 478 – 491.

［114］ Funke N. Is there a stock market wealth effect in emerging markets? ［J］. Economics Letters, 2004, 83 (3): 417 – 421.

［115］ Fostel A. , Geanakoplos J. 2008. "Leverage Cycles and the Anxious Economy" Lead article American Economic Review 2008, 98 (4), 1211 – 1244.

［116］ Fisher I. The debt – deflation theory of great depressions ［J］. Econometrica: Journal of the Econometric Society, 1933: 337 – 357.

［117］ Gertler M, Gilchrist S. The cyclical behavior of short – term business lending: Implications for financial propagation mechanisms ［J］. European Economic Review, 1993, 37 (2): 623 – 631.

［118］ Geanakoplos, John. 2003. "Liquidity, Default, and Crashes: Endogenous Contracts in General Equilibrium. " In Advances in Economics and Econometrics: Theory and Applications, Eighth World Conference, Vol. 2, 170 – 205. Econometric Society Monographs.

［119］ Geanakoplos, John "The leverage Cycle", 2009, cowls foundation discussion paper No. 1715, http: //cowles. Econ. yale. edu/.

［120］ Georgios P. Kouretas, "The Greek Crisis: Causes and Implications", UDC 338. 124. 4 (495), 2007/2009", DOI: 10. 2298/PAN1004391K, Original scientific paper.

［121］ Gertler M, Kiyotaki N. Financial intermediation and credit policy in business cycle analysis ［J］. Handbook of monetary economics, 2010, 3 (3): 547 – 599.

[122] Gertler M, Gilchrist S. Monetary policy, business cycles and the behavior of small manufacturing firms [R]. National Bureau of Economic Research, 1991.

[123] Gorton G. Slapped in the Face by the Invisible Hand: Banking and the Panic of 2007 [J]. Available at SSRN 1401882, 2009.

[124] Ganley J, Salmon C. The industrial impact of monetary policy shocks: some stylised facts [M]. London: Bank of England, 1997.

[125] Holmstrom B, Tirole J. Financial intermediation, loanable funds, and the real sector [J]. the Quarterly Journal of economics, 1997, 112 (3): 663 – 691.

[126] Hubbard R G. Is There a Credit Channel for Monetary Policy? [R]. National Bureau of Economic Research, 1995.

[127] IRVING FISHERTHE, "DEBT – DEFLATION THEORY OF GREAT DEPRESSIONS", published 2010 by Michale schermmann Thaisunset Publications. Box 9, Pakthongchai, Thailand 30150.

[128] International Monetary Fund, 2007. What is Global Liquidity? In: World Economic Outlook – Globalization and Inequality, Chapter I, pp. 34 – 37. October 2007, Washington, D. C.

[129] Jermann U, Quadrini V. Macroeconomic effects of financial shocks [R]. National Bureau of Economic Research, 2009.

[130] Kiyotaki N, Moore J. Liquidity, business cycles, and monetary policy [R]. National Bureau of Economic Research, 2012.

[131] Klass Baks and Charles Kramer "global liquidity and asset prices: measurement, Implications, and Spillovers" IMF Working Paper, www. imf. org.

[132] Kashyap A K, Lamont O A, Stein J C. Credit Conditions and the Cyclical Behavior of Inventories: A Case Studyof the 1981 – 1982 Recession [R]. National Bureau of Economic Research, 1992.

[133] Kashyap A K, Stein J C. The role of banks in monetary policy: A survey with implications for the European monetary union [J]. Economic Perspectives – Federal Reserve Bank of Chicago, 1997, 21: 2 – 18.

[134] Kashyap A K, Stein J C. The impact of monetary policy on bank balance sheets [C] //Carnegie – Rochester Conference Series on Public Policy. North – Holland, 1995, 42: 151 – 195.

[135] L. Randall Wray Imbalances? What Imbalances? A Dissenting View,

Working Paper No. 704 Levy Economics Institute of Bard College January 2012.

[136] L. Randall Wray Introduction to an Alternative History of Money, Levy Economics Institute of Bard College May 2012.

[137] L. Randall Wray Macroeconomics Meets Hyman P. Minsky: The Financial Theory of Investment, Working Paper No. 543, The Levy Economics Institute and University of Missouri – Kansas City, September 2008.

[138] Lastrapes W D. International evidence on equity prices, interest rates and money [J]. Journal of International Money and Finance, 1998, 17 (3): 377 –406.

[139] Ludvigson S. The channel of monetary transmission to demand: evidence from the market for automobile credit [J]. Journal of Money, Credit and Banking, 1998: 365 –383.

[140] Martin S. Feldstein "WHATS NEXT FOR THE DOLLAR?" Working Paper 17260, http://www. nber. org/papers/w17260.

[141] Moritz Schularick, Alan M. Taylor 2009 Working Paper 15512, CREDIT BOOMS GONE BUST: Monetary policy, leverage cycles and financial crisis, 1870 – 2008, http://www. nber. org/papers/w15512.

[142] Marcus Miller, Joseph E. Stiglitz, "LEVERAGE AND ASSET BUBBLES: AVERTING ARMAGEDDON WITH CHAPTER 11?", Working Paper 15817, http://www. nber. org/papers/w15817.

[143] Markus K. Brunnermeier, Yuliy Sannikov, "A Macroeconomic Model with a Financial Sector", working paper http://www. scholar. google. com/scholar.

[144] McCandless G T, Weber W E. SomeMonetary Facts [J]. Federal Reserve Bank of Minneapolis Quarterly Review, 1995, 19 (3): 2 –11.

[145] Meh C A, Moran K. The role of bank capital in the propagation of shocks [J]. Journal of Economic Dynamics and Control, 2010, 34 (3): 555 –576.

[146] Mukherjee T K, Naka A. Dynamic relations between macroeconomic variables and the Japanese stock market: an application of a vector error correction model [J]. Journal of Financial Research, 1995, 18 (2): 223 –37.

[147] Mishkin F S. The transmission mechanism and the role of asset prices in monetary policy [R]. National bureau of economic research, 2001.

[148] Mishkin M. A memory system in the monkey [J]. Philosophical Transactions of the Royal Society of London. B, Biological Sciences, 1982, 298 (1089):

85 – 95.

[149] Nobuhiro. Kiyataki, John Moore: "credit cycles" Journal of political Economy, 1997, Vol. 105, No. 2.

[150] Paul De Grauwe, "Crisis in the eurozone and how to deal with it", CEPS POLICY BRIEF, No. 204/February 2010.

[151] RICHAD DUNCAN " The New Depression " join wily& sons Singapore pte. lte. 2012.

[152] Rigobon R, Sack B. The impact of monetary policy on asset prices [J]. Journal of Monetary Economics, 2004, 51 (8): 1553 – 1575.

[153] Rozeff M S. Money and stock prices: Market efficiency and the lag in effect of monetary policy [J]. Journal of financial Economics, 1974, 1 (3): 245 – 302.

[154] Romer C D, Romer D H, Goldfeld S M, et al. New evidence on the monetary transmission mechanism [J]. Brookings Papers on Economic Activity, 1990: 149 – 213.

[155] Ramey V. How important is the credit channel in the transmission of monetary policy? [C] //Carnegie – Rochester Conference Series on Public Policy. North – Holland, 1993, 39: 1 – 45.

[156] Romer C D, Romer D H. Does monetary policy matter? A new test in the spirit of Friedman and Schwartz [M] //NBER Macroeconomics Annual 1989, Volume 4. MIT Press, 1989: 121 – 184.

[157] Sebastian Becker "Is the next global liquidity glut on its way?" Deutsche Bank Research July 30, 2009. http: //www. dbresearch. com.

[158] Tobias Adrian, Hyun Song Shin (2008), "Liquidity and Leverage", FINANCIAL CYCLES, LIQUIDITY, AND SECURITIZATIONCONFERENCE APRIL 18, 2008, http: //www. imf. org.

[159] Schwartz A J. A Monetary History of the United States, 1867 – 1960 [J]. Princeton University, 1963.

[160] Tobin J. A general equilibrium approach to monetary theory [J]. Journal of money, credit and banking, 1969, 1 (1): 15 – 29.

[161] Viral V. Acharya, S. Viswanathan, 2010, "leverage moral hazard and liquidity", Working Paper 15837, http: //www. nber. org/papers/w15837.